Michael Novian

Von Ariern und Aliens

Michael Novian

Von Ariern und Aliens

Völkische Weltanschauung in der Science-Fiction-Literatur vor dem Zweiten Weltkrieg

Tectum Verlag

Michael Novian

Von Ariern und Aliens. Völkische Weltanschauung in der Science-Fiction-Literatur vor dem Zweiten Weltkrieg

ISBN: 978-3-8288-3137-7

Umschlagabbildung: photocase.com © judigrafie
Druck und Bindung: CPI buchbücher.de, Birkach
Printed in Germany

Besuchen Sie uns im Internet
www.tectum-verlag.de

Bibliografische Informationen der Deutschen Nationalbibliothek
Die Deutsche Nationalbibliothek verzeichnet diese Publikation in der Deutschen Nationalbibliografie; detaillierte bibliografische Angaben sind im Internet über http://dnb.ddb.de abrufbar.

INHALT

Der Mythos der ewigen nordischen Rasse

Vorwort

Dem geneigten Leser wird die hier bevorstehende Auseinandersetzung mit *völkischer* Science-Fiction des beginnenden 20. Jahrhunderts gewiss zunächst als Vagabundieren in bestenfalls *exotischen* Randgefilden der Systematischen Theologie erscheinen. Von einer ähnlichen Annahme geleitet, verließ ich im Frühjahr 2006 das Büro meines Professors für Systematische Theologie an der Justus-Liebig-Universität Gießen, nachdem dieser mir in einem, von meiner Seite mit wachsender Skepsis begleiteten, Gespräch vorgeschlagen hatte, mich in meiner Wissenschaftlichen Hausarbeit für das Erste Staatsexamen mit neomythischen Denkfiguren in den Werken der Herren Kiss und Freksa auseinanderzusetzen.

Heute, sechs Jahre nach diesem mir seiner Zeit *kurios* anmutendem Gespräch, bin ich dankbar als Anweg auf die Erschließung des völkisch-religiösen Mythems einer *ewigen nordischen Rasse* die Beschäftigung mit den fiktionalen Gedankengebilden zweier, nicht zu Unrecht, wenig erfolgreicher, Autoren gewählt zu haben. Im unverbindlichen literarischen Spiel mit abenteuerlichen Zukunftswelten traten deutlich und zahlreich jene Denkfiguren zutage, die zu den prägenden Konturen der von einem breiten Kollektiv geteilten Weltanschauung zu Beginn des 20. Jahrhunderts zählen, wurde ich der von Hannah Arendt so treffend beschriebenen *Banalität des Bösen* gewahr.

Meinem damaligen Professor und heutigem Doktorvater Prof. Dr. Linus Hauser bin ich dankbar, dass er mich auf diesen fruchtbaren Anweg gesetzt und mich fortan produktiv-kritisch auf diesem Weg begleitet hat. Dank gilt weiterhin Herrn Prof. Dr. Franz-Josef Bäumer für seine in Begutachtung wie Vorbereitung auf die Publikation erfolgten Würdigungen und Anregungen. Herrn Prof. Dr. Ferdinand R. Prostmeier danke ich für sein eingebrachtes *computerspezifisches Knowhow* in der formalen Verwirklichung der Arbeit.

Daneben gilt mein Dank Esther Diering, Gabi Schützeberg und Heike Novian, die es auf sich genommen haben, mein *exotisch anmutendes Theologie-Treiben* lesend und korrigierend zu verfolgen.

Ein Dank grundlegender Art gebührt jenen, mit denen man biographisch und lebensgeschichtlich am engsten verbunden ist und ohne die mir ein wissenschaftliches Arbeiten nie möglich gewesen wäre, namentlich meiner Mutter Klothilde und meinem Vater Werner.

Zu danken ist last but not least dem Tectum-Verlag, der mir die unkomplizierte und kompetent begleitete Publikation dieser Arbeit ermöglicht hat.

Michael Novian
Gießen, den 20.01.2012

Exemplarische Einführung in die Mythologie moderner phantastischer Literatur

Wenn auch der Fokus der vorliegenden Untersuchung auf, aus literaturgeschichtlicher Perspektive als randständig zu bezeichnenden, ausgewählten völkischen Science-Fiction-Werken des beginnenden 20. Jahrhunderts liegt, soll einleitend ein Blick über diesen eingegrenzten Gesprächsbereich hinaus erfolgen. Entlang exemplarischer Analysen des Hauptwerks J.R.R. Tolkiens *Der Herr der Ringe* sind Motive und Denkfiguren aufgearbeitet, die sich kontrastiv von dem im Folgenden näher zu beleuchteten Mythem der *ewigen nordischen Rasse* abheben, das vielfach in der durch den Begriff des *Völkischen* zusammengefassten und gekennzeichneten Literatur begegnet. In dieser kontrastierenden Darstellung lassen sich dabei die zu untersuchenden Gesprächsbereiche aufzeigen, werden diese zugleich in einen spannungsreichen Deutungshorizont eingefügt und kann auch bereits Einblick genommen werden in das mythische Potential einer literarisch geschaffenen, fiktionalen Sekundärwelt, die innerhalb des Genres der Fantasy einige Gestaltungsmerkmale aufweist, die sich auch in den Welten der Science-Fiction finden.

§ 1 „Ein Ring Sie zu knechten […]" – Nordische Mythologie in der Darstellung J.R.R. Tolkiens

Die *Der Herr der Ringe*-Trilogie unter der Regie des Neuseeländers Peter Jackson avancierte im noch jungen 21. Jahrhundert dank eines weltweiten Einspielergebnisses von rund drei Milliarden Dollar[1] zur erfolgreichsten Kinoreihe aller Zeiten[2]. Allein 30 Millionen Zuschauer[3] in den deutschen Lichtspielhäusern sorgten zudem national für einen neuen Besucherrekord. Mit 13 Oscars für den abschließenden dritten Teil *Die Rückkehr des Königs* erfuhr die cineastische Umsetzung des Fantasyklassikers des englischen Schriftstellers und Philologen John Ronald Reul Tolkien ebenfalls eine außergewöhnliche kritische Würdigung der ACADEMY OF MOTION PICTURE ARTS AND SCIENCES.

Die Popularität der Romanvorlage steht dabei jener der Filmreihe in nichts nach: Weltweit 50 Millionen verkaufte Exemplare[4] dokumentieren den Erfolg des in einer großen ZDF-Umfrage zum beliebtesten *Buch der Deutschen* gekürten Fantasyepos. Ein Erfolg, dem sich zahlreiche Veröffentlichungen zum Werk und zur Person des Autors anschlossen. Die Sekundärliteratur spiegelt dabei eine Tolkienkritik wider,

---

1 Das Einspielergebnis berücksichtigt den Umsatz sowohl an den Kinokassen als auch an den Merchandising-Produkten.

2 Vgl. http://www.charts-surfer.de/kinohits1024.html

3 Bezogen auf die gesamte Trilogie.

4 Vgl. http://www.amazon.de/Gef%C3%A4hrten-Wiederkehr-K%C3%B6nigs-RingeB%C3%A4nde/dp/3608935444/ref=sr_1_1?ie=UTF8&s=books&qid=1215083042&sr=1-1

die sich in einem Spannungsfeld bewegt, das sich von einer fanatisch glühenden Begeisterung für Werk und Person Tolkiens bis hin zur Verunglimpfung des Autors als verkappten Faschisten und Führerkultpragmatiker erstreckt[1], wobei beide Extrempositionen wenig mit einer analytischen Betrachtungsweise im Sinne literaturwissenschaftlicher Hermeneutik gemein haben.

Schon in seinem Vorwort zur zweiten Auflage von 1966 macht J.R.R. Tolkien selbst auf die nicht selten diametrale Rezeption seines Werkes aufmerksam[2] – und spart dabei nicht an sarkastischen Untertönen jenen Kritikern gegenüber, die sein Werk als langweilig, abstrus oder verachtenswert bezeichnen, denke er doch ähnlich über deren Werke oder die Art Bücher, die diese Personen zu lesen vorzögen[3].

Im gleichen Vorwort äußert sich der begeisterte Philologe ebenfalls über Motivation und mögliche Auslegungen seines Werkes: „Das wichtigste Motiv war der Wunsch des Erzählers, sich an einer wirklich langen Geschichte zu versuchen, die die Aufmerksamkeit des Lesers wach halten, ihn belustigen und erfreuen und ihn vielleicht auch manchmal erregen oder tiefer berühren könnte."[4] Dementsprechend kritisiert Tolkien auch vorgenommene Auslegungen und Allegoresen, die die Differenz zwischen Fiktion und realer Welt aufzuheben suchen[5]: „Denkbar wären auch Deutungen gemäß den Vorlieben oder Ansichten derjenigen, die auf allegorische oder aktuelle Bezüge Wert legen. Doch die Allegorie in all ihren Formen verabscheue ich von Herzen, und zwar immer schon, seit ich alt und argwöhnisch genug bin, ihr Vorhandensein zu bemerken."[6] Die Abneigung gegenüber solchen Übertragungsversuchen auf die extrafiktionale Welt, auf die Tolkien auch in mehreren Briefwechseln zu sprechen kommt[7], entkräftet sich auch keineswegs, wenn er an späterer Stelle seines Vorwortes einräumt, dass der Autor von eigenen Erfahrungen nicht völlig unberührt bleibt[8]: „Aber der Vorgang, in dem der Keim einer Geschichte aus dem Boden der Erfahrung seine Nahrung zieht, ist äußerst verwickelt, und Versuche, ihn zu beschreiben, beruhen bestenfalls auf Mutmaßungen anhand unzureichender und mehrdeutiger Befunde."[9]

---

1 Vgl. Weinreich, 102

2 Wenn ich nun und in der Folge Tolkien selbst immer wieder zu Wort kommen lasse, so nicht, weil die Stimme des Verfassers, wie auch Kölzer treffend urteilt, (vgl. Kölzer, 40) von normativ verbindlichem Charakter sei, sondern weil Tolkien sich selbst in der Position des Literaturwissenschaftlers äußert.

3 Vgl. Vorwort zur neu überarbeiteten Auflage von 1966. In: Tolkien, Herr der Ringe, 11

4 Tolkien, Herr der Ringe, 11

5 Vgl. zu den Grenzen der Allegorese in Fantasyerzählungen auch: Kreuziger, 116-130 (insbesondere 124f.)

6 Tolkien, Herr der Ringe, 11

7 Vgl. Weinreich, 102

8 Vgl. Tolkien, Herr der Ringe, 12

9 Tolkien, Herr der Ringe, 12

Sauron ist nicht als eine im Sinne einer Geschehens-Allegorie zu bestimmende Chiffre für Hitler aufzufassen und die Pelennor Fields bedeuten nicht die in ein fiktionales Gewand gekleideten Strände der Normandie, wie es Kölzer in seiner beachtenswerten Analyse auf den Punkt bringt[1].

Diesen Bereich der Mutmaßungen aussparend – und damit Tolkiens Mahnung folgend, dass die investigativ betriebene Analyse biographischer Größen eine grundlegend falsche Annäherung an ein Werk darstelle – soll nun allein die fiktionale, erfundene Welt, die alle Erzählliteratur dem Leser bietet[2], als Ausgangspunkt einer literaturwissenschaftlichen Analyse herangezogen werden, die das fiktive Geschehen und die Gestaltungsprinzipien in *Der Herr der Ringe* in ihrer polyvalenten Deutbarkeit anerkennt und keine historisch-faktische Identifikation[3] im Sinne von *so wie* oder auch *gerade anders* vornimmt. Gleichsam ist die Fantasyerzählung, wie Kölzer treffend zeigt, in ihrer je eigenen weltanschaulichen Konzeption auch auf ihre „existentialistisch-didaktische Bedeutung in Bezug auf die Wirklichkeit zu hinterfragen", dem Selbstverständnis der Gattung gerecht werdend, „das ja gerade nicht darin besteht, die ‚wirkliche Welt' naturgetreu abzubilden, sondern sie im Zauberspiegel der phantastischen Verfremdung in einer Art und Weise darzustellen, die eine alternative Sichtweise auf die wirkliche Welt ermöglicht"[4].

I Der Hobbit – Prototyp eines Romanhelden?

„Wir erleben die Hobbits als kleine Wesen, die in einer für sie übermächtigen Welt ihr Bestes geben und ihr Ziel der ‚Behaglichkeit' verfolgen. Sie verleugnen sich weder selbst und ihren Lebensstil, noch eifern sie einem großen Ziele nach. Die Hobbits sind wie Symbole des biblischen Satzes, daß man werden solle wie die Kinder. Der Durchschnittshobbit ist allerdings durch diese Behaglichkeitstendenz, zu der es auch gehört, daß alles so bleiben solle wie immer, ein kleiner Spießbürger."[5]

Die vorgelegte Charakterisierung der Hobbits entspricht dem Befund der Romanvorlage und deckt sich weitestgehend mit der von Tolkien selbst in einem Interview vollzogenen Figurendarstellung: „Hobbits are just rustic English people, made small in size because it reflects (in general) the small reach of their imagination – not the small reach of their courage or latent power."[6] In die Hände eines solchen bäuerlichen Winzlings namens Frodo wird nun der Ring gelegt, der gleichsam das Schick-

---

1 Kölzer, 71

2 Suerbaum, 111

3 Die Entstehung von *Der Herr der Ringe* erstreckte sich über den Zeitraum von 1936 bis 1949.

4 Kölzer, 43

5 Hauser, Herr der Ringe und Harry Potter, 84

6 Im Folgenden wird aus einem 1971 in Verantwortung des Radiosenders BBC RADIO 4 von Denys Gueroult geführten Interview mit J.R.R. Tolkien zitiert. Entnommen aus (und in der Folge zitiert mit): http://www.tolkienworld.de/interview.html. Ebenso wie die folgende Übersetzung: „Hobbits sind nur bäuerliche englische Leute, von geringer Größe, weil es (in der Regel) den kleinen Horizont ihrer Vorstellungskraft widerspiegelt – nicht das geringe Ausmaß ihres Mutes oder ihrer verborgenen Kraft."

sal über ganz Mittelerde symbolisiert. Aber Frodo versucht diese Herausforderung nicht heroisch an sich zu reißen, bereut er doch vielmehr, sein behagliches, idyllisches Auenland verlassen zu müssen. Gleiches gilt für Frodos Begleiter Sam, einen Gärtner, dem zunächst lediglich die selbst gewählte Rolle als Diener des Ringträgers zukommt. Diese Figur, der jeder Eigennutz fremd ist[1], stellt nach Tolkiens Ansicht den Hobbit schlechthin dar[2]:

„Sam war borniert und zutiefst auch ein wenig eingebildet; aber durch seine Ergebenheit gegen Frodo hatte seine Selbstgefälligkeit sich verwandelt. Er hielt sich selbst nicht für einen Helden oder auch nur für tapfer oder in irgendeiner Hinsicht bewundernswert – außer in der Diensttreue zu seinem Herrn."[3]

Diese beiden Gesellen, denen die mit dem Ring verbundenen Machtansprüche völlig fremd sind, werden nun unfreiwillig als Träger des Rings zu den Heroen der Tolkiensaga. Doch „solcherlei ‚Helden' in Anführungszeichen eignen sich nicht zur Identifikation für Leser, die neomythische Allmachtsphantasien pflegen wollen."[4]

Die Ausgestaltung der beiden Haupthandlungsträger erweist sich als entgegengesetzt zu der Masse großer literarischer Führungsfiguren, wie sie um die Zeit des Dritten Reichs entstehen. Die gerade in Deutschland, aber auch vielen anderen westlichen Staaten, aufscheinende Führersehnsucht[5] drückt sich literarisch passender in den Worten des Helden *Michael* in Joseph Goebbels gleichnamigen Roman aus – „Ich bin ein Held. Ein Gott. Ein Erlöser."[6] – als in der Zurückhaltung der Hobbits. Dabei soll nicht verschwiegen werden, dass J.R.R. Tolkien gleichfalls andere Heroentypen in sein Epos integriert, wie den königlich tapferen Aragon oder den magisch machtvollen Gandalf[7]. Doch sie alle sind nicht in der Lage, die Last, die auf dem Ringträger ruht, zu tragen und dessen einnehmender Macht zu widerstehen und so bleibt ihnen letztlich die Rolle der *Gefährten*[8]. Die eigentlichen Heldentaten werden nicht von diesen kriegerischen Heroen, sondern von den kleinen Hobbits vollbracht – ein Beispiel dafür, wie Tolkien in seinem Werk die zeitgenössische Heroenverherrlichung und seine eigene hierarchische Weltgestaltung entscheidend nuanciert[9].

---

1 Hauser, Herr der Ringe und Harry Potter, 86
2 Vgl. Raddatz, 231
3 Raddatz, 231
4 Hauser, Herr der Ringe und Harry Potter, 87
5 Vgl. Schmidt, 194f.
6 Goebbels, 116
7 Kölzer vermag in diesem Zusammenhang treffend, die sich in der hierachischen Ordnung von Mittelerde widerspiegelnde göttliche Schöpfungsordnung aufzuzeigen. (Vgl. Kölzer, 120-180)
8 Dem Titel des ersten Teils von *Der Herr der Ringe* entsprechend.
9 Vgl. Fornet-Ponse, 11

II Das anarchisch geführte Auenland und die Monarchie Gondors

Der ausgeprägten Führersehnsucht in der Zeit des Dritten Reichs korrespondiert auf staatlich politischer Ebene die Orientierung an der starken, lenkenden Hand in einer Monarchie oder Diktatur.

Dementgegen erscheint das Auenland wie eine entpolitisierte Zone. „Von einer ‚Regierung' konnte im Auenland zu dieser Zeit keine Rede sein"[1], berichtet Tolkien in seiner Darlegung über die Hobbits und ergänzt, dass die Sippen ihre Angelegenheiten selbst zu regeln pflegten[2]. Auf die wenigen staatskonformen Einrichtungen wie das Amt des Bürgermeisters oder die Polizeikräfte entfallen nur in Krisenzeiten militärisch organisatorische Aufgaben[3]. Die verwandtschaftlichen Bande konstituieren das Wesen der Kleingemeinden maßgeblich und erweisen sich auch als völlig ausreichend für das Idyll: Denn „zu keiner Zeit waren die Hobbits, egal welchen Schlages, kriegerisch gewesen, und untereinander hatten sie sich nie bekämpft"[4].

Diese utopisch anmutende „Beinahe-Anarchie"[5] ist jedoch bloß enklavischer Freiraum, eingebettet und in seiner Form aufrechterhalten durch eine hierarchische Machtstruktur – der Monarchie *Gondor*[6]: „Gondor bzw. das von König Elessar wiedervereinigte Westreich ist ein Königreich und eine Erbmonarchie, deren Wurzeln über zwei Zeitalter bis zu Earendils Sohn Elros, dem ersten König von Numénor zurückreichen."[7] Dem Monarchen im Reiche Gondor kommt dabei die juristisch wie praktisch uneingeschränkt absolutistische Macht zu[8]. Hier scheint sich die literarische Ausprägung einer Staatsform zu bilden, wie sie sich in vielen deutschen Erzählungen der Zeit um 1940 finden lässt. Und in Aragon manifestiert sich denn auch der Prototyp des guten und gerechten Königs, der mit starker Hand und weise das Volk zu lenken vermag. Dies trifft jedoch nur eingeschränkt auf dessen Vorgänger zu, die sich teilweise in eine Tradition des steten Niedergangs der Monarchie einreihen, der in der Figur Isildurs gipfelt, dessen Scheitern bei der Vernichtung des Rings den Beginn des Zerfalls des Doppelreiches Gondor/Arnor einleitet[9]. Die Hoffnung auf eine funktionierende Monarchie erweist sich somit als eine auf die heroisch edle Figur des Königs gestützte Utopie und vermag es dennoch „am besten dem hierarchischen Ordnungsgedanken, auf den sich Tolkiens Weltgestaltung zentral gründet" zu entsprechen[10].

---

1 Tolkien, Herr der Ringe, 26
2 Tolkien, Herr der Ringe, 26
3 Tolkien, Herr der Ringe, 26
4 Tolkien, Herr der Ringe, 21f.
5 Weinreich, 93
6 Vgl. Kölzer, 177
7 Weinreich, 95
8 Vgl. Weinreich, 94
9 Vgl. Weinreich, 99
10 Vgl. Kölzer, 177

„Nicht zuletzt ist natürlich auch das beherrschende Motiv des Ringes eine klare Warnung vor unzulässiger Machtanhäufung seitens einzelner Personen. Absolute Macht […] korrumpiert absolut."[1] Gerade in der schließlich erfolgenden Zerstörung des Rings wird gleichsam die Autotheosis des Menschen durch innerweltliche Mittel zugunsten des Bekenntnisses zu dessen radikalen Endlichkeit negiert. Die absolut im satanischen Sinne freisetzende Macht, die jeder Relation zur Schöpfung entbindet und zu einer auf der Ideologie der Weltimmanenz fußenden geschöpflichen Allmacht führt, tritt hinter den Gedanken an eine in der Transzendenz begründete innerkosmische Ordnung zurück[2].

III Die verfälschten Orks als degenerierte Zuchtprodukte

„Some are large and evil"[3], lautet die erste Beschreibung der Orks, die uns aus der Sicht Gandalfs dargebracht wird. Im weiteren Verlauf der Erzählung wird das Bild dieser missgebildeten Geschöpfe pittoresk ausfabuliert:

> „[…] a large orc with long arms that, as he ran crouching, reached to the ground ... In the red glare Sam ... caught a glimpe of his evil face as it passed: it was scored as if by rending clwas and smeared with blood; slaver dripped its protruding fangs; the mouth snarled like an animal."[4]

Bei den in animalischen Bildern gezeichneten Orks handelt es sich dem entymologischen Wortsinn folgend wahrlich um Monster[5].

„Der Schatten, der sie gezüchtet hat, kann nur nachäffen, er kann nicht erschaffen: nicht wirklich eigene neue Dinge machen. Ich glaube nicht, daß er den Orks das Leben geschenkt hat, er hat sie nur verdorben und entartet."[6] In diesem Zitat aus der Feder Tolkiens spiegeln sich weit mehr als nur die Verderbtheit und die Entartung der Orks wider; es erlaubt auch Rückschlüsse auf den Züchtungsvorgang. Kein Schöpfungsakt im Sinne einer Genesis, zu denken als eine radikale Neuschöpfung, sondern eine Zuchtproduktion im Sinne der (neu)platonisch gedeuteten Mimesis (Nachäffung) konstituiert die Entstehungsgeschichte der Diener der Dunklen Macht. Demnach spricht Tolkien in einem späteren Brief von ihnen als

---

1 Weinreich, 99

2 Vgl. zur neomythischen Bedeutung des Rings insbeosndere auch die essentiellen Darlegungen bei Kölzer, 238-244

3 Tolkien, Lord of the Rings (I) 421 zitiert nach Zimmermann, 215 „Einige sind riesig und teuflisch" [Übersetzung M.N.]

4 Tolkien, Lord oft he Rings (III) 217 zitiert nach Zimmermann, 216„Ein riesiger Ork mit langen Armen, die, wenn er in geduckter Stellung umher rannte, bis zum Boden reichten […] in dem gleißenden, roten Licht erhaschte Sam einen flüchtigen Blick auf sein teuflisches Gesicht, als er vorbeiging ; es war zerfurcht, als ob es von Klauen zerrissen worden wäre, und mit Blut verschmiert; Sabber rann von seinen hervorstehenden Fangzähnen; die Zähne fletschend wie ein Tier." [M.N.]

5 Vgl. Kölzer, 163

6 Tolkien, Herr der Ringe, 214 zitiert nach Schneidewind, 53

von „Fälschungen“, die dadurch entstanden seien, dass die Dunkle Macht und Sauron keine Lebewesen erschaffen konnten oder wollten[1].

In religiöser Deutung bedeutet dies die Absage an die Allmachtsphantasie des schöpferisch tätigen Menschen. Die dunkle Macht vermag nur die Degeneration bzw. Pervertierung[2] vorhandener Subjekte zu leisten, die eigentliche Genesis vollzieht sich der deistischen Weltenkonzeption Tolkiens folgend anderswo – vermutlich in der Transzendenz. Doch nicht nur der in manch faschistischen Lagern aufkeimende eugenische Zukunftstraum verhallt in den Ausführungen Tolkiens: Die degenerierten Orks sind zugleich Zuchtprodukte böser Mächte und verkommen zu animalischen Gebilden. Ein Abgesang auf die in vielen literarischen Werken dieser Zeit beschriebenen völkischen Eugenik(alp)träume von einer gezüchteten, sklavischen Niederrasse, die friedlich den Dienst für die Herrenrasse antritt. Noch größer erscheint die Diskrepanz zu den nationalsozialistischen Zuchtgedanken, die in verfälschender Vereinnahmung der Lehre Friedrich Nietzsches den Übermenschen herbeisehnen.

Die literarisch positiv attribuierte Beziehung von Menschen und Elben, die eine Aufwertung des Menschen nach sich zieht, differiert ebenfalls mit den damals vorherrschenden faschistischen Ideologien, die in der rassischen Mischung einen Dekadenzvollzug angebrochen glaubten[3].

IV Die unsterblichen Elben als *neo*mythische Geschöpfe?

Ein abschließend zu betrachtender Aspekt am Werk Tolkiens bleibt noch zu erörtern, wenngleich er nicht konkret auf die Zeit des Zweiten Weltkriegs und die literarischen Auswüchse dieser Ära zu beziehen ist, sondern ein allgemeines Charakteristikum von Fantasy betrifft. Hauser spricht in einer kurzen Abhandlung davon, dass die Geneigtheit des Menschen, nicht endlich sein zu wollen, die Geneigtheit, sich an Fantasy zu erfreuen, positiv bedingt[4]. Dieser Geneigtheit scheint J.R.R. Tolkien in seiner Konzeption der Elben nachzukommen.

> „We should all – or at least a large part of the human race – would like to have greater power of mind, greater power of art by which I mean that the gap between the conception and the power of execution should be shortened, and we should like a longer if not indefinite time in which to go on knowing more and making more. Therefore the Elves are immortal in a sense. I had to use immortal, I didn't mean that they were eternally immortal, merely that they are very longeval and their longevity probably lasts as long as the inhabitability of the Earth.“[5]

---

1 Vgl. Carpenter, Tolkien Briefe, 252, (Nr. 153)

2 Vgl. Kölzer, 179

3 Vgl. die Ausführungen in § 2

4 Vgl. Hauser, Herr der Ringe und Harry Potter, 71-85

5 Zitat und Übersetzung nach http://www.tolkienworld.de/interview.html „Wir alle sollten – oder zumindest ein großer Teil der Menschheit – oder wollten gerne größere Geisteskräfte und größere Kunstfertigkeit haben, womit ich sagen will, dass die Lücke zwischen der Vorstellungskraft und dem Vermögen, sie auszuführen, verkürzt werden sollte und dass es für uns besser wäre, eine längere, wenn nicht unendliche Zeit zu haben, mehr zu lernen und mehr zu

Die Elben stellen demnach ob ihrer an die Existenz alles Seienden gebundene *Überendlichkeit*[1] für viele Bewohner von Mittelerde, so auch für die Hobbits, zugleich aber auch für viele Leser ein großes Fascinans dar.

Dementgegen steht die Konzeption des Todes in *Der Herr der Ringe* als *doom or gift of God*[2]. So deuten Aragons letzte Worte auf ein Verständnis von Tod hin, das diesen als Geschenk begreift:

„I am the last of the Numénoreans and the latest King of the Elder Days; and to me has been given not only a span thrice that of Men of Middle-earth, but also the grace to go at my will, and give back the gift. Now, therefore, I will sleep."[3]

In einem Brief präzisiert Tolkien diese Deutung menschlicher Sterblichkeit: „The Doom (or the Gift) of Men is mortality, freedom from the circles of the world."[4] Die Überendlichkeit der Elben hingegen erscheint nur vordergründig erstrebenswert, bindet sich daran doch die Trauer und Last der Todlosigkeit durch die Zeit und die Veränderung hindurch[5] in einer Welt, „der sie zu entfliehen suchen"[6]. „The doom of the elves is to be immortal, to love the beauty of the world, to bring it to full flower with their gifts of delicacy and perfections, to last while it lasts, never leaving it even when 'slain', but returning."[7] Es erscheint daher nicht verwunderlich, wenn Tolkien in der Erzählung von *Morgoth's Ring* die Elben Folgendes über den Tod von Menschen sagen lässt: „death is but the name that we give to something that he [=Melkor, M.N.] has tainted, and it sounds therefore evil; but untainted its name would be good."[1] Der Tod wird demnach nicht als eine von bösen Mächten (hier Melkor) auferlegte Strafe verstanden, sondern als Teil der anthropologischen Grundbestimmtheit, die allein durch die vom Bösen gesetzte Furcht vor dem Tod ihr Tremendum bezieht[2].

---

erschaffen. Deshalb sind die Elben gewissermaßen unsterblich. Ich mußte *unsterblich* [Hervorhebung im Text] benutzen, ich meinte nicht, dass sie ewig unsterblich seien, sondern hauptsächlich, dass sie sehr langlebig sind, und ihre Langlebigkeit reicht vermutlich so lange, wie die Erde bewohnbar bleibt."

1 Dieser Begriff soll mir als Hilfswort dienen, um die Existenz der Elben unabhängig der Worte Sterblichkeit und Unsterblichkeit zu beschreiben.

2 „Geschick und Gabe Gottes" [M.N.] Vgl. hierzu Carpenter, Letters of Tolkien, 147, 189, 205, 267, 285f.

3 Zitiert nach Fornet-Ponse, 178 „Ich bin der letzte der Numénorer und der letzte König der Alten Tage; und mir ist nicht nur die höchste Lebensspanne der Männer von Mittelerde, sondern auch die Gnade nach meinem Willen zu gehen und die Gabe zurückzugeben geschenkt,. Jetzt werde ich daher ruhen." [M.N.]

4 Carpenter, Letters of Tolkien, 145 „Das Verhängnis (oder auch das Geschenk der Menschen) ist die Sterblichkeit, die Freiheit vom Kreislauf des Lebens." [M.N.]

5 Vgl. Fornet-Ponse, 168

6 Kölzer, 133

7 Carpenter, Letters of Tolkien, 145f. „Das Verhängnis der Elben ist ihre Unsterblichkeit, die Schönheit der Erde zu lieben, sie zu ihrer vollsten Entfaltung zu bringen mit der Zugabe von

Sterblichkeit und Unsterblichkeit dienen Tolkien als Ausdruck eines eigenen Verständnisses der menschlichen Auseinandersetzung mit dem Tod. „Of course, in fact exterior to my story, Elves and Men are just different aspects of the Humane, and represent the problem of Death as seen by a finite but willing and self-conscious person."[3]

Ähnlich wie bei der zuvor beschriebenen Genesis des Menschen bewahrt der christlich geprägte J.R.R. Tolkien[4] auch den Tod vor einer Neomythologisierung[5], wenn er die Transzendenz des Vollzugs des Todes literarisch einbettet.

V *Der Herr der Ringe* als „Mythos des 20. Jahrhunderts"[6]

„Tolkiens Legendarium widersetzt sich simplizistischen Interpretationen. Schlagwortartige Rassismus-Vorwürfe gegen Tolkien greifen angesichts seiner ausdrücklichen Einschränkungen der ‚Anwendbarkeit' seiner Mythologie auf die reale Welt deutlich zu kurz. Aber auch die übliche ebenso schlagwortartige Verteidigung auf solche Anschuldigungen ‚There was definitly no racial intent in his work. He detested racism'[7] wird der Situation nicht gerecht."[8]

In Tolkiens Werk treten verschiedenartige Rassengruppierungen in Erscheinung und erfüllen die ihnen literarisch zugewiesenen Rollen, wobei eine der zentralen Säulen der Weltgestaltung dabei mit Kölzer pointiert zusammengefasst werden kann als: „Je älter, desto reiner, desto besser"[9]. Dabei greifen Kategorisierungen, die den einzelnen Rassen eine festgeschriebene Wertigkeit innerhalb einer solchen Hierarchie beimessen wollen, angesichts der herausragenden Leistungen der kleinen Hobbits zu kurz. Wie Kölzer fern einer Tolkienkritik oder -apologetik klarstellen kann, wird „in der Diskussion über die in Tolkiens Roman deutliche präsente Bevorzugung alter und reiner Abstammungslinien und der immer wieder betonte

Feinheit und Vollkommenheit, fortzudauern, während sie fortdauert , sie auch im Tode nicht verlassend, sondern zu ihr zurückzukehren."

1 Tolkien, 1994, 310 „Tod ist bloß der Name, den wir für das verwenden, was Melkor befleckt hat, und er klingt daher schlecht; aber unbefleckt würde der Name gut sein." [M.N.]

2 Vgl. Fornet-Ponse, 172

3 Carpenter, Letters of Tolkien, 236 „Sicher, über meine Erzählung hinausgesehen, verdeutlichen sich an Elben und Menschen nur verschiedene Aspekte der Anthropologischen Verfasstheit, nämlich das Problem des Todes in den Augen der endlichen doch über sich selbst verfügenden und ihrer Selbst bewussten Person." [M.N.]

4 Vgl. http://www.tolkienworld.de/interview.html

5 Kölzer weist auf eine im Simarillion anklingende eschatologische Konzeption Tolkiens hin, die die Vorstellung eines Endes der Zeiten beinhaltet. (Vgl. Kölzer, 214)

6 Honegger und Bachmann spielen in ihrem Essay auf das Werk Alfred Rosenbergs an, das den Titel *Mythus des 20. Jahrhunderts* trägt.

7 Bachmann und Honegger beziehen sich hier auf Reaktionen, die sich auf Rassismusvorwürfe von Shapiro (University of Warwick) beziehen. Vgl. hierzu http://www.rediff.com/news/2003/jan./08lord.html oder http://www.incantatio.de/rass.pdf

8 Honegger/Bachmann, Mythos für das 20. Jahrhundert, 32

9 Vgl. Kölzer, 123

strikten Schöpfungshierarchie [...] leider allzu oft die Eigenständigkeit der phantastischen Sekundärwelt aus dem Blick verloren“[1].

Die Menschen in ihrer individuellen Eigentümlichkeit sind einem Interview Tolkiens zufolge einzige Grundlage für die vielgestaltige Figurenzeichnung[2]. So erscheinen die Ork-Qualitäten nicht als rassische Kategorisierung einer Gruppe oder Nation, sondern verweisen auf die essentielle Grausamkeit und die damit gepaarte essentielle Herzlosigkeit, die in allen Menschen schlummert[3].

Folgen Tolkiens Figurendarstellungen keinen impliziten Rassenschemata, so ist auch sein Ausgriff auf Grundlemente und Motive nordischer Mythologie kein Resultat jenes in der Folge näher zu beschreibenden *völkischen Nordismus*. Der Autor sieht selbst die negative Relation zwischen nordischer Mythologie und faschistischer Ideologie, die aus der Vereinnahmung des Germanentums durch völkische Gruppierungen resultiere.

> „Ich habe den größten Teil meines Lebens, seit ich in Deinem Alter war, auf das Studium germanischer Belange verwendet (in jenem allgemeinen Sinne, der auch England und Skandinavien umfasst.) In dem germanischen Ideal steckt einiges mehr an Kraft (und Wahrheit), als die Unwissenden meinen. Ich war als Student sehr davon angetan (als Hitler glaube ich mit Farben herumkleckste und davon noch nie gehört hatte), in Reaktion gegen die ‚klassischen Studien'. ... Trotzdem glaube ich, besser zu wissen als die meisten, was an diesem nordischen Unfug Wahres dran ist. Jedenfalls habe ich in diesem Krieg einen heißen persönlichen Groll – der vermutlich heute mit 49 einen besseren Soldaten aus mir machen würde als damals mit 22 – gegen diesen verdammten Ignoranten von Adolf Hitler [...] Weil er den edlen nordischen Geist, jenen vortrefflichen Beitrag zu Europa, den ich immer geliebt und in seinem wahren Licht zu zeigen versucht habe, ruiniert, mißbraucht und verdorben hat, so daß er nun für immer verflucht ist.“[4]

Mit der hier angesprochenen Verschränkung von faschistischer Ideologie und nordischer Mythologie – gleichsam in ihrer literarischen Verarbeitung - lässt sich zugleich auch auf zentrale Gesprächsbereiche der vorliegenden Untersuchung hinweisen. Wurde für Tolkiens Werk in Anspruch genommen, dass es sich von *völkischen* Anschauungsmustern und in diesem Geist verfassten Fiktionen unterscheidet, kann gleichsam gefragt werden, was die Charakteristika der *völkischen* Ideologie sind und inwiefern sich diese sich diese in Weltbildern und Mythen dieser Zeit artikulieren?

Der im Weiteren eingenommene kritische Stand gegenüber neomythischen Gedankenspielen wie etwa dem von einer *ewigen nordischen Rasse*, verlangt weiterhin in den Blick zu nehmen, ob sich neomythische Tendenzen in den völkischen Lehren und Schriften wiederfinden und diese die Science-Fiction-Romane jener Zeit, die

---

1 Vgl. Kölzer, 173

2 Vgl. http://www.tolkienworld.de/interview.html

3 Vgl. Honegger/Bachmann, Mythos für das 20. Jahrhundert, 32 Gänzlich zu kurz greifen auch Vorwürfe eines durchscheinenden Antisemitismus in *Der Herr der Ringe*. (Vgl. hierzu Honegger/Bachmann, 2005, 33 und Vgl. www.tolkienworld.de/interview.html)

4 Carpenter, Briefe Tolkiens, Brief 76, Nr. 45 an Michael Tolkien, 9.6.1941

innerhalb der literarischen Landschaft eine ausgezeichnete Gattung neomythischer Prägung[1] darstellen, prägen.

Die dargelegten Überlegungen zum Hauptwerk Tolkiens wollen keine letztgültige Klärung über mögliche Deutungshoheiten herbeiführen oder *fundamental Neues* im Vergleich zum Großraum rezipierender Sekundärliteratur aufzeigen, die „in ihrer Gesamtheit durchaus beanspruchen [kann, M.N.], jeden Grashalm in Middle-earth gezählt zu haben"[2]. Die weitläufigen Möglichkeiten einer *Einleitung* nutzend sollte vielmehr, neben der Aufstellung von Leitfragen und dem Eingrenzen eines Forschungsgebiets, der Blick geweitet werden auf das, was hinter den Grenzen, die in unserem Fall durch die (Neo)mythologie in der völkischen Science-Fiction gebildet sind, liegt: In diesem Fall der Blick auf ein Werk, das wenn auch nicht im direkten nationalsozialistischen Einflussgebiet so doch in der Zeit des Dritten Reichs entstand und das in der phantastischen Sekundärweltgestaltung an die Merkmale von Science-Fiction heranführt. Der aufgezeigte Differenzzusammenhang zwischen den literarisch komponierten Weltbildentwürfen Tolkiens und den faschistisch rassistischen Gedanken und Werken seiner Zeit soll als Anlass dienen, den Nährboden näher zu beleuchten, aus dem Führersehnsüchte, Antisemitismus, Rassenideologie und Zuchtgedanken erwachsen.

Tolkiens altmodisch-tugendhafte Mythologie der „theory of courage" hat sich im 20. Jahrhundert und darüber hinaus bewährt und erweist sich insofern gegenüber etwa jener rassistischen Kultideologie Alfred Rosenbergs letztlich als der wahre *Mythos des 20. Jahrhunderts*[3].

---

1 Zur These, dass es sich bei Science-Fiction um eine Gattung neomythischer Prägung handelt, betrachte man insbesondere §3 und §5

2 Vgl. Kölzer, 8

3 Vgl. Honegger/Bachmann, Mythos des 20. Jahrhunderts, 37

Die Science-Fiction als literarische Ausdrucksform völkischer Weltanschauung vor dem Zweiten Weltkrieg

Die Auseinandersetzung mit der Mythologie völkischer Science-Fiction bedarf zunächst einer genaueren Einzelbetrachtung der hier bereits miteinander verflochtenen Begrifflichkeiten. Demnach soll der folgende Teil sich zunächst mit der gewählten thematischen Gesprächsgrundlage beschäftigen und entsprechende Arbeitsbegriffe klären:

- Was ist *völkisch*?
- Welche Charakteristika prägen die Gattung *Science-Fiction*?
- Inwiefern erweist sich auf der Grundlage eines tiefergehenden Verständnisses von *Weltanschauung* und *Neomythologie* Science-Fiction als Ausdrucksform und Impulsgeber völkischer Ideologie?

§ 2 *Völkisch – Etikett für eine präfaschistische Geistesbewegung*[1]

Mit der Rückfrage nach Wesen und Charakteristika, des mit *völkisch* umschriebenen Denotats, begeben wir uns mitten in den von Jost Hermand umrissenen „präfaschistischen Dschungel um 1900“[2]. Erste Begriffserklärungen, die das Wort *völkisch* mit der Verdeutschung des Wortes *national* erfasst glauben[3], erweisen sich angesichts der bereits um 1900 bestehenden, zahlreichen Konnotationen in Bezug auf eine komplexe, aufkommende völkische Bewegung und Geisteshaltung als unbefriedigend und unzureichend[4]. Expansivere Beschreibungen hingegen verbleiben häufig an der Oberfläche und vermögen kein konkretes Bild des Völkischen zu zeichnen:

> „‚Völkische' Bestrebungen [nenne ich] die, welche überall im Staat und allen Gebieten der Kultur – das Eigentümliche des eigenen Volkes zum Siege führen wollen; also bei uns die deutschen Arten erhalten und vertiefen, durch Anknüpfen an die eigene Vergangenheit und Erkenntnis der in ihr liegenden Richtungen. Oder negativ ausgedrückt: das Ablehnen des dem Deutschen so nahe liegenden Bestrebens, sich nach ausländischem, besonders französischem Vorbild zu richten und sich einem fremden Geist, etwa dem semitischen, zu unterwerfen.“[5]

Mit dem *Eigentümlichen des eigenen Volkes* eröffnet sich ein breites Spektrum an Wesensmerkmalen. Hartig versucht, dieses zu spezifizieren, wenn er darunter „das Bekenntnis zur germanischen Rasse und die Zugehörigkeit zur deutsch=germanischen Blutsgemeinschaft mit allen daraus sich ergebenden Folgerungen und

---

[1] Im folgenden Abschnitt über die Ursprünge der völkischen Bewegung beziehe ich mich hauptsächlich auf die Ausführungen von Uwe Puschner in dessen Werk *Die völkische Bewegung im wilhelminischen Kaiserreich.*

[2] Vgl. Hermand, Schein des schönen Lebens, 40

[3] Vgl. Puschner, 27

[4] Vgl. Puschner, 49

[5] Wahl, 6

Pflichten der Lebens= und Weltanschauung, rechtlicher und wirtschaftlicher, ethischer und religiöser Grundsätze" fasst und zum zweiten die „unbedingte körperliche und geistige Ablehnung alles Fremdrassigen nebst alles Jüdischen"[1] dazuzählt. Das „vielgestaltige Phänomen"[2] der „ideologisch wie organisatorisch und in ihren Zielen fragmentierten, von Gegenläufigkeiten und unüberbrückbaren, immer wieder in heftigen Kontroversen ausgetragenen Gegensätzen gekennzeichneten"[3] völkischen Bewegung resultiert zum einen aus der äußerlich strukturellen Vielfalt, die sich in einer für den Beginn des 20. Jahrhunderts typischen „Vereinsmeierei" ausdrückt[4], deren mangelnde Politisierung zur Unüberschaubarkeit beiträgt[5], und zum anderen aus der inneren Differenzierung, weisen doch die mannigfaltigen theoretischen Schriften ein keineswegs einheitliches, kohärentes Bild der völkischen Bewegung auf[6].

Völkisch ist somit häufig mehr ein äußeres, gemeinsames Losungswort solcher sich mit diesem Etikett schmückenden Gruppierungen oder Theoretiker denn eine explizit qualitativ-inhaltliche Zuschreibung. „Dieses Ergebnis ist insofern verständlich, als selbst auf völkischer Seite von ‚deutsch=völkische[n] Bewegungen' gesprochen und – dies ist ein Kontinuum über den Ersten Weltkrieg hinweg – wiederholt beklagt wurde, daß, wie MAX ROBERT GERSTENHAUER 1927 rückblickend schreibt, ‚noch keine Klarheit in den völkischen Anschauungen und noch keine Einigkeit in der völkischen Bewegung [herrschen]. Sie ist zersplittert, in ein Dutzend Gruppen und eine noch größere Zahl von ‚Richtungen', die einander bekämpfen, ist uneinig und daher ohnmächtig.'[7]"[8] Entsprechend soll es im Folgenden vorwiegend darum gehen, exemplarisch Einblicke in diese Bewegung zu geben und deren grobe Wesenszüge aufzuzeigen und nicht darum, eine normativ-deskreptive Charakterisierung darzulegen.

I Die Anfänge der völkischen Bewegung[9] und deren Konzentration im beginnenden 20. Jahrhundert

Wenn Meinecke die völkische Bewegung als unmittelbares „Vorspiel des Hitlertums"[10] deutet, konzentriert sich diese Darstellung auf die nach dem Ersten Weltkrieg expansiv betriebene Verbreitung völkischer Ideologie in Zeitungen, Schriften,

---

1 Hartig, 7
2 Puschner, 131
3 Puschner/Vollnhals, 13
4 Vgl. Puschner., 131
5 Vgl. Puschner, 52
6 Vgl. hierzu auch die Ausführungen bei Mohler, 131-150.
7 Gerstenhauer, Führer, III
8 Puschner, 263, Hervorhebungen im Text
9 In der Folge wird vereinfachend von der völkischen Bewegung die Rede sein, wenn Puschner auch darauf hinweist, dass eigentlich von völkischen Bewegungen die Rede sein müsste (Vgl. 269)
10 Meinecke, 42

Vereinen und okkult-sektiererischen Gruppierungen. Jedoch artikuliert sich die völkische Bewegung bereits Ende des 19. Jahrhunderts[1] in vielen verschiedenen Schriften, deren Ausgangspunkt in den ariosophischen Konzeptionen Helena Blavatskys gesehen werden kann[2], und differenziert sich schließlich zu Beginn des 20. Jahrhunderts zu einer umfassenden Weltanschauung aus[3].

„Die VÖLKISCHE BEWEGUNG ist kein originäres Produkt des Ersten Weltkrieges [...] oder der Weimarer Epoche. Ihre Ursprünge liegen vielmehr im Kaiserreich, wobei der Erste Weltkrieg die Zäsur darstellt."[4]

Das Wilhelminische Reich wurde von vielen der völkischen Bewegung zugeneigten Personen als Zwischen- oder Interimsreich betrachtet, „auf das in nicht all zu ferner Zukunft ein neues, alle diese Hoffnungen einlösendes Drittes Reich folgen müsse, in dem das Volk der Deutschen endlich die Chance erhalte, sich in seiner angestammten Kraft und Herrlichkeit zur führenden Weltmacht zu entfalten."[5] Mit Beginn der Frontgefechte ereilte jedoch viele der völkischen Gruppierungen das Schicksal des eigens herbeigesehnten Aufbruchs des deutschen Volkes. Doch die Ideologie überdauert die zerstörerische Kraft des Schlachtfeldes und blüht in den Nachkriegsjahren erneut auf. Dabei erweisen sich gerade die Besiegelung der Träume von nationaler Größe und die vor diesem Hintergrund erfahrene Ohnmacht als Nährboden für völkische Gedankenspiele und Allmachtsphantasien[6]. Die völkische Bewegung erwächst in diesem Zeitraum einmal mehr zur „völkischen Opposition"[7], die ihre Artikulationsgebiete überall dort hat, „wo die gängigen Muster der ‚klassischen Bildung' nicht hinreichen und behält diesen Status bis ins Dritte Reich hinein, wo sie zum Teil in die nationalsozialistische Weltanschauung mündet bzw. die sich von dieser Richtung distanzierenden Gruppierungen nicht selten der Diffamierung Hitlers und Goebbels zum Opfer fallen"[8].

---

[1] Für Nicolas Goodrick Clark stellt dabei Wien einen bedeutenden Ort der Entstehung völkischer Ideologie dar, da hier die Probleme der Moderne und des Nationalismus besonders einschneidend erlebt wurden (Vgl. Goodrick-Clarke, 15)

[2] Vgl. Hauser, Kritik der neomythischen Vernunft (I), 403 oder Goodrick-Clarke, 18f.

[3] Um 1900 zählt Nicolas Goodrick-Clarke allein 160 Vereine, die sich in dem 1886 in Salzburg von Anton Langgassner gegründeten Germanenbund zusammenschlossen und etwa 100000 – 150000 zu ihrem Einflussgebiet zählten (Vgl. Goodrick-Clarke, 9f.)

[4] Puschner, 12

[5] Hermand, Traum vom neuen Reich, 56

[6] Vgl. Hauser, Kritik der neomythischen Vernunft (I), 373

[7] Hermand, Traum vom neuen Reich, 56

[8] Puschner, 9f.

1 Die organisatorische Konstituierung der völkischen Bewegung

Das Inerscheinungtreten der völkischen Bewegung als heterogene Sammelbewegung[1] resultiert daraus, dass sie von informellen Stammtischen über Vereine und Verbände bis hin zu Gemeinschaften, Logen und Orden strukturell sehr unterschiedliche Gesinnungsgemeinschaften mit einem vielfältigen weltanschaulichen Spektrum integriert. Demnach nimmt es kaum wunder, wenn der Eindruck eines unüberschaubaren „Wirrwarrs von Sekten, Verbänden und Kleinunternehmen" entsteht[2]. Die im November 1913 mit einem Mahnruf an das deutsche Volk erstmals in die Öffentlichkeit tretende DEUTSCHVÖLKISCHE HAUPTSTELLE mit Sitz in Berlin, der 17 Verbände und 89 Einzelpersonen angehörten, ist nur ein Beispiel – neben dem DEUTSCHVÖLKISCHEN SCHUTZ- UND TRUTZBUND – für den in seiner Wirkung weitestgehend erfolglosen Versuch der Kartellbildung innerhalb der völkischen Bewegung. Ihr gehörten unter anderem an: der DEUTSCHBUND, der REICHSHAMMERBUND und der GERMANENORDEN, der DEUTSCHE KULTURBUND, der DEUTSCH-VÖLKISCHE SCHRIFTSTELLERBUND, der DEUTSCHE ORDEN, die DEUTSCHGLÄUBIGE GEMEINSCHAFT, der URDA BUND, der DEUTSCHE ROLAND, der VEREIN FÜR DEUTSCHVÖLKISCHE SIPPENKUNDE, der MARBURGER AKADEMIKERZIRKEL IRMINSUL, die VERBINDUNG FÜR DEUTSCHTUM UND WISSENSCHAFT, die DEUTSCHVÖLKISCHEN STUDENTEN-VERBÄNDE und der DEUTSCHE TURNERBUND[3]. Das breite Spektrum innerhalb der DEUTSCH VÖLKISCHEN HAUPTSTELLE, das von Schriftsteller- und Akademikerverbänden über religiöse Subbewegungen bis hin zu Turnvereinen reicht, weist wohl bereits auf die Schwierigkeit hin, ein kohärentes, richtungsweisendes Programm zu entwickeln.

Eine besondere Bewegung innerhalb der völkischen Gruppierungen stellen die *Okkultbewegungen* dar, die im neopaganen Umfeld des 20. Jahrhunderts, völkische Weltanschauungen in sich aufnehmen[4] und in okkult-sektiererischen Ritualen religiös verformen[5]. „Guido von List was the first popular writer to combine völkisch ideology with occultism and theosophy."[6] Er gründete 1905 in Wien die GUIDO VON LIST GESELLSCHAFT[7]. Weitere bekannte Gruppierungen sind der ORDO NOVI TEMPLI, den Adolf Josef Lanz 1907 auf der Burgruine Werfenstein ins Leben rief und der THULE ORDEN/die THULE GESELLSCHAFT[8]. Nicht erst seit den Darstellungen von Wilfried Daim, der Adolf Josef von Lanz euphemistisch als den

---

1 Puschner, 17f.

2 Puschner., 18

3 Vgl. Puschner, 269

4 Vgl. Hauser, Kritik der neomythischen Vernunft (I), 403

5 Vgl. hierzu Puschner/Vollnhaus, 15f und Vondung, 29-41

6 Goodrick-Clarke, 33 „Guido von List war der erste bekannte Schriftsteller, der völkische Ideologie mit Okkultismus und Theosophie verband." [M.N.]

7 Vgl. zu dieser auch: Hufenreuter, 223

8 Vgl. Hauser, Kritik der neomythischen Vernunft (I), 403

Mann rühmt, *der Hitler die Ideen gab*[1], wird immer wieder auf den gesellschaftlichen Einfluss der Okkultbewegungen im Dritten Reich verwiesen und ihr Beitrag zur völkischen Weltanschauung diskutiert[2]. Klar ist, dass sie ein Extrem des breiten Spektrums völkischer Weltanschauungen markieren, das wir in der der Folge genauer in den Blick nehmen wollen.

II Schlüsselbegriffe zur Charakterisierung der völkischen Bewegung

In einem Agitationsgedicht des langjährigen Vorsitzenden des österreichischen Schutzvereins SÜDMARK Aurelius Polzer fließen viele Ideen völkischer Prägung ein, die zur Bestimmung von Schlüsselbegriffen zwecks Charakterisierung der völkischen Bewegung herangezogen werden können.

„Völkische Erziehung

Erzieht zur deutschen Art die Jugend,
Lehrt eure Mädchen Zucht und Tugend,
Lehr[t, M.N.] eure Knaben Kraft und Mut,
Sagt ihnen, daß ihr höchstes Gut,
Zu schirmen vor Gewalt und List,
Ihr Vaterland und Volkstum ist!
Dann sorgt, daß ihr sie unterweist
Im guten, alten deutschen Geist,
Der uns aus bessrer Vorzeit Tagen,
Noch lebt in Büchern und in Sagen,
Dem Gotteshaus der hohe Tann,
Und fest Burg des Hauses Bann,
Der, allem Fremdtum abgekehrt,
Die deutsche Sprach und Sitte ehrt
Und sich als Höchstes nur mag preisen,
Der Väter würdig sich zu weisen!
Ein solches Fühlen und Gehaben
Lehrt eure Mädchen, eure Knaben,
Seid selber auch von solchem Wesen:
Dann mag das Deutschtum wohl genesen,
Daß ihm noch scheint nach Macht und Not
Glanzvoller Tage Morgenrot.“[3]

Das Gedicht ist erfüllt von dem Glauben „an den guten, alten deutschen Geist aus bessrer Vorzeit Tagen“, der sich als der wahrhafte erweist und den es wiederzugewinnen gilt. Diese Rückbesinnung auf den germanischen Urgrund, der „in Büchern und Sagen“ widerhallt, ist ein wesentlicher Aspekt völkischer Weltanschauung, den

---

1 Vgl. Daims Buchtitel *Der Mann, der Hitler die Ideen gab*

2 Als vertiefende Literatur zur ariosophischen Okkultbewegung bieten sich hier insbesondere die Beiträge von Linus Hauser und Nicolas Goddrick Clarke an.

3 Polzer, 51

viele Anhänger dahingehend erweitert wissen wollen, dass dieser Urgrund als göttliche Abstammung gedeutet wird, die als Begründung für ein „antiegalitäres, rassistisches Denkgebäude"[1] herangezogen wird, der Intention folgend, dass „aus deutschem Blute das Heil der Welt komme, daß es wiedergeboren werde, wie die Sonne wiederkehrt nach dem Gange in die bange Winternacht."[2]

Neben der Glorifizierung des Germanentums fällt dem in nationalsozialistischem Denken sensibilisierten Leser die Wendung „allem Fremdtum abgekehrt" ins Auge. Worin dieses bedrohliche Fremdtum nach völkischer Ansicht besteht und in welcher Weise man diesem zu begegnen gewillt ist, soll in der Analyse der Rassenideologie näher untersucht werden.

Auf den nach Puschner dritten wesentlichen Aspekt der völkischen Bewegung, die *Sprache*[3], der ebenfalls in dem zitierten Gedicht aufscheint, („die deutsche Sprach und Sitte ehrt") soll hier nicht weiter eingegangen werden[4]. Uwe Puschner führt in diesem Bereich seiner Analyse die ersten völkischen Bestrebungen nach Purgation der deutschen Sprache von fremden Einflüssen an und zeigt, wie diese Absicht zur Organisation völkischer Schriftstellerverbände führte und Einfluss auch auf die sprachliche Ausdrucksweise in Zeitungen und Zeitschriften nahm und so in die Gesamtbevölkerung hineingetragen wurde[5].

1 Rassenideologisch geprägte Anschauungen innerhalb der völkischen Bewegung

Die völkische „Weltanschauung wurzelt in der Rassenlehre"[6] konstatiert Karl Felix Wolff, „ein völkisch Gesinnter von der schärferen Tonart"[7], und lässt darin die Bedeutung der Rassenideologie als von Mohler propagierten „Generalschlüssel" zum Verständnis von völkischer Weltanschauung und Bewegung anschaulich werden[8]. „Das Evangelium der Rasse"[9] wird von vielen Vertretern der völkischen Bewegung als „Fundament der Weltanschauung" und „Haupthebel jeder vaterländischen Erhebung"[10] aufgefasst. „Vorher, ehe man das rassische Bekenntnis forderte, war völkisch nichts als ein stark betontes national"[11], stellt entsprechend Hartig fest. Rasse war somit kein modisches Schlagwort, wie der Posener Oberlehrer Volpers in einem Festvortrag anlässlich des Kaisergeburtstages 1912 äußerte, son-

---

1 Puschner, 17

2 Wachler, 48f.

3 Sprache, Rasse und Religion (der Germanen) werden von Puschner als das Koordinatensystem aufgefasst, in dem sich völkische Weltanschauung erstreckt.

4 Vgl. hierzu auch Mohler, 132

5 Vgl. Puschner, 27f.

6 Wolff, 173

7 Puschner, 16

8 Vgl. Mohler, 135

9 Deutschvölkische Erneuerung zitiert nach Puschner, 66

10 Bartels, 33

11 Hartig, 13

dern ein Schlüsselbegriff der völkischen Weltanschauung und „password" zu ihrem Verständnis[1].

Da nimmt es nicht wunder, wenn ein völkischer Vertreter wie Adolf Bartels eine Sammlung von Aufsätzen zur nationalen Weltanschauung mit dem schlichten Titel *Rasse* schmückt oder die REICHS-HAMMERBUND-GEMEINDEN in ihren allgemeinen Grundsätzen „die Pflege der germanischen Rasse=Eigenschaften, Veredlung und Höherzüchtung des Menschentums, Ausscheidung der unverdaulichen Fremdrassen aus dem Volkskörper"[2] als Ziel erklären. Der Primat der Rasse konstituiert maßgeblich die völkische Gesinnung und die „Untermauerung des völkischen Gedankens durch die Rassenwissenschaft" stellte wohl nicht nur nach Max Robert Gerstenhauer einen „gewaltigen Fortschritt"[3] dar, der darin bestand, „daß man von der bloß antisemitischen zur völkischen Bewegung durchgedrungen [war, M.N.]. Jetzt hatte man das wissenschaftliche Rüstzeug, um durch geistige, weltanschauliche Vertiefung des völkischen Gedankens die Voraussetzungen für eine völkische Politik zu schaffen."[4]

Dabei kam der Rasse gleichsam die aus der völkischen Heilslehre erwachsene, religiös verformte Bedeutung zu „Schicksal des einzelnen wie des – wiederum rassisch definierten – Volkes"[5] zu sein. So schreibt Ernst Hunkel im HEIMDALL,

> „daß wir von *heiliger deutscher Abstammung* sind, von jenem Blute, aus dem das Heil der Welt erwachsen soll. Aus der großen Heimat gehen wir hervor als deutsche Menschen, und das ist *unsere Aufgabe, daß wir diese Geburt erfüllen.* Und wenn wir den Adel wegwarfen, der uns einst war, um dessentwillen selbst unsere Feinde uns knirschend priesen, so müssen wir trachten, ihn wieder zu gewinnen als unser größtes, unser erstes und nun mehr unser letztes Gut [...] Vom Weltbaume, dem deutschen Gleichnisbilde des unerforschlichen Allgeschehens, heißt es [...], daß *der Tag kommt, an dem er erzittern wird.* [...] Dieser Tag ist da. An den Wurzeln der Weltesche nagt der Wurm, und die Blätter beginnen zu welken. Wach auf, deutsches Volk, deine Heimat ist in Gefahr, der Baum schwankt, die Zweige erzittern, die Krone neigt sich! Wirf den Schlaf von den Augen, die Tat will getan sein! Sie wartet auf dich! Von Gott stammst du: richte dein Gesetz auf in der Welt! Das Gesetz deines Blutes! Das Gesetz deines Herzens! Die Freiheit und die Kraft deines Gottes!"[6]

Die in dieser Darlegung verdichtet aufscheinende, apokalyptisch visionäre, religiös verbrämte Rassenlehre findet in den Okkultgemeinden der völkischen Bewegung ebenso ihren Widerhall wie rassenwissenschaftlicher Fortschrittsglaube in den seriösen akademischen Disziplinen. So wurde eine breite Bevölkerungsschicht von der Idee der Rasse erfasst. Die Artikulationsgebiete der auf dieser Idee fußenden Geisteshaltungen sollen in der Folge näher betrachtet werden.

---

1 Vgl. Puschner, 66
2 Hammer, 134
3 Gerstenhauer, Der völkische Gedanke, 41f.
4 Gerstenhauer, Der völkische Gedanke, 41f.
5 Puschner, 16
6 Heimdall 19, 20 (Hervorhebungen im Original)

a Antisemitismus

„Das Evangelium der Rasse ist der grimmigste Feind des Judentums."[1] In diesem Ausdruck aus einem 1912 in den DEUTSCH=SOZIALEN BLÄTTERN erschienen programmatischen Beitrag über DEUTSCHVÖLKISCHE ERNEUERUNG zeigt sich die unbedingte Verschränktheit von Antisemitismus und Rassenideologie. Die im *Brockhaus* um 1900 aufgeführte Definition des *Völkischen* bestätigt dies, identifiziert sie doch mit dem „um 1875 aufgekommenen Adjektiv völkisch, einen rassisch begründeten insbesondere entschieden antisemitischen Nationalismus."[2] Mag der Antisemitismus zu Beginn der völkischen Bewegung, und je nach Couleur der Geisteshaltung auch noch weit über die Anfänge hinaus, Triebfeder völkischer Ideologie gewesen sein[3], so wird er doch von den meisten Theoretikern in seltener Einmütigkeit in den Überbau der Rassenlehre integriert[4].

Völkische Führer, die allesamt einen teils perfiden Antisemitismus pflegen, kritisieren scharf den „üble[n, M.N.] Radauantisemitismus" der antisemitischen Bewegung der 80er und 90er Jahre und resümieren, dass ein „Nur-Antisemitismus"[5] nicht zum Erfolg führe. Vielmehr würde sich die „Methode der nicht persönlich adressierten, nicht hetzenden und noch weniger neidisch erscheinenden, kühlen, aber entschlossenen Abwehr gegen das Judentum in der Gesellschaft, wie im Partei= und Staatsleben allmählich durchsetzen" lassen, und schließlich sei der „Antisemitismus nur ein Element und keineswegs das wichtigste einer viel weiter und höher greifenden nationalen Weltanschauung und Politik."[6]

An der Behandlung der Judenfrage erweist sich, was für den DEUTSCHBUND-Gründer Friedrich Lange schon 1892 feststand: „Die Judenfrage ist heute keine Frage mehr in dem Sinne ob?, sondern nur noch in dem wie?"[7] Die Rassenlehre bot in diesem Sinne die Möglichkeit der Identifizierung der Juden mit einer semitischen Minderrasse und so die im Dritten Reich gelebte „wissenschaftliche" Legitimation der von Lange noch in rhetorischer Polemik abgelehnten „Bartholomäusnacht" oder „Sizilianischen Vesper"[8].

Die Integration der Judenfrage in die Rassenfrage[9] wird in der völkischen Weltanschauung zum pseudowissenschaftlichen Legitimationsgrund für die bereits vollzogene Differenzierung zwischen deutschem und jüdischem Volk; eine Differenzierung, die schließlich von Alfred Rosenberg religiös zur „Auseinandersetzung

---

1 Deutschvölkische Erneuerung, 1018

2 Brockhaus, 1934, 650

3 Vgl. Puschner, 51

4 Zugleich reicht die innrere Differenzierung der völkischen Bewegung so weit, dass es auch durchaus nicht-judenfeindliche Völklinge gibt. (Vgl. Mohler, 135)

5 Vgl. Puschner, 51

6 Lange, 109

7 Müller, 92

8 Lange, 106

9 Vgl. Puschner, 63

zwischen zwei weltfernen Seelen [...] des deutschen Genius mit dem jüdischen Dämon"[1] stilisiert werden kann. Erst die auch von den Nationalsozialisten – wenngleich in kontroverser Auseinandersetzung mit entgegenstehenden Vererbungslehren[2] – vollzogene Scheidung zwischen Ariern und Juden festigte das von Rosenberg aufgegriffene Bild von den Juden als den schmarotzenden Parasiten, die durch offene Volkswunden in die Gesellschaft eindringen und von deren Rassen- und Schöpferkraft zehren – bis zu deren Untergang[3].

> „Das sage ich nicht aus blutgieriger antisemitischer Gesinnung, sondern weil mir bekannt ist, dass diese merkwürdige Menschenart – der Semit – der über die ganze Welt hin sich verbreitet und die erstaunliche Fähigkeit besitzt sich alles zu assimilieren, nichts berührt, ohne es tief innerlich umzuwandeln."[4]

Die notwendig aus dem Antisemitismus erwachsenden Konflikte mit der christlichen Glaubenstradition tragen dabei mit zu einer LOS VON ROM-Bewegung[5] bei und begünstigen auch jene, ein stückweit kompensatorisch zu verstehbare, breitenwirksame Rückbesinnung auf die nordisch-germanische Mythologie und Göttervorstellung. Diejenigen, die wiederum an den christlichen Wurzeln festhalten wollten, versteifen sich in abstruse Gedankenspiele, denen zu Folge etwa Jesus zwar von Geburt aus Galiläer (des „Heidengaues"[6]) war – und als solcher in jüdischen Traditionen aufgewachsen – doch deswegen keineswegs unbedingt jüdisch genannt werden muss[7]. Vielmehr wurden in einseitiger Auslegung diverse Evangelienperikopen (allen voran Joh 8,46f.) bemüht, die Jesus als Oppositionsführer gegen das Judentum zeigen und den Schluss ermöglichten, „sein Gegensatz zum Judentum führte ihn ans Kreuz!"[8]

Doch mit dem in der völkischen Bewegung in perfiden Gedankenspielen gelebten Antisemitismus zeigt sich nur ein Aspekt dieser Weltanschauung, wenn es auch derjenige ist, der aufgrund seiner kaum fassbaren Realisierung im Dritten Reich am erschreckendsten erscheinen mag.

---

1 Rosenberg, 460

2 Conrad-Martius, 167

3 Vgl. Rosenberg, 461

4 Chamberlain, Arische Weltanschauung, 29

5 Eine insbesondere vom Initiator Georg Ritter von Schönerer, der im Linzer Programm seiner Alldeutschen Bewegung einem radikalen Pangermanismus huldigte, geprägte Kampagne, die ihren Ausgang in Österreich Ungarn im Ausgang des 19. Jahrhunderts nahm und welche die als antideutsch empfundene Gesinnung der römisch-katholischen Kirche anprangerte. Vergleiche hierzu auch die Erläuterungen bei Puschner, 207f.

6 Chamberlain, Mensch und Gott, 91

7 Vgl. Chamberlain, Mensch und Gott, 110ff.

8 Chamberlain, Mensch und Gott, 117

b Die darwinische Orientierungsaufgabe und ihre Beantwortung in der völkischen Bewegung

Der Darwinismus gehört nach Hauser zu den großen Orientierungsaufgaben der Moderne, da der Mensch mit Aufkommen der Evolutionstheorie lernen muss, sich „als Naturwesen einer langen Naturgeschichte“[1] zu verstehen. Die daraus erwachsende und zu hinterfragende Problematik der zeitlichen Unüberschaubarkeit der Herkunft und des tierischen Charakters des Menschen, die sich bis heute in ihrer Aktualität bewahrt hat, musste für die Menschen des 19. und frühen 20. Jahrhunderts um ein Vielfaches mehr ein „Fascinans et Tremendum“ darstellen. Die von Charles Darwin in seinem 1859 erschienen Werk *On the Origin of Species by means of Natural Selection, on the Preservation of Favoured Races in the Struggle for Life* auf den Grundlagen einer streng wissenschaftlichen Empirie erfasste Evolutionstheorie fiel gleichsam als Erzeugnis ihrer Zeit auf den fruchtbaren Boden mechanistisch geprägter Weltanschauung[2]. Das Wort vom Darwinismus griff um sich und „[it, M.N.] was far from the biological ideas or underlying moral and philosophical views of Darwin himself.”[3] Vielmehr bot sich auf dem Hintergrund der kausal-mechanistischen Theorien die Möglichkeit, die darwinische Evolutionslehre auf die Lebenszusammenhänge des Menschen umzudeuten. Der Darwinismus entwickelte sich so zur Weltanschauung und „it may be said that in no other country of Europe, or for that matter even in United States, did the ideas of Darvinism *develop as seriously as a total explanation of the world* [Hervorhebung, M.N.] as in Germany.”[4]

In den Folgejahren der Erscheinung der Abhandlung Darwins[5] ließ sich in den meisten wissenschaftlichen und gesellschaftlichen Bereichen nur unter ihrer Berücksichtigung – in Annahme oder Ablehnung – diskutieren. So erschließen sich auch fundamentale, die völkische Bewegung prägende Ideen wie Rassenlehre, Rassenhygiene und Eugenik bis hin zu Menschenzuchtphantasien nur auf der Grundlage des Darwinismus bzw. der sich daraus entwickelnden gesellschaftlichen „Spielart“ des Sozialdarwinismus (oder leiten sich unmittelbar aus diesem ab.)

---

1 Hauser, Kritik der neomythischen Vernunft (I), 118

2 Conrad-Martius, 15f.

3 Gasman, xiii „war weit entfernt von den biologischen Ideen oder moralischen und philosophischen Ansichten Darwins.“ [M.N.]

4 Gasman, xiii „und zu erwähnen ist, dass in keinem anderen Staat Europas, oder auch der USA, die Ideen des Darwinismus so ernsthaft zu einer vollständigen Erklärung der Welt gerieten wie in Deutschland.“ [M.N.]

5 Der von Darwin beschriebene Naturmechanismus wurde zur gleichen Zeit von Wallace erfasst und bereits 1831 in dem von Matthew verfassten Werk „Naval Timber and Arboriculture“ abgehandelt. (Vgl. Conrad-Martius, 13f.)

b1 Der Monismus

Der am 16. Februar 1834 in Potsdam geborene Gründer des DEUTSCHEN MONISTENBUNDES (1906) Ernst Haeckel vereinigt in seiner monistischen Religion den ihm in seiner Perspektivlosigkeit bedrohlich erscheinenden mechanistischen Materialismus[1] mit den vermeinten Erkenntnissen aus der Evolutionslehre Charles Darwins.

Die nach Haeckels Ansicht durch den Darwinismus gelöste Frage nach dem Wesen des Menschen und seiner Stellung in der Natur lässt den Zoologen zu der Einsicht gelangen, dass der zum Stamm der Wirbeltiere gehörende Mensch keine Freiheit oder gar Seele besitze[2]. „As our mother earth is a mere speck in the sunbeam in the illimitable univers, so man himself is but a tiny grain of protplasm in the framwork of organic nature."[3] Die in der Sichtweise des Menschen als Körnchen Protoplasma aufkeimende Trostlosigkeit wird im Monismus durch den Gewinn einer größeren Perspektive auf das Weltgeschehen quasi kompensiert[4]. „In dem universalen Begriffe der Substanz – als des wirklichen Weltwesens – vereinigt unser naturalistischer Monismus drei untrennbare Attribute oder Grundeigenschaften: die raumfüllende Materie (=Stoff), die wirkende Energie (= Kraft), die empfindliche Weltseele (=Psychom)."[5] Diese den gesamten Kosmos umfassende Vereinigung ist die monistische Grundperspektive, aus der heraus Haeckel Folgendes über den Universal-Gott schließen kann: „Der monistische Universalgott ist ewig und unvergänglich, unendlich in Raum und Zeit; er ist unpersönlich und unbewusst; er regiert die Welt durch seine ewigen, ehernen, großen Gesetze."[6]

Dieses empirisch begründete Gottesbild ist nicht nur eine Absage an den von Haeckel als „gasförmiges Wirbeltier"[7] ad absurdum geführten christlichen Gott, es ist auch eine Absage an die Allmachtsphantastler unter den Naturwissenschaftlern und Philosophen, die sich das „image of God" verleihen. „Contrary to what the humanistic tradition teaches, man does not stand at the centre of the world, no rare his individual interests and desires necessarily the most important considerations in constructing a social and political philosophy."[8] Dieser emphatisch vertretenen

---

1 Hauser, Kritik der neomythischen Vernunft (I), 207

2 Vgl. Haeckel, 40

3 Zitiert nach Gasmann, 33 „Da unsere Mutter Erde bloß ein Fleck in dem Sonnenstrahl in dem unbegrenzten Universum ist und der Mensch nicht mehr als ein kleines Protoplasma in dem Gerüst organischer Natur." [M.N.]

4 So spricht auch Wilhelm Bölsche von der organismischen Auffassung des Zusammenhangs aller Dinge als vom „Trost der großen Perspektive", Bölsche, 335f.

5 Haeckel, 33

6 Haeckel, 37

7 Haeckel, 40

8 Zitiert nach Gasman, 33 „Im Gegensatz zu dem, was uns die humanistische Tradition lehrt, stehen die Menschen nicht im Mittelpunkt der Welt, nicht selten aber sind seine individuellen

negativen Anthropologie korrespondiert bei Haeckel unmittelbar die Ausgestaltung des organisierten Zusammenlebens der Menschen auf der Grundlage der Naturgesetze. „For the man the same laws must be valid today which have regulated the life of other species for millions of years."[1] Und diese Regeln, denen der animalische Mensch unterliegt, sind letztlich die des „survival of the fittest" im „struggle for life"[2].

Das in der monistischen „Religion" entwickelte, auf die Gesetze der Natur fokussierte Weltbild öffnet die Tür bereits weit für den *antihumanen Sozialdarwinismus* der Prägung eines Alexander Tilles, der letztlich in einer materialistischen Sichtweise des Menschen ausufert. Schon bei Haeckel findet sich das Ideal eines durch Eugenik in seinen politischen und sozialen Strukturen gefestigten deutschen Staates finden[3]. Der Monismus Haeckels ist dabei weniger Triebfeder als vielmehr ein religiös verformtes Abbild völkischer Ideologie. Auch die Idee von dem Primat der arischen Rasse, an deren Spitze die Deutschen stehen, „who were laying the foundation for a new period of higher mental development"[4], findet sich bei Haeckel wieder. Die Verflechtung von völkischer Ideologie und religiöser Perspektive ist nur ein Beispiel für den großen Einfluss der völkischen Bewegung auf verschiedene Tendenzen in der Gesellschaft. Man kann nur vermuten, wie offen wohl die Anhänger des Monismus, der einen aristokratischen Darwinismus lehrt, der seinem Wesen nach nichts weniger gleicht als dem Sozialismus[5], für perfide Menschenzucht- und Rassenreinheitsideologien waren[6]. Bei Haeckel finden wir noch die selbstregulierend wirkende Vorstellung von dem unwichtigen Klumpen Protoplasma Mensch. Doch was passiert, wenn diese Vorstellung aufgegeben wird, der Mensch die ihm zugewiesene Rolle als passives Element der evolutionistischen Entwicklung verlässt und sich der Schwerpunkt zugunsten des selbstbestimmten Menschen verlagert, der in einer Vorstellung von elitärer Erwählung das Weltgeschehen umzugestalten trachtet?

Interessen und Wünsche notwendigerweise die wichtigsten Ansichten, um eine soziale und politische Philosophie zu konstituieren." [M.N]

1 Zitiert nach Gasman, 33 „Für die Menschen müssen heute die selben Gesetze gelten, die das Leben aller Arten seit Millionen Jahren regelten." [M.N.]

2 Nach Gasman, 33 „Das Überleben des Fähigsten", „Kampf ums Dasein". [M.N.]

3 Vgl. Gasman, 82

4 Gasman, 41 „die die Grundlage für eine neue Zeit geistiger Entwicklung gelegt haben." [M.N.]

5 Vgl. Conrad-Martius, 149f.

6 Beispielhaft weist etwa Ulrich Nanko auf die „Vereinnahmung Ernst Haeckels für die völkische und nationalsozialistische Bewegung" hin. (Vgl. Nanko, 108-112)

b2 Der Sozialdarwinismus und seine völkischen Auswüchse[1]

Die säkularen Ausformungen des Sozialdarwinismus, „der zunächst in der theoretischen Übertragung darwinistischer Prinzipien auf soziale und staatliche Verhältnisse bestand“[2], verschränken sich in den Schriften der völkischen Bewegung alsbald mit der Rassenideologie. Die Möglichkeit der wissenschaftlichen Deutung der Rassenklassifizierung in Form der Begründung der Rassenhierarchie mit dem Variations- bzw. Mutationsmodell Charles Darwins stellte für viele völkische Rassenforscher einen unbedingten Fortschritt dar. Man war somit nicht länger auf den religiösen Überbau einer göttlichen, germanischen Abstammung angewiesen, um den Primat des Ariers nachhaltig zu legitimieren[3]. Daneben bot die im Darwinismus besonders stark rezitierte Idee des „survival of the fittest“[4] xenophobischen und antisemitischen sowie antisozialistischen Gruppierungen die Möglichkeit der Analogiebildung in der Projizierung des „struggle of life“ auf die gegebenen Gesellschaftsverhältnisse. Der Prozess der Vervollkommnung der menschlichen Rasse wurde dabei als nicht verschieden von dem überall in der Tierreihe beobachteten Prozess der besseren Anpassung an die Umgebung gesehen, der charakterisiert ist: erstens durch das Auftreten stärkerer Typusvarianten, zweitens durch die Auslese der jedes Mal stärkeren Konvarianten und drittens durch die Vererbung derjenigen Eigenschaften, die dabei zum Sieg verholfen haben[5]. Solche Ideen sind Voraussetzung für die daraus entwickelten Vorstellungen von Rassenhygiene, Eugenik und Menschenzucht, die es im Folgenden zu betrachten gilt.

Darüber hinaus bot der Sozialdarwinismus den Ausweg aus einem ideologischen Dilemma; der Liberalismus englischer Prägung (Manchestertum) erwies sich zu Beginn des 20. Jahrhunderts als ebenso ineffizient wie eine rein sozialistische Gesellschaftsform, die notwendig die Degeneration der Arten konservieren, wenn nicht gar fördern musste und zudem in den sozialen Bereichen enorme wirtschaftliche Kosten produzierte[6]. Die Idee von ordnenden Totalitäten sozialdarwinistischer Prägung versprach somit eine handlungsfähigere und effizientere Staatsform[7]. Die mit solchen Ideen kokettierenden Schriften lassen sich unterscheiden in Konzeptionen eines *humanen* und solchen eines *inhumanen* Sozialdarwinismus[8], wobei die Übergänge fließend sind und häufig nur in dem Fortführen eines Gedankengangs bestehen oder auf der Meinung der „humanen“ Sozialdarwinisten gründet, dass

---

1 Vgl. hierzu insbesondere die Darstellungen von Conrad-Martius

2 Conrad-Martius, 13

3 Weshalb der Germanenkult keineswegs aus der völkischen Bewegung verdrängt wurde.

4 Der in vielen Schriften fälschlicherweise als das Recht des ‚Stärkeren' ausgelegt wird. (fittest = der Geeignetste)

5 Vgl. Ploetz, 113

6 Vgl. Conrad-Martius, 47f.

7 Und daneben zugleich den unbedingten Fortschritt als Grundzug der evolutionären Entwicklung. (Vgl. Nagl, 66f.)

8 Die Unterteilung folgt den grundlegenden Darstellungen von Conrad-Martius.

sich inhumane rassentheoretische Selektionsmodelle in der Gesellschaft der Weimarer Republik nicht durchsetzen ließen. „Sehr unwahrscheinlich, dass auch der radikalste Politiker eine Abschlachtung der Alkoholiker und Phthisiker [=Schwindsüchtigen, M.N.] fordern sollte“[1], bedauert etwa Haycraft.

Einen Vertreter des humanen Sozialdarwinismus finden wir in dem Anthropologen Otto Ammon. Seine Vorstellungen sind geprägt von einem sozialdarwinistischen Optimismus, der sich dahingehend äußert, dass er die überall wirksame Selektion als ein harmonisches Gleichgewicht des Naturwaltens erlebt – auf die menschliche Daseinsweise bezogen als ein Walten der Naturmächte ‚Selbstsucht' und ‚Menschenliebe'[2]. Diese „den evolutionistischen Fortschritt in sich bergende Harmonie“[3] darf daher auch nicht durch das Eingreifen des Menschen bedroht werden. „Wir dürfen und wollen den Menschen nicht züchten und der Auslese unterwerfen wie ein Vieh!“[4] Die „mechanistische Selektionstheorie“[5] wird bei Ammon vielmehr durch das Moment der Menschenliebe in ihrer Unbarmherzigkeit gemildert, die dann, wenn es gilt ein Menschenleben zu retten, selbst wenn es an und für sich der „Auslese verfallen würde“[6], als das mächtigere Prinzip in Erscheinung tritt. In diesen Schilderungen taucht jedoch am Horizont bereits der sich in den inhumanen Problembehandlungen vollends offenbarende Vernichtungswille auf, wenn er die Rettung degenerierten Lebens als „unliebsame Erscheinungen der unvermeidlichen Folgen der Humanität“[7] charakterisiert.

Die sozialdarwinistischen Ansichten Ammons halten vordergründig an dem Moment der Humanität fest, doch die Freiheit des Menschen tritt angesichts der übergeordnet wirksamen Naturgewalten zurück. Dabei findet im Grunde an „diesem Skandalon [der personalen Freiheit des Menschen, M.N.] die Möglichkeit der unbesehenen Übertragung des darwinistischen Naturwaltens auf die gesellschaftlichen Verhältnisse des Menschen eine jähe Grenze.“[8] Denn, was geschieht, wenn der Mensch sich dem altruistischen Ideal aus freiem Willen widersetzt und sei es gerade ob der humanisierten Natur, der Zivilisation, die kontraselektorisch auf die menschliche Rasse einwirkt, und sie so zu fortschreitender Degeneration verdammt?

Die Inhärenz jedweder sozialdarwinistischen Theorie beginnt, „sobald aber der Mensch gegen seine eigene Humanität stehen muss, weil solche Humanität antidarwinistisch [kontraselektorisch, M.N.] wirkend aufgefasst wird, dann wird er gleichzeitig zum Objekt *und* Subjekt der züchterischen Unternehmungen. Er ist nunmehr als Spezies Mensch einerseits das Material, das wie Rosen und Nelken

---

1 Haycraft, 102
2 Vgl. Conrad-Martius, 64f.
3 Conrad-Martius, 66
4 Zitiert nach Conrad-Martius, 64
5 Conrad-Martius,18
6 Zitiert nach Conrad-Martius, 65
7 Zitiert nach Conrad-Martius, 66
8 Conrad-Martius, 68

und wie das liebe Vieh unter rassischer Wert- und Nützlichkeitsgesichtspunkten zu behandeln, heranzuzüchten und zu veredeln ist. Er ist aber andererseits auch der verantwortliche Unternehmer, Leiter und Züchter solcher Praxis"[1]. Nur wenn der Mensch sich über Menschen erhebt, bzw. dem Gegenüber die Würde des Menschseins abspricht, vermag er, sozialdarwinistische Theorie in die Praxis umzusetzen, gleichsam jedweder Legitimation und Humanität entbehrend[2].

Wenn Alfred Ploetz konstatiert, dass „das humane Ideal [...] eben alle und jede Ausjäte schmerzempfindender Menschen möglichst verhindern und andere Entwicklungsfaktoren an ihre Stelle setzen [will, M.N.]", und die Frage anfügt, „Aber ist das überhaupt noch möglich?"[3], wird die Vorstellung einer humanen Selektionstheorie bereits abgelöst.

Auch Haeckel erkennt die inhumane Dimension des Darwinismus, wenn er sich in einem Streitgespräch mit dem Sozialisten Virchow äußert:

> „Wie aber der heutige Sozialismus an diesen Bestrebungen [gemeint sind aristokratische Bestrebungen erwachsend aus dem Darwinismus, M.N.] Freude haben soll... das ist mir offen gesagt absolut unbegreiflich! Der Darwinismus ist alles andere eher als sozialistisch! Will man dieser englischen Theorie eine Tendenz beimessen, so kann diese Tendenz nur eine aristokratische sein und am wenigsten eine sozialistische. Die Selektionslehre lehrt, daß im Menschenleben wie im Tier- und Pflanzenleben überall und jederzeit nur eine kleine bevorzugte Minderzahl existieren und blühen kann; während die übergroße Mehrzahl darbt und mehr oder minder frühzeitig elend zugrunde geht. [...] Man kann diese Tatsache tief beklagen, aber man kann sie weder wegleugnen noch ändern."[4]

Die sozialdarwinistisch begründete völkische Rassenhygiene, „die als Vorbedingung für eine rassenbestimmte deutsch-völkische Renaissance"[5] gesehen wurde, opferte „zum Wohl des Seelen- und Leibesheils"[6] die humanitären und moralischen Errungenschaften. Die Verzwergung der menschlichen Moral gegenüber der gewaltigen Naturmacht[7] und das Aufgeben des Sittengesetzes, das als die Summe der geistigen Schranken erfahren wird, „mit denen die Gesellschaft das Individuum umgibt und die Freiheit der Betätigung seiner Kräfte einengt"[8], eröffnet den Weg zu perfiden Gedankenspielen, wie sie sich auch bereits in der Realität des 20. Jahrhunderts mit der Gründung der ersten EUGENIK BERATUNGSSTELLE in Dresden 1911[9] und der GESELLSCHAFT FÜR RASSENHYGIENE 1904[10] umzusetzen beginnen.

---

1 Conrad-Martius, 70
2 Vgl. Conrad-Martius, 70f.
3 Ploetz, 223
4 Zitiert nach Nagl, 88f.
5 Puschner, 123
6 Hammer, (Nr. 253), 6
7 Vgl. Tille, Darwin und Nietzsche, 120
8 Tille, Volksdienst, 378
9 Vgl. Puschner, 176
10 Vgl. Conrad-Martius, 78

„Wir erbärmlichen Menschenkindlein haben uns aus allerlei Schwachheiten ein Moralchen zusammengebraut. Du große Natur hast eine andere Moral, deshalb bist du nach unserem Moralchen unmoralisch. Nun wollen wir Menschenkindchen dir doch einmal unser Moralchen aufnötigen. Ob unsere Rasse dabei herunterkomme, ist ganz gleich ... Wenn wir nur unserem Moralchen zum Siege verhelfen! Das nennen wir dann den ‚Sieg des Geistes', ‚Triumph der Zivilisation', ‚Errungenschaften der Menschlichkeit'. Du lässt die Tüchtigen überleben, wir auch die Untüchtigen. Wir haben eigene Anstalten, in denen wir Krüppel, Lahme, Blinde, Irre, Schwindsüchtige, Syphilitische aufpäppeln, um sie dann gelegentlich zu entlassen, damit sie sich fortpflanzen und ihre Krankheiten weitervererben können."[1]

Apokalyptisch-visionär anmutende Bedrohungsszenarien, die das Bild eines sich immer weiter zersetzenden Volkes zeichnen, dessen rassischer Sündenfall[2] auf der Mischung mit niederem „Rassenmaterial"[3] und der daraus resultierenden Degeneration und „Selbstausmerzung der jeweils höchstkultivierten Völker, (ein Vorgang der zur Verarmung der Menschheit an begabten Rassen und hierdurch zum Herabsinken von ihrer phylogenetisch erreichten Höhe führt),"[4] beruht, fördern die innerhalb der völkischen Bewegung längst aufgekommenen Rufe nach Rassenreinheit:

„Der Grundsatz von der Gleichheit aller Menschen und Menschenrassen ist offensichtlich falsch. Kultur lässt sich nicht beliebig entwickeln und übertragen, sondern ist abhängig von der angeborenen Art der Rasse. Die Rassenwerte und damit die Kulturbefähigung der einzelnen Gruppen der Menschheit sind sehr verschieden. Die europäische (arische) Rasse, der unser Volk angehört, ist, wie die Weltgeschichte zeigt, die höchststehende. Daher ist unsere höchste Pflicht die Erhaltung der Rassenwerte des deutschen Volkes, der Reinhaltung seines arischen Blutes."[5]

Diese Rassenreinheit sollte zunächst gewährleistet werden durch eine „selektive Vererbungs-" oder „Fortpflanzungshygiene"[6], die im Rahmen einer „planmäßigen Züchtungspolitik"[7] letztlich die „künstliche Ausmerzung der Minderwertigen, der Schwachen, Kranken, Untüchtigen und Schlechten durch ihren Ausschluss von der Nachzucht"[8] bezweckte. Dem Staat oblag es, solchen völkischen Ideen zufolge, die Rassenreinheit durch gezielte Eheverbote[9] oder durch Hinderung minderwertiger Materialien an der Fortpflanzung zu gewährleisten: „Alle mit erblichen Krankheiten oder Mängeln oder mit sonstigen die Nachkommenschaft gefährdenden Schwä-

---

1 Tille, Darwin und Nietzsche, 120

2 Die Terminologie folgt: Hauser, Kritik der neomythischen Vernunft (I), 434

3 Vgl. Puschner, 72

4 Schallmeyer, in: Menschheitsziele, 285. Dennoch lehnte Willhelm Schallmeyer, von dem dieser Ausdruck stammt, die Rassenreinheit ab, sah er doch in dem „Rassengemisch und in der Mannigfaltigkeit der individuellen Typen die Voraussetzung für kulturelle Entfaltung." (zitiert nach Becker, 1988, 33)

5 Arbeitsplan des Deutschbundes in der Rassenfrage, in: Deutschvölkische Hochschulblätter 3, 18f.

6 Schallmeyer, in, Menschheitsziele, 93

7 Gerstenhauer, Rassenlehre, 41

8 Gerstenhauer, Rassenlehre,

9 Vgl. Puschner, 121

chen Behafteten, z.B. die Geistes- und Nervenkranken, die Geschlechtskranken, sind durch Belehrung, durch staatlichen und privaten Zwang an der Fortpflanzung zu verhindern."[1] Die rassenhygienische Sterilisation wird dabei als eine der „auf Dauer humansten Methoden"[2] der Auslese propagiert: „Solange die tüchtigen Volksgenossen nicht ausreichende Möglichkeiten haben, sich fortzupflanzen, solange lässt die Fortpflanzung der Untüchtigen sich nicht rechtfertigen; und gerade durch die Sterilisation der Untüchtigen könnten Räume für viele Millionen Tüchtiger eröffnet werden."[3]

Ein weiteres „Problem" machen die führenden völkischen Vertreter in der unzureichenden Fortpflanzungsbereitschaft gerade der höherwertigen Gesellschaftsschichten aus. Bessere Konditionen des „blühenden und strotzenden Kräftezustandes" sollten unter anderem dadurch geschaffen werden, dass man die monogame Sexualordnung, die den „virilen Auslesefaktor schlechterdings außer Kraft setzt", „indem sie die Zeugungskraft eines Mannes an die je eines Weibes bindet"[4], abzuschaffen suchte, genauso wie das „Volks-Vernichtungsmittel"[5] Kondom.

Mit solchen, vergleichsweise „humanen" Methoden sollte das in einer „fernen Zukunft nicht undenkbare freiwillige Aussterben der Menschheit"[6] abgewendet werden. Das individuelle Interesse bzw. die Individualhygiene, die dem Gattungsinteresse bzw. der Gattungshygiene strikt entgegenstehen kann, galt dabei nach dem Vorbild der Tierwelt als vernachlässigbar[7]. „Das sittliche Gefühl des Volkes ist zugunsten des Individuums verbildet und lehnt bis jetzt jedes Opfer zugunsten der Rasse als Zumutung ab."[8] Die Überwindung dieser „sittlichen Verbildung" ist jedoch nach Schallmeyer für eine Weiterbildung im Rassendienste unerlässlich[9]. „Individuen, die für das Gattungsinteresse keinen Wert haben, sind in der Natur regelmäßig einer baldigen Vernichtung geweiht."[10] Mit dieser der biologisch-darwinischen Lehre entnommenen Vernichtungsmetaphorik gewinnt völkisches Reinheitsbestrebens eine neue Qualität.

Im Sinne einer Volkseugenik, die das Leben des eigenen Volkes als letztes und höchstes Ziel[11] bemisst, und zum Schutz der Starken vor den Minderwertigen wird das Recht auf Dasein der Untüchtigsten, die im sozialaristokratischen Staat den 5. Stand bilden, von Tille verneint[12]. An die Stelle des Tuberkelbazillus, der als Freund

1 Gerstenhauer, Rassenlehre, 41
2 Lenz, 306
3 Lenz, 292
4 Ehrenfels, 630
5 Vgl. Puschner, 174
6 Schallmeyer, Vererbung, 132
7 Vgl. Schallmeyer, Vererbung, 132
8 Schallmeyer, Vererbung, 132
9 Vgl. Schallmeyer, Vererbung, 256
10 Schallmeyer, Vererbung, 256
11 Schallmeyer, Vererbung, 323
12 Tille, Volksdienst, 138

der arischen Rasse angesehen wird, „denn er wuchert in keinem gesunden Manne oder Weibe, sondern nur in schwächlichen Personen“[1], sei in der gegenwärtigen Gesellschaft der Arzt getreten, der mit seinem Eingreifen den natürlichen Selektionsprozess hindere und so im rassenhygienischen Sinne „degenerativ“ wirke[2]. Für solche „humane Gefühlsduselei“[3] wie Kranken- und Arbeitslosenversicherung oder Hilfe des Arztes, vor allem des Geburtshelfers, haben die Rassenhygieniker keinen Sinn, erweisen solche Methoden sich doch im höchsten Maße als kontraselektorisch. Vielmehr müsse man solchen Degenerationsprozessen durch sozialdarwinistische Praxis entgegenwirken: „Während des Feldzuges wäre es dann gut, die besonders zusammengereihten schlechten Varianten an die Stelle zu bringen, wo man hauptsächlich Kanonenfutter braucht, und wo es auf die individuelle Tüchtigkeit nicht so ankommt.“[4]

Die christliche Nächstenliebe erweist sich augenscheinlich mit einem solchen Darwinismus, der von Alexander Tille als die befreiende Theorie aufgefasst wird, die „den ewigen Stillstand der gleichwertigen Menschen durch Entwicklung ablöst“[5], als nicht vereinbar. Nach Tille sei aber auch nicht die Moral, sondern das Opfer Kernpunkt aller Religionen. „Die jüdischen Stammeshelden hätten Böcke, die Christen Gesundheit und Schönheit geopfert“[6] und in perfider Aufgipfelung folgert er schließlich: „Opfern wir Krüppel, Angeseuchte und deren Nachkommen, damit Raum bleibt für die Söhne der Gesunden und Starken.“[7]

b3 Gobineau

Die Auseinandersetzung mit den Theorien des Diplomaten Joseph Arthur Comte de Gobineau, die er in seinem vierbändigen *Essai sur l'inégalité des races humaines* darlegte, das von 1853 bis 1855 in Frankreich erschien, soll als Beispiel für die Rezeption einer theoretischen Rassenideologie innerhalb der völkischen Bewegung dienen. Gobineau entsprach in seinem Denken der völkischen Rassenlehre, wenn er die Rasse als den entscheidenden Faktor in der Menschheitsgeschichte bestimmt[8]. Dabei setzt er auf ein hierarchisches Klassifikationsschema, dem zufolge in aufsteigender Anordnung die schwarze, gelbe und weiße Rasse zu unterscheiden sind. Die These von der herausragenden Bedeutung der weißen Rasse und hier vor allem der geistig dominanten, arischen Varietät als Kultur stiftende, einzige zivilisatorische Macht stellte einen besonderen Reiz für viele deutschvölkische Rassentheoretiker dar, wie beispielsweise für den früheren Sozialisten Ludwig Woltmann. Bei

---

1 Haycraft, 65
2 Ploetz, 150
3 Ploetz, 147
4 Ploetz, 147
5 Tille, Darwin und Nietzsche, 10f.
6 Tille, Volksdienst, 329
7 Tille, Volksdienst, 329
8 Vgl. Puschner, 77

Gobineau finden wir weiterhin die Darstellung eines rassischen Sündenfalls, der den Untergang der arischen Varietät, bedingt durch fortwährende Vermischung, nach sich zieht, bis „die weiße Rasse vom Angesicht der Erde verschwunden" und „das weiße Element, bei jedem Einzelnen im Schach gehalten [...] gegenüber den beiden anderen nur im Maaße eins zu zwei vertreten"[1] sei:

„ein trauriges Verhältnis, das in jedem Falle hinreichen würde, um seinen Einfluß fast völlig lahmzulegen, das aber noch trübseliger erscheint, wenn man bedenkt, daß dieser Zustand der Verschmelzung, weit entfernt das Endergebniß der unmittelbaren Verbindung der drei Haupttypen im reinen Zustand zu sein, nur das caput mortuum einer unendlichen Reihe von Mischungen, und folglich von Brandmarkungen sein wird, der äußerste Grad der Mittelmäßigkeit auf allen Gebieten, Mittelmäßigkeit kann man fast sagen Null, an Leibeskraft, an Schönheit, an Geistesgaben. Von diesem traurigen Erbtheil besitzt alsdann ein Jeder den gleichen Antheil [...] die Menschen [werden] einander alle gleichen. Ihr Wuchs, ihre Züge, ihre körperlichen Gewohnheiten werden dieselben sein. Sie werden dieselbe Dosis von Körperkräften, ähnliche Richtungen der Instincte, gleichbemessene Anlagen haben, und dieses allgemeine Niveau [...] wird von der empörendsten Niedrigkeit sein. Die Völker, nein, die Menschenherden, werden alsdann von düsterer Schlafsucht übermannt, empfindungslos in ihrer Nichtigkeit dahinleben, wie die wiederkäuenden Büffel in den stagnierenden Pfützen der pontinischen Sümpfe."[2]

Die Theorie eines regressiven Geschichtsverständnisses, die daraus abgeleitete Vorstellung vom Rassenchaos und letztlich erfolgendem Rassentod sowie der „unbedingte Glaube an die physisch-geistige Überlegenheit der von der rassenaristokratischen, arischen Rasse angeführten weißen Rasse"[3] entsprachen dem völkischen Diskurs damaliger Zeit. So sprach Ammon von der „Arierdämmerung"[4] und auch Hitler schöpfte später in seiner Darstellung der „Blutsvermengung des Ariers mit niedrigen Völkern" und der daraus resultierenden „Verpestung"[5] aus dem Fundus völkischer Dekadenztheorien.

Dennoch blieb die Rezeption Gobineaus in Deutschland zunächst unbedeutend. Dies änderte sich erst mehr als 40 Jahre nach der Veröffentlichung seines Werks in Frankreich, als das Mitglied des BAYREUTHER KREISES Ludwig Schemann 1898 eine deutsche Übersetzung *Versuch über die Ungleichheit der Menschenrasse* herausbringt. Daneben war der Wagner-Freund Schemann Initiator und Gründer der zwar mitgliederschwachen, aber aufgrund des Einflusses ihrer Mitglieder bedeutenden 1894 ins Leben gerufenen GOBINEAU-VEREINIGUNG und des 1906 an der Universität Straßburg angesiedelten GOBINEAU-MUSEUMS und -ARCHIVS[6]. Uwe Puschner misst der GOBINEAU-VEREINIGUNG, die ihre Mitteilungen als Beilage der BAYREUTHER BLÄTTER veröffentlichte, gar eine „integrierende Schlüsselstellung in der völkischen

1 Gobineau, 318
2 Gobineau, 318f.
3 Gobineau, 318
4 Ammon, 289
5 Hauser, Kritik der neomythischen Vernunft (I), 434
6 Vgl. Puschner, 78

Bewegung" bei[1]. „Eine stattliche Reihe völkischer Wortführer zählte schon frühzeitig zu ihren Mitgliedern: Heinrich Class, Heinrich Driesmans, Theodor Fritsch, Harald Grävell, Karl August Hellwig, Friedrich Lange, Johannes Nickol. Josef Ludwig Reimer, Alfred Roth, Alfred Seeliger, Franz Winterstein" und des Weiteren als Gönner und Förderer der Vereinigung „Paul Förster, Hugo Göring, Otto Schmidt-Gibichenfels, Ludwig Kuhlenbeck, Friedrich Lienhard und Ernst Wachler"[2].

Sie alle setzten sich erfolgreich für die Verbreitung der von ihnen als würdig erachteten Blutsphilosophie und des Geistes des „Fixsterns Gobineau"[3] ein. Philipp Stauff beruft sich auf die im völkischen Lager vorherrschende Meinung, dass der französische Rassentheoretiker „den Blick der Gebildeten durch seine epochemachenden Werke mit Kraft auf die Rassenfrage lenkte und vor allen Dingen die gewaltige Kulturbedeutung des Ariertums durch alle geschichtliche Zeiten in das rechte Licht setzte, zugleich die Gefahren zeigend, welche die neuere Entwicklung für diese Rassen mit sich gebracht hat."[4] Dem organisatorischen und publizistischen Geschick Schemanns sowie dem Einfluss der Mitglieder der Vereinigung verdankte sich ein in der völkischen Bewegung, speziell in Österreich[5], zu beobachtender „überschwänglicher Gobineaukult"[6], der jedoch sowohl von Kritikern wie Befürwortern negativ betrachtet wurde. So äußerte sich Schemann selbst besorgt, dass „gelegentlich in jenen Gruppen, wo das Germanenbewusstsein sich vornehmlich als galvanisierter Teutonismus, im Versuch einer Wiederbelebung verklungener germanischer Mythen und Gestalten, abgestorbener Bezeichnungen und Symbole bekundete, mancherlei Wahn, Mißdeutung und Kurzsichtigkeit auch in bezug auf Gobineau mit untergelaufen sein, daß der Gobineau=Enthusiasmus und =Kultus gewisser ‚Deutschvölkischer' namentlich Österreichs wunderliche Blüten und Auswüchse gezeigt haben mag."[7]

Es tut der aus heutiger Sicht zweifelhaften Bedeutung von Person und Oeuvre Gobineaus auch keinen Abbruch, wenn an dieser Stelle auf die Kritiker eingegangen wird, die besonders die „Unzeitgemäßheit" gobineauscher Theorie ob des Status seines Werks als „vordarwinistisch-typologische Rassentheorie"[8] bemängelten. Die Kritik deutet immer auch auf einen lebhaften Diskurs innerhalb der völkischen Bewegung hin, zumal sich die Kritik im Falle Gobineaus – hier erwähnt Puschner im Besonderen Albrecht Wirth – häufig lediglich auf ein ‚Zuviel' oder ‚Zuwenig' an rassenideologischer Schärfe bezieht. Kritische Stimmen auch inner-

[1] Puschner, 78
[2] Puschner, 78
[3] Lange, 140
[4] Stauff, 208
[5] Und hier namentlich in den Okkultgruppen Guido von Lists und Joseph von Liebenfels. (Vgl. Puschner, 80)
[6] Wirth, in Deutsche Zeitschrift 3, 442
[7] Schemann, 251
[8] Sieferle, 442

halb der Anhängerschaft Gobineaus trugen vielmehr zur steten Aktualisierung und Erneuerung des Werks bei. Entsprechend formuliert Gustav Kossinas Karl Felix Wolff pathetisch in seiner Gobineau-Apologie:

„Gobineaus Werk muß vollendet, sein Ruf muß mit neuer Kraft und neuer Begeisterung erhoben werden. Aber auch mit neuem Mut. Denn wir sind keine Schwarzseher, wie er es war. Wir glauben an die Zukunft der Germanen. Wir wollen leben, leben und kämpfen, kämpfen und siegen."[1]

2 Germanenkult

Aus dem oben angeführten Gedicht *Völkische Erziehung* wird, wie bereits aufgezeigt, die Bezugnahme auf den germanischen Geist und Urgrund evident. „Kenntnis und Bekenntnis zur germanischen Vorgeschichte gehörten für den Völkischen ebenso zum spezifischen Bildungs- und Erziehungskanon, wie es ihm zur Pflicht wurde, die der völkischen Überzeugung nach in Mythen, Sagen, Märchen oder Bräuchen rudimentär fortlebende Überlieferung des ursprünglichen Deutsch- und Volkstums zu pflegen."[2] Diese Rückbeziehung ist dabei keine aus dem wissenschaftlichen Forschungsdrang erwachsene, bloße Vergangenheitsfaszination, sondern vielmehr eine unbedingt auf die Gegenwart bezogene Deutungshilfe: „Die deutsche Vorwelt und Vergangenheit lasse das Volk wieder aufleben; es versenke sich in sie und knüpfe die Fäden wieder zwischen Gegenwart und Vorzeit. Die Schätze deutscher Vorwelt sind zu erhalten oder wieder aus dem Schachte der Vergangenheit zu heben und unserem gegenwärtigen Leben dienstbar zu machen. Das gilt von Sitte, Brauch und Volkstracht, Kunst und Recht; vor allem von der germanischen Ursage und Götterwelt."[3]

Die Vergangenheit wurde nicht selten positiv mit einer entkultivierten Einfältigkeit assoziiert, aus der heraus die germanischen Völker ohne zivilisatorischen Druck und ethische Zwänge produktiv, im Sinne späterer Kulturstiftung, tätig werden konnten. So schickt der völkische Vordenker Houston Stewart Chamberlain als Motto seiner Abhandlung über die Beziehung *Mensch und Gott* folgendes Goethewort voraus:

„Man muss an das Einfache,
An das urständig Produktive glauben,
Wenn man den rechten Weg gewinnen will.
Dieses ist aber nicht jedem gegeben: Wir
Werden in einem künstlichen Zustande
Geboren und es ist durchaus leichter,
Diesen immer mehr zu bekünsteln als zu dem
Einfachen zurückzukehren." (Goethe, An Zelter, 23/29.3. 1827)

---

1 Wolff, 457
2 Vgl. Puschner, 141
3 Heimdall 1, 2

Diese in ihrer geistigen Tragweite bedeutende Einfachheit der Germanen glaubte man in verschiedenen Quellen wiederzuentdecken. So wurden von der völkischen Leserschaft insbesondere die *Germania* des Tacitus, in der man ein Zeugnis für einen eigenen, reinen und nur sich selbst ähnlichen Menschenschlag[1] gefunden glaubte, rezipiert, genau so wie die *Edda* als die Mythologie der Germanen oder die *Nibelungen* als eine der imposantesten germanischen Heldensagen. Aber auch die *Atlanitssaga* und andere nordische Mythen, die das Bild einer starken arktisch-nordischen Kultur zeichneten, erlebten ein Revival in prosaischer wie theoretisch literarischer Verarbeitung über die Grenzen der völkischen Bewegung hinaus[2].
Was die Rezeption vergangener Mythologie und Tradition für ein solch breites gesellschaftliches Spektrum interessant machte, waren die daraus entwickelten Rückschlüsse auf die Gegenwart.

„This imaginary past legitimated a variety of social, political, and cultural ideals such as racism, magic, and hierophantic élitism, which were all negations of the modern world. Although this legitimation was not traditional, inasmuch as it was mythological, it was a legitimation that included the apparently scientific findings of the present, a sense of meaning in society and history, and supernatural references. This perspective was likely to appeal to people for whom a variety of contemporary developments were disturbing. At best, these occult beliefs might bolster and justify resistance to process of social change. At worst, they provided a fantasy world, in respect of which the present could be lamented and the possesors of the true gnosis could comfort themselves in their assumed superior wisdom."[3]

Die von Clarke beschriebene Kompensation gegenwärtiger Missstände durch Glorifizierung vergangener Hochzeiten erwuchs bei den meisten völkischen Rezipienten gleichsam zu einer Geschichtsanschauung, die den Sagen und Mythen den Status „historischer Bausteine für die ur- und frühzeitliche Geschichte der ariogermanischen Rasse"[4] gab. Auf diesem Verständnis fußend wurden mythologische Erzählungen wie beispielsweise die *Edda* als wahre „Geschlechtschroniken" und „Familiengeschichten" gedeutet oder auch apokalyptische Schriften wie die *Offenba-*

---

1 Vgl. Puschner, 93

2 Neben den Werken von Wirth sei vorgreifend bereits auf die Rezeption nordischer Mythologie in den Werken Edmund Kiss verwiesen.

3 Goodrick-Clarke, 55 „Die imaginierte Vergangenheit erlaubte eine Vielzahl sozialer, politischer und kultureller Ideale, wie den Rassismus, Magie und geheimnisvollen Elitisierung, die allesamt die Ablehnung der modernen Welt darstellten. War diese Legitimation auch nicht tradiert, insofern sie mythologisch war, so erschloss sie doch die Befunde der gegenwärtigen Wissenschaft unter einem neuen Blickwinkel, erlaubte ein umfassendes Verständnis von Gesellschaft, Geschichte und Metaphysik. Diese Perspektive ergriffen vor allem diejenigen, die in vielen der gegenwärtigen Entwicklungen Regressionsmomente zu finden glaubten. Im besten Falle stützte und rechtfertigte die okkulte Glaubenshaltung den Widerstand hin zum sozialen Wandel. Im schlimmsten Falle, gab sie eine Scheinwelt vor, die es ermöglichte die Gegenwart zu beklagen und es den Gläubigen der wahren Gnosis erlaubte, sich in zu Recht gelegter, überlegener Weißheit einzurichten." [M.N.]

4 Grävel, in, Heimdall, 8, 18

rung des Johannes als Dokumentation katastrophaler Ereignisse in der Vorzeit verstanden[1]. Besondere Bedeutung kam solchen Schriften freilich da zu, wo sie in den Dienst der völkischen Rassenideologie gestellt werden konnten. Alfred Rosenberg beispielsweise erklärt in seinem *Mythus des 20. Jahrhunderts*, dass die Höchstwerte der arischen Rassenseele ‚Ehre und Pflicht' in der germanischen Rasse am typischsten ausgeprägt seien und leitet daraus den wesensmäßig begründeten Anspruch germanischer Menschen auch der Gegenwart auf Herrschaft über minderwertigere Völker ab[2]. „Die gleiche Tendenz ‚ins Kriegerische' zeichnete sich nach 1933 in der akademisch betriebenen ‚Germanenkunde' oder ‚Germanenforschung' ab, die ebenfalls alles aufbot, um die ‚Arier[3], das heißt die Vorläufer der Deutsch-Germanen, als die älteste Herrenrasse der Menschheit hinzustellen und zugleich mit einer ehrwürdigen Kultur auszustatten."[4]

Diese kriegerischen Tendenzen sicherten der ideologischen Verkultung des Deutschen ins angeblich Arisch-Germanische nach 1933 den breitesten Raum innerhalb der utopischen bzw. pseudoutopischen völkischen Vorstellungen, da sie sich für die Realpolitik der NSDAP am ehesten utilisieren ließ[5]. Mit Verkultung und utopischem Charakter sind zwei der Wesenszüge germanischer Rezeption innerhalb der völkischen Bewegung angesprochen, die auf die Religionsförmigkeit des Germanenkults hinweisen.

a Religiöse Verformung des Germanenkults

Das Vorbild der alten Nordmenschen ist nach Wirth besonders durch deren Lebensweise geprägt, die keineswegs „primitiv" oder „barbarisch" sei, sondern im besten Sinne „religiös"[6]. Daher bindet sich im Denken des zu Beginn von einigen Nazi-Führern hochgeschätzten Germanenforschers die einzig mögliche Rettung des Abendlandes vor dem Untergang unbedingt an den „Heimgang zu Heimatscholle und Muttererde, zur Urquelle unseres Wesens, zum Urerlebnis unserer Seele und ihrer Bewusstwerdung in gottgewollter eigener Geistigkeit"[7]. In dieser deutlich religiös gefärbten Rückbesinnung auf den germanischen Urgrund wird bereits die mögliche Ausdeutung auf die Gegenwart Wirths evident. Will der Deutsche im neognostischen Sinne „Heil und Lichtbringer der Welt" werden, so muss er sich wie seine „thuatischen (=gottmenschlichen) Vorfahren auf die großen göttlichen Gesetze der ewigen Wiederkehr"[8] berufen und seine Individualität zu

---

1 Vgl. § 10 und Nagl, 109

2 Vgl. Hasenfratz, 10

3 Dabei wurde das rassengeschichtlich an sich unbrauchbare Wort Arier, das sich auf keine konkrete Volkheit zurückführen ließ, im Sinne Balvatskys aus dem Sanskrit-Wort arya (=adlig; vornehm) abgeleitet und neu gedeutet. (Vgl. Hermand, Traum vom neuen Reich, 230)

4 Hermand, Traum vom neuen Reich, 230

5 Vgl. Hermand, Traum vom neuen Reich, 227

6 Zitiert nach Hermand, Traum vom neuen Reich, 236

7 Zitiert nach Hermand, Traum vom neuen Reich, 235

8 Hermand, Traum vom neuen Reich, 236

Gunsten der Volksgemeinschaft aufheben und somit dem Norden zum von Kurt Eggers proklamierten längst fälligen Sieg über Jahwe verhelfen.

> „Die Mächte der Finsternis rüsten zum letzten Sturmlauf, um dieses Reich für immer aus der Wirklichkeit zu stoßen. Sie rufen ihre Drohungen. Aber die Jungen lachen hart. Strafe Gottes? Er möge strafen, wir wehren uns! Macht des Schicksals? Wir werden dem Drachen Schicksal trotzig die Zähne brechen: Vorherbestimmung zum Untergang? Das Gesetz ist da. Es bestimmt sich nicht selber vorher zum Untergang, und der Herr der Welt ist der Vollstrecker des Gesetzes! Uralt ist der Kampf zwischen Nacht und Licht!“[1]

Diese „latente Gottmenschlichkeit“ des Ario-Germanen – „the highest form of life ever to evolve in the universe“[2] – ist zugleich die aus der germanischen Abstammung hergeleitete Legitimation für die Vorherrschaft der Arier, die erwartungsgemäß einen breiten Widerhall in der völkischen Bewegung fand. Zugleich knüpft sich aber an das Bewusstsein der eigenen divinischen Vergangenheit und Erwählung die Forderung nach rassischer Reinheit und Abgrenzung vom Fremdtum – den Mächten der Finsternis. Die Rassenreinheit wird somit zum notwendig zu vollziehenden Ritus und das entgegen gerichtete Verhalten zum bereits häufig zitierten „rassischen Sündenfall“.

Aufgrund der religiösen Aufladung des Purgationsgedankens kam ihm auch eine zentrale Bedeutung innerhalb der völkischen Okkultbewegung zu. Der Begründer der dem gnostisch anmutenden Wotanismus[3] zugeneigten GUIDO VON LIST GESELLSCHAFT veröffentlichte in der Wiener Wochenzeitschrift DIE GNOSIS einen Leitartikel, in dem erstmals eine germanische Okkultreligion artikuliert wurde, deren vorrangiges Bemühen der rassischen Reinheit galt[4]. List greift bei der Formulierung dieses Artikels auch auf Gedanken zurück, die der Herausgeber der Zeitschrift DAS ANGEWANDTE CHRISTENTUM Max Ferdinand Sebaldt von Werth in *Wanidis* und *D.I.S. ‚Sexualreligion'* bereits 1897 darlegte. Darin beschreibt er die Sexualreligion der Arier als eine heilige Ausführung der Eugenik, geschaffen, um die Reinheit der Rasse zu erhalten[5]. Weitere Rezipienten fanden die kultischen Reinheitsideale in Jörg Lanz von Liebenfels und den Anhängern des von ihm gegründeten ORDO NOVI TEMPLI. In einem der von ihm herausgegebenen OSTARA-Hefte, „die in ‚Wort und Bild' den Nachweis zu erbringen suchten, daß nur der ‚blonde heldische Mensch der schöne, sittliche, adelige, idealistische, geniale, religiöse Mensch, der Schöpfer und Erhalter aller Wissenschaft, Kunst und Kultur und der Hauptträger der Gottheit sei“[6], wurden denn auch folgende Gedichte abgedruckt, in denen völkisches Ideengut, religiöse Überzeugung, Germanenglaube und Reinheitsgedanke integriert und miteinander verwoben sind:

---

1 Zitiert nach Hermand, Traum vom neuen Reich, 234

2 Goodrick-Clarke, 50„die höchste Lebensform, die je im Universum entwickelt wurde.“ [M.N.]

3 Vgl. hierzu Goodrick-Clarke, 49f.

4 Vgl. Goodrick-Clarke, 52

5 Goodrick-Clarke, 51

6 Zitiert nach Hermand, Traum vom neuen Reich, 83

„Burg und Hain von Werfenstein

Bruder, was dein Auge schaut,
Hier im heil'gen Haine,
Leg es in dein Herze traut
Als vom ‚Werfensteine'.

Nicht des Alltagsbrauch
Wird den Menschen höher heben.
Nur wenn hehrer Geister Hauch
Ihn durchwehet wird sein Leben

Würdevoll und edler Art,
Und sein innres Auge sehen,
Was von Gott gesetzt ihm ward
Als der Seele Auferstehen

Aus der Sünde düst'rem Tal
Zu der Gralsburg lichten Höhen.
Doch der Pfad zu ihr ist schmal.
Wen'ge werden ihn nur gehen.

Siehe dort im Tempelhain
Weissgekleidete Gestalten.
Brüder sind's vom Werfenstein,
Frauja's Wille lenkt ihr Walten.

Einsam in der Menschenwelt,
Sind vom Herrn sie auserkoren,
Das zu tun, was Gott gefällt,
Reinheit haben sie geschworen.

Reinheit in des Leibes Blut,
Reinheit in des Geistes Streben.
Reinheit ist ihr Edelgut,
Reinheit wird zu Gott sie heben.

Geh und wahre dieses Wort:
Reinheit in des Herzens Schreine.
Mach dein Herz zum Felsenhort,
Machs zur Burg von Werfensteine!"[1]

„Der Sang der Nibelungenstrom

Die Quellen, die aus Rhätiens Gletscherhallen
Seit ew'ger Zeit vom Inn zur Donaus wallen,

---

[1] Ostara I, 88 Templeisen-Brevier, ein Andachtsbuch für wissende und innerliche Ariochristen, 2.Teil, 4

Im Reich der Ostara als mächt'ger Strom
Dann grüßest Linz und seinen Dom.

Doch wo Granit durchbrach der Wogendrang,
Wo einst der Nibelungen Horn erklang,
Wo jetzt der Strudel engt die Wellenpfade,
Ragt eine Burg auf schroffem Felsgestade.

Da grüsst im hellen Frühlingssonnenschein
Das Kreuzbanner hoch von Werfensetin.
Die Donauwelle raunen alte Weisen
Vom Freundesbund der Edlen und Templeisen.

Der neue Bund, der Meister Werk zu krönen,
Dient Gott in Tat und weihevollen Tönen.
Vom Geist des Willensfroh, vernimmt die Schar,
Was einst der Templeisen Sendung war.

Aus reinem Quell strömt auch für sie die Kraft,
Die niemals alternd, neues Leben schafft.
Und Burg und Bund, der Reinheit nur geweiht,
Stehn fest im Strudel und im Drang der Zeit."[1]

---

[1] Ostara I, 88 Templeisen-Brevier, ein Andachtsbuch für wissende und innerliche Ariochristen, 2.Teil, 5

§ 3 *Science-Fiction – Das literarische Stiefkind*

Setzt man sich mit der literarischen Gattung der Science-Fiction auseinander, glaubt man sich schnell erneut in einem undurchsichtigen Dschungel angelangt. Es mangelt in der noch jungen kritischen Aufarbeitung der deutschen Science-Fiction-Werke, die erst mit der literaturwissenschaftlichen Anerkennung Anfang der 70er Jahre ihren Lauf nahm, an umfassenden Darstellungen und profunden literaturwissenschaftlichen Analysen[1]. So stellt Manfred Nagls *Science-Fiction in Deutschland* von 1972 meines Wissens die einzige Monographie dar, die um eine Gesamtdarstellung deutscher Open zum Thema bemüht ist. Während Nagl aufgrund seiner akribischen Literaturrecherche von allen Seiten der forschenden Zunft viel Lob entgegengebracht wurde[2], bemängelte man zugleich dessen ideologiekritisch wertende Interpretationen[3], die nicht selten den Science-Fiction-Romanen Trivialität und Konformität[4] vorwerfen. Nagl kritisiert etwa den sich durch die Massenwerdung der Science-Fiction vollziehenden „Rückfall hinter die rationale Utopie der Aufklärung"[5] und misst den Werken, insbesondere in der Zeit des Dritten Reichs, eine an dem Status Quo orientierte, verklärende Tendenz zu, versuchten sie doch mit der Fiktionalisierung einer permanenten Bedrohung von außen, realpolitische Unzulänglichkeiten zu bagatellisieren[6].

Im Gegensatz zu *Science-Fiction in Deutschland* spezialisieren sich die meisten der auch angeführten Quellen auf einen epochalen Abschnitt in der Science-Fiction-Entwicklung oder greifen lediglich bis heute strittige Genese- und Gattungsfragen auf. Im Folgenden kann es daher lediglich darum gehen, Einblick in den Reichtum an Definitionen und Genealogien der Science-Fiction zu geben und aus der resultierenden Spannung einen für die weiteren Darstellungen dieser Arbeit handhabbaren Begriff dieser literarischen Gattung zu entwickeln, ohne sich in literaturwissenschaftliche Grabenkämpfe zu begeben oder eine „autorative Vermessung einer lebendigen Kunst"[7] zu betreiben.

I Die Genese der Science-Fiction

Die Frage nach dem Entstehungszeitraum der Science-Fiction bindet sich in der wissenschaftlichen Forschung eng an das autorenbezogene, individuelle Verständnis von Genealogie und Gattungsbegriff. Wer die Science-Fiction im Rahmen der Phantastik in das Kontinuum einer progressiv fortschreitenden abendländischen

---

1 Vgl. Tzschaschel, 13f.
2 Vgl. Friedrich, 176
3 Vgl. Friedrich, 177 und Tzschaschel, 13
4 Vgl. Nagl, 23
5 Nagl, 12
6 Vgl. Nagl, 65
7 Kölzer, 53

Kultur einbetten will, legt den geschichtlichen Ausgangspunkt der Gattung bei Lukian von Samosate und seinen *Wahren Geschichten*[1] oder auch dem *Gilgamesch Epos*[2] an. Die genuine Unabhängigkeit und Modernität der Science-Fiction beanspruchen häufig Autoren, die den 5. April 1926 als Geburtsstunde feiern, das Erscheinungsdatum der ersten Nummer von AMAZING STORIES, der ersten von Hugo Gernsback „the undisputed founder of modern Science-Fiction“[3] herausgegebenen Zeitschrift, die ausschließlich der Veröffentlichung von „scientific fiction“ gewidmet war[4].

Die in der Forschung am häufigsten vertretene These zur Entstehung der Gattung orientiert sich hingegen an dem als konstitutiv erachteten naturwissenschaftlichen und technischen Verständnis der *Science-Fiction.* Demnach deutet etwa Nagl die „stringente naturwissenschaftliche Motivierung des Stoffes“ in Mary Wollstonecraft-Shelleys Roman *Frankenstein, or the modern Prometheus* (1818) als den „eigentlichen Auftakt der Science-Fiction“[5]. Dagegen wenden sich solche Forscher, „die die optimistische Fortschrittsgläubigkeit des 19. Jahrhunderts“[6] als Grundlage nehmen, und sehen in Jules Vernes, Karl Laßwitz oder H.G. Wells die eigentlichen Begründer einer neuen Gattung[7].

Linus Hauser weist meines Erachtens mit Recht auf die schon in der ersten Hälfte des 19. Jahrhunderts rasant zunehmende Veraltungsgeschwindigkeit von Technologien und Sozialformen hin und führt die Werke Richard Adams Lockes an, die vom New Yorker Herald am 5. September 1835 als „völlig neu[e] Art von Literatur […] unter dem Blickwinkel der Wissenschaft“[8] gewürdigt werden. Hauser nennt auch die erste Verwendung des Terminus Science-Fiction bei dem britischen Essayisten William Wilson in dessen *A Little Earnest Book upon a Great Old Subject*[9].

Die zeitliche Einordnung der Entstehung der Science-Fiction gestaltet sich daher recht schwierig und führt zu zahlreichen unterschiedlichen Ansätzen, da kein konsensfähiges Bild in der Forschung darüber besteht, was die sich vielfältig darbietende Science-Fiction ist, will und aus welchen literarischen Vorformen Analogien herangezogen werden können.

---

1 Vgl. Suerbaum, 37
2 Vgl. Barmeyer, 244
3 Rottensteiner, 42 „der unbestrittene Begründer der modernen Science-Fiction“ [M.N.]
4 Vgl. Suerbaum, 37f. und Barmeyer, 244
5 Nagl, 44f.
6 Nagl, 44f.
7 Vgl. Schwonke, 36f. oder Friedrich, 171f.
8 Hauser, Kritik der neomythischen Vernunft (II), 323
9 Vgl. Hauser, Kritik der neomythischen Vernunft (II), § 323

1 Science und Fiction

Wenn im bisherigen Verlauf von der Gattung Science-Fiction die Rede war, beruht diese Begriffsverwendung zunächst auf der retrospektiv erwachsenen Konventionalisierung dieser Bezeichnung für Romane, die in ihrer Entstehung selbst mit unterschiedlichen Zuschreibungen wie Zukunftsroman, naturwissenschaftliche Märchen, utopischer Roman etc.[1] versehen wurden. Der zumeist als ‚Namensgeber' der Science-Fiction genannte Hugo Gernsback erschuf somit 1926 einen zumindest wirkungsgeschichtlich bedeutsamen Neologismus[2], der sich erst in den Folgejahren konsolidieren und ab 1950[3] als alleinige Gattungsbezeichnung – die diversen anderen Termini in sich aufnehmend – durchsetzen sollte. Bis heute erweist sich allerdings der Science-Fiction-Begriff als umstritten, glauben einige Wissenschaftler doch die zur Gattung gehörigen Werke besser durch Bezeichnungen wie beispielsweise Zukunftsroman[4] oder wissenschaftliche Phantastik[5] charakterisiert. In der Folge soll allerdings aus zwei Gründen an der Terminologie Science-Fiction festgehalten werden:

Science-Fiction ist der auch im Alltagsgebrauch der Deutschen etablierte Gattungsbegriff, an den sich bestimmte Konnotationen knüpfen.

Mit den Begriffen ‚Science' und ‚Fiction' erhebt sich ein Spannungsbogen, der die Differenzen innerhalb der Gattung beschreibbar macht.

Mit dem Spannungsbogen aus den diametral anzusehenden Begriffen Science und Fiction ist eine die Heterogenität der Werke integrierende Definition gegeben, der es zugleich gelingt, zwei Pole zu setzen, die eine Abgrenzung gegenüber anderen Gattungen ermöglichen. Dort, wo die wissenschaftlichen Beschreibungen zu empirischen Betrachtungen werden und gänzlich den erzählerisch imaginativen Rahmen verlassen (wie beispielsweise in naturwissenschaftlich-technischen Abhandlungen) kann ebenso nicht mehr von Science-Fiction die Rede sein, wie dort, wo die Phantastik eine zweite Welt konstruiert, die sich dem Leser nicht mehr als eine durch technisch-wissenschaftliche Veränderungen oder Erkenntniszuwachs[6] aus der realen Welt hervorgegangene erschließt (‚wie in einigen phantastischen Romanen[7], für die Wünschenswertes konstitutiver ist denn Mögliches)[8]. Zur positiven formalen Beschreibung von Science-Fiction lässt sich folgende Charakterisie-

---

1 Vgl. Friedrich, 171

2 Vgl. Hauser, Kritik der neomythischen Vernunft (II), 323f.

3 Vgl. Friedrich, 171

4 Vgl. Tzschaschel

5 Vgl. Barmeyer, 9

6 Dabei ist die Plausibilität der Veränderungen kein notwendiges Kriterium

7 Vgl. Kreuziger, 113 Ein Beispiel für die Konzeption eines Phantastischen Romans liegt uns bereits mit Tolkiens *Herr der Ringe* vor.

8 Charakterisierungen hingegen, die die Science-Fiction als Form des nicht mimetischen Erzählspiels begreifen, vermögen kaum Abgrenzungen gegenüber anderen Gattungen zu schaffen. (Vgl. Suerbaum, 28)

rung Suvins anführen, die allerdings noch um weitere Merkmale zu ergänzen ist: „Die SF ist ein literarisches Genre, dessen notwendige und hinreichende Bedingungen das Vorhandensein und das Ineinanderwirken von Verfremdung und Erkenntnis sind und deren formales Hauptmittel ein imaginativer Rahmen ist, der als Alternative zur empirischen Umwelt des Autors fungiert."[1] Meist wird diese Alternative zur empirischen Welt in den Science-Fiction-Romanen durch eine raumzeitliche Differenzierung[2] verstärkt, womit gleichzeitig eine Verfremdung der Erkenntnis erleichtert ist, wenn auch der Bezug zur realen Wirklichkeit unbedingt erhalten bleibt[3]. „Die Zukunft ist [dabei] weniger eine Verlängerung der Gegenwart in ein reales Morgen als vielmehr eines der Mittel, die eine Verschiebung aus der Wirklichkeit ermöglichen."[4] In diesem Zusammenhang sei angemerkt, dass auch die literarische Errichtung einer fiktionalen vergangenen Welt diese Verschiebung ermöglicht[5].

Das von Suvin[6] beschriebene Vorhandensein und Ineinanderwirken von Verfremdung[7] und Erkenntnis entfaltet sich maßgeblich an dem Innovationselement der Science-Fiction. Mit Innovation ist hier nicht die literarisch-stilistische Ausgestaltung der Werke gemeint, sondern das rein stofflich die Science-Fiction-Literatur verbindende Leitmotiv[8]. Ob technische Erfindung oder Umsetzung einer wissenschaftlichen Theorie, Science-Fiction lebt und entfaltet sich von dem innovativen Element[9] aus, das der Autor in die Erzählung integriert[10]. Erst, wenn der Leser die Innovation, die als „elementare Als-Ob-Bedingung" fungiert, als literarische Wahrheit akzeptiert[11], kann er sich auf das „Was wäre wenn"-Gedankenspiel[1] des Verfas-

---

1 Barmeyer, 90

2 Vgl. Barmeyer, 54

3 Vgl. Barmeyer, 55

4 Barmeyer,

5 Weshalb der Begriff des Zukunftromans m.E. als Gattungsbegriff ungeeignet ist.

6 Bezugnahme auf die Darstellungen von Darko Suvin in Barmeyer, 86-104.

7 Eine kritische Auseinandersetzung mit dem *Verfremdungsbegriff* Suvins findet sich bei Spiegel, Der Begriff der Verfremdung in der Science-Fiction-Theorie, abrufbar unter: http://www.simifilm.ch/pdf/Spiegel.S2006a.pdf

8 Das Innovationsmoment gewinnen die Science-Fiction Autoren meist aus einem überschaubaren Fundus typischer Science-Fiction-Stoffe. (z.B. Wunderwaffe; Roboter; Zeitmaschine; Atomkrieg etc.) Vgl. Barmeyer, 341

9 Bei Suerbaum finden wir für den Begriff der Innovation den die Science-Fiction prägenden ‚change'. (Vgl. Suerbaum, 10)

10 Spiegel spricht in diesem Zusammenhang bedenkenswert von der Science-Fiction als das „technizistische Wunderbare" (Spiegel, 17). In seinen sich kritisch an Suvin orientierenden Ausführungen wird dabei die Bedeutung der Ausgestaltung des Innovativen für die Konzeption der Science-Fiction evident. So denn das Technische nicht weniger realistisch sei als etwa märchenhaftes Personal, erweise es sich aber sehr wohl als „mit unserer Welt kompatibel" und präsentiere dadurch weniger das Vertraute als fremd denn vielmehr das „Fremde vertraut". (vgl. Spiegel, 17)

11 Vgl. Suerbaum, 12

sers einlassen und gleichsam in der Ergründung der dargebotenen Sekundärwelt das bereits extrafikional Vertraute neu entdecken[2].

An Grad, Plausibilität und Variation der Innovation entfaltet sich denn auch notwendig die Kontinuität zwischen Science und Fiction.

„Die Aussagemöglichkeit der Science-Fiction orientiert sich keinesfalls am Maximum an Zukunft, sondern am durchdachten Faktorenspiel mit fixierten Konstanten und Variablen."[3] An dieser Stelle sei angemerkt, dass die Mehrheit der Forscher eine Wertung vorzunehmen sucht, in dem Sinne, dass sie die Science-Fiction in erster Linie als fiktional, als erfundene Erzählung[4], als von spekulativer Natur[5], als phantastisch unverfänglich[6] etc. beschreiben oder im Gegenzug wie bereits Gernsback zur stärkeren wissenschaftlichen Fundierung auffordern:

„When Science-Fiction first came into being, it was taken more seriously by all authors. In practically all instances, authors laid the basis of their stories upon a solid scientific foundation. [...] Many modern authors have no such scrupels. They do not hestitate to throw scientific plausibility overboard, and embark upon a policy what I might call scientific magic. [...] I have gone to this length to preach a sermon in the hope that misguided authors will see the light, and hereafter stick to science as it is known, or as it may reasonably develop in the future."[7]

Das aufgezeigte Schema, das sich in der Spannung von Science und Fiction maßgeblich durch das Moment der Innovation bestimmt, will lediglich den Agitationsspielraum des Autors beschreiben helfen, in dem er die fiktionale Welt in den Grenzen von Analogie und Extrapolation[8] gestalten kann. Die Person und Intention der Romanverfasser ist die nun zu beschreibende, notwendig führende Hand, die über die tendenzielle Ausrichtung des Werks bestimmt.

---

1 Barmeyer, 14

2 Mit Tolkien, der seine Überlegungen zwar mit Blick auf seine Fantasy anstellt, lässt sich auch für die Scince Fiction hier von „recovery" sprechen. (zitiert nach Kölzer, 47)

3 Suerbaum, 22

4 Vgl. Suerbaum, 111

5 Vgl. Kreuziger, 28

6 Vgl. Nagl, 24

7 Gernsback zitiert nach Kyle, 80 „Als die Science-Fiction erstmals entfaltet wurde, wurde sie von den Autoren äußerst ernst genommen. Die Autoren beriefen sich in ihren Darstellungen stets auf eine solide, wissenschaftliche Grundlage. Moderne Autoren kennen keine Skrupel. Sie zögern nicht, wissenschaftliche Plausibilität über Bord zu werfen und sich auf ein Schema einzulassen, das ich wissenschaftliche Magie nennen möchte. Ich habe diese längere Darstellung gewählt, um eine Predigt zu formulieren, in der Hoffnung, dass fehlgeleitete Autoren das Licht sehen und hiernach zur bekannten Wissenschaft kommen oder zu einer, wie sie tatsächlich in der Zukunft entwickelt werden könnte." [M.N.]

8 Suvin nutzt in seiner Darstellung die Begriffe Analogie und Extrapolation als Grenzen – das Kontinuum in dem Differenzzusammenhang betonend -, in denen die Differenz zwischen realer und modellierter Welt beschrieben wird. (Vgl. Suerbaum, 97)

2 Science-Fiction in der Spannung von gesellschaftskritischer Utopie und „unverbindlicher Phantastik"[1]

Das Bild, das von Science-Fiction entworfen wurde, nachzeichnend wollen wir uns zunächst die Stellungnahmen zweier Science-Fiction-Autoren ansehen, die Beschreibungen ihres individuellen Verständnisses von Science-Fiction geben, die unterschiedlicher und spannungsreicher kaum sein könnten:

> „Science-Fiction is relevant: it is important; it has something to do with the world; it gives meaning to life; and it enlightens the readers. And it has all these characteristics as no other form of literature has."[2]
>
> „What [...] is in the inwardness of Science-Fiction writers that appeals when they are calm and euphoric? Let's immediately dismiss all notions of serious social criticism, valuable scientific speculation, important philosophic extrapolation, and so on. These are the pretences of Science-Fiction and they're really worthless. [...] It knows little and cares less about details of reality; it's only interested in making the big decisions: Who runs for galactic president. What to do about Mars. Should we help Alpha Centauri."[3]

Auf der einen Seite begegnet uns das Selbstverständnis Isaac Asimovs, der die Botschaft vom Wert der Science-Fiction mit missionarischer Inbrunst wie eine Heilslehre verkündet[4], auf der anderen Seite die zynische Selbstironie Alfred Besters, der jedweder gesellschaftlichen Tiefe von Science-Fiction eine Absage erteilt[5]. Ähnlich spannungsreich wie das Selbstbild vollzieht sich denn auch die kritische, wissenschaftliche Auseinandersetzung mit der Gattung. So finden wir immer wieder die teils schützend, teils kritisch formulierte Feststellung, bei der Science-Fiction handele es sich um reine („beschwichtigende, zerstreuende")[6] Unterhaltungsliteratur[7]. Dagegen erhebt beispielsweise Schwonke die Science-Fiction generalisierend aus der Trivialität, wenn er sie als naturwissenschaftlich-

---

1 Diesen Terminus entnehme ich Nagl, 24.

2 Zitiert nach Suerbaum, 13 „Science-Fiction ist relevant: sie ist bedeutsam, sie hat etwas mit der realen Welt gemein. Sie gibt dem Leben einen Sinn; und sie erleuchtet die Leser. Und sie hat diese Eigenschaften in einer Weise, wie sie keine andere Gattung hat!"

3 Zitiert nach Nagl, 120„Was bliebe in der Gedankentiefe der Science-Fiction-Autoren, das Anklang fände, wenn sie ruhig und euphorisch sind? Lasst uns unverzüglich jede Form von sozialer Kritik, wertvollen wissenschaftlichen Spekulationen, bedeutsamen philosophischen Gedankengängen, usw. entfernen. Das sind Vorspiegelungen der Science-Fiction und sie sind wahrhaft wertlos. Sie weiß wenig und kümmert sich kaum um real existierende Details. Sie ist lediglich daran interessiert die großen Entscheidungen in den Vordergrund zu stellen: Wer wird der nächste Präsident der Galaxis? Was machen wir mit dem Mars? Sollen wir Alpha Zentauri helfen?" [M.N.]

4 Vgl. Suerbaum, 13

5 Vgl. hierzu auch Nagl, 120

6 Nagl, 150

7 Kreuziger, 9, wobei wir zumindest Kreuziger keine Wertung in dieser Begriffszuschreibung unterstellen dürfen.

technische Utopie begreift[1]. Es ist kein genuin die Gattung Science-Fiction betreffendes Phänomen, das uns hier begegnet. Der überwiegende Teil literaturwissenschaftlicher Gattungen muss sich mit der häufig exorbitanten Anzahl an unterhaltender ‚Trivialliteratur' auseinandersetzen[2]. Nicht zuletzt resultiert diese Tendenz aus dem Leserverhalten, das, wie Kreuziger richtig, wenn auch nur auf die Science-Fiction bezogen, feststellt, dadurch bestimmt ist, dass hauptsächlich zum Spaß gelesen wird[3]. Ist es aber Ziel eines Autors, mit seinem Werk zu unterhalten, so greift er dafür auch auf Leseerwartungen zurück, die sich nach der gesellschaftlichen „Großwetterlage" richten. So ist der von Nagl erhobene Vorwurf der Konformität[4] der Science-Fiction vielmehr eine Feststellung, die sich auf die Konformität breiter gesellschaftlicher Bereiche und auch des Autors beziehen müsste.

Letztlich obliegt es der schöpferischen Einfalt des Verfassers, inwieweit er einen wie auch immer gearteten Anspruch einzubinden sucht oder nicht. Der Autor ist demnach die zentrale Integrationsfigur, die über die Ausrichtung sowohl in der Spannung zwischen ‚Science und ‚Fiction' als auch in der Spannung von gesellschaftskritischer Utopie und unverbindlicher Phantastik bestimmt.

Die Benennung von unverbindlicher Phantastik und gesellschaftskritischer Utopie als weitere diametrale Pole folgt terminologisch der genealogischen Zuschreibung, wie sie zugespitzt von manchen Forschern vorgenommen wird. So wird häufig ein vordergründig mit der Rückfrage nach der Gattungsgenese begründetes Scheingefecht geführt, das die Science-Fiction in Ablehnung oder Fortführung der Utopie verstanden wissen will. Es bindet sich an die Konfrontation der Science-Fiction mit der utopischen Literatur eine mögliche Wertung der Ideologie bzw. Gesellschaftskritikfähigkeit der Science-Fiction[5]. Demnach wird der Vergleich zur Utopie und zur Phantastik häufig dann herangezogen, wenn man Trivialität und Anspruch, gesellschaftskritische Rationalität und unverfängliches Fabulieren der Science-Fiction bemessen will.

„Roughly, the two genres in Science-Fiction which are the vehicles for these symbolic representations are utopia and fantasy. Utopia in Science-Fiction is at root a rational extrapolation, which, in the course of its fulfilment, ushers in the new age, and which pushed to its limits, eventuates in the past – historic era. [...] Fantasy, on the other hand, sneaks the radically new perspective which will foster a new understanding, yet not exhaust the possibilities of future understanding."[6]

---

1 Vgl. Schwonke

2 Nicht selten führt dies zu den bei Suerbaum beschriebenen Tendenzen universalistischer und puristischer Definitionen, die einerseits die Trennschärfe der Gattung aufzuheben suchen, bzw. in engen Definitionen, trivialer Literatur ihre Gattungszugehörigkeit abspricht.

3 Vgl. Kreuziger, 10

4 Nagl, 18

5 Vgl. Suerbaum, 92

6 Kreuziger, 97„Die zwei bestimmenden Genres der Science-Fiction, die den Ausgangspunkt für die Symbolik bilden, sind Utopie und Fantasy. Die Utopie in der Science-Fiction ist in ihren Grundzügen eine rationale Ausweitung, die im Falle ihrer Erfüllung, in ein neues Zeitalter führt, und die ihre Grenzen erfährt, ausgehend von der Vergangenheit – der historischen Ära.

In der spannungsreichen Beschreibung von Science-Fiction in den Grenzen von Utopie und Phantastik mischen sich ideologische Wertmaßstäbe mit Fragen der Genesegrenzen. Dies sieht man beispielsweise, wenn von der Utopie und Phantastik als solches die Rede ist, diese Genres also zu selbstexplikativen, idealtypischen Gattungen erhoben werden, an deren Verwendung sich eine bestimmte Ideologie bzw. gesellschaftliche Intention des Autors knüpft: Utopie wird in diesem Sinne als die unbedingt auf die Gesellschaft bezogene, glaubwürdige Aufklärungsliteratur verstanden, wohingegen Phantastik eben ein unglaubwürdiges, von der realen Welt losgelöstes Erzählspiel beschreibt. Vielmehr ist auch hier die Kontinuität zwischen den Grenzen zu sehen und die Möglichkeit des Science-Fiction-Autors sein Werk innerhalb der Grenzen von gesellschaftskritischer, rationaler Funktionsliteratur im Sinne idealtypisch verstandener Utopie und von unverfänglicher, aus einer radikalen neuen Perspektive betrachteten Phantastik[1] anzusiedeln.

3 Die neue weltbildhafte Perspektive der Science-Fiction

In vielen wissenschaftlichen Auseinandersetzungen mit der Science-Fiction begegnet dem Leser die These, Science-Fiction sei geprägt durch ihre Durchlässigkeit gegenüber anderen Genres[2]. Diese Durchlässigkeit vollzieht sich auf mehreren Ebenen. Stilistisch hat die Gattung keine Neuerung vorzuweisen, sondern verbleibt in dem literarischen Rahmen des Althergebrachten. Die von Leser und Autor abhängige Primärfunktion der Science-Fiction als unterhaltende Literatur wirkt zugleich stimulierend auf die wechselseitige Beeinflussung mit anderen ihrer Prägung nach hauptsächlich unterhaltenden Genres, so dass wir in der Science-Fiction immer wieder Elemente aus Abenteuerromanen, Märchen, Thrillern, Kriminalromanen etc. vorfinden[3]. Schließlich lassen sich auch umfassende Analogien zu anderen Gattungen aufweisen, die von manchen Wissenschaftlern gerne zum Zwecke einer Genealogie der Science-Fiction herangezogen werden; wie etwa Analogien zum Reisebuch, zur Robinsonade, zur (Anti)utopie bis hin zum Märchen, zum Mythos und zur religiösen Literatur.

Die zuerst genannten Bereiche sollen hier nicht weiter bearbeitet werden, verlangen sie doch viel mehr nach einer literaturwissenschaftlichen Auseinandersetzung. Fragen wir jedoch nach den Analogien anderer Gattungen zur Science-Fiction, so können wir zugleich etwas über deren universalen und gleichzeitig einzigartigen Charakter erfahren.

„At one time the alienated were a minority which turned to Science-Fiction magazines to find a world they could accept, which was more exciting and more

---

Fantasy, auf der andren Seite, bringt eine radikal neue Perspektive hervor, die ein neues Verständnis einleiten will, das sich nicht in den Möglichkeiten zukünftigen Denkens erschöpft." [M.N.]

1 Dabei sind Utopie und Phantastik charakterisiert und gattungsspezifisch gefasst.

2 Barmeyer, 8

3 Vgl. Barmeyer, 8

satisfying than the world around them"[1]. Was James Gunn über den Leser von Science-Fiction äußert, rückt einen neuen Aspekt in den Fokus der Betrachtung: der Mensch und die veränderte Welt der Science-Fiction. Die Menschen sind das fiktive Personal der Erzählungen, das durch Einführung des innovativen Elements gleichsam mit diesem kontaminiert ist und Veränderungen unterworfen wird. Diese Verschränkung von technischer Neuerung und anthropologischer Veränderung führt Hauser zu folgender Erkenntnis: „Sciencefiction beschäftigt sich mit der narrativen Darstellung der Auswirkungen wirklicher und möglicher Errungenschaften der wissenschaftsfundierten Technik auf den Menschen."[2] „Die verändernde Macht von Wissenschaft und Technik"[3] bedingt den Agitationsraum der Figuren und wirkt so auf die Figuren selbst. Wo sich aber der Agitationsraum der Personen ändert, ändert sich zugleich die gesamte fiktive Welt, die durch den Verfasser erschaffen wird. „Der Science-Fiction Autor braucht für jede Erzählung einen eigenen Weltentwurf, den er in ausführlicher oder skizzenhafter Form mitteilt"[4]. Dieser eigene Weltentwurf entfaltet sich maßgeblich an dem durch die Innovation provozierten „Was wäre wenn"[5]-Spiel, das Möglichkeiten der Modellierung einer anderen Wirklichkeit aufweist. Dem Autor ist auch hier ein breites Spektrum an Konzeptionsvarianten gegeben, das von der Analogie zur bestehenden Gegenwart bis hin zur völligen Weltumordnung reicht[6]. Mit Borgmeier lässt sich dabei durchaus kritisch bezüglich der Tiefe weltanschaulicher Gestaltungsprinzipien in der Science-Fiction sagen:

> „Die Vorwürfe, die […] gegen die Science-Fiction erhoben wurden, sind sicher sehr häufig im einzelnen berechtigt. Zweifellos fallen die Weltentwürfe, welche die Gattung liefert, nicht immer sehr originell aus, sondern bleiben oft dürftig verkleidete Varianten des Status quo. Niemand kann bestreiten, daß eine Literaturgattung, die einem so starken Produktionsdruck unterliegt wie die Science-Fiction, vielfach Mangelhaftes und Oberflächliches hervorbringt."[7]

Unabhängig vom Grad der Entfaltung aber bleibt festzuhalten:

> „Jede Science-Fiction Geschichte enthält nicht nur eine materiell veränderte Welt, sondern auch ein Weltbild; eine ausdrückliche oder implizite Weltdeutung, zu der insbesondere die Darlegung der Grundsätze, auf denen das Funktionieren der Welt beruht, und der in ihr geltenden Normen für menschliches Verhalten [gehören, M.N.]."[8]

---

1 Zitiert nach Kreuziger, 34 „Einst waren die Fremdgewordenen eine Minderheit die sich den Science-Fiction Magazinen zuwandten, um eine Welt zu finden, die sie akzeptieren können, die aufregender und zufriedenstellender ist, als die eigene Umwelt." [M.N.]

2 Hauser, Kritik der neomythischen Vernunft (II), 328

3 Barmeyer, 72

4 Barmeyer, 14

5 Barmeyer, 14

6 Vgl. Suerbaum, 22

7 Borgmeier, 150

8 Suerbaum, 31

Diese durch den Verfasser bedingte Weltbildkonzeption, die dem Leser, wie bei Gunn beschrieben, als Fluchtphantasie[1] aus dem Alltag dient, ist zugleich das Element, das die Analogien zu anderen Gattungen ermöglicht. Ob (Anti)-Utopie, Reisebuch, Fantasy, Apokalypse oder Mythos, sie alle versuchen eine Deutung von Welt zu beschreiben, in der „elementare Zusammenhänge und Situationen des Lebens in der Fiktionswelt exemplarisch dargestellt werden"[2].

Dort, wo die Science-Fiction weltbildend konzipiert ist, scheint es so, dass sie „die Mythologie unserer Zeit in gemäßigter Form verkörpert, einer Form, die nicht nur imstande ist, grundlegend neue Themen ans Licht zu bringen, sondern außerdem den gesamten Themenschatz der älteren Literatur in sich aufzunehmen."[3] Es ist gerade der Mythos, der dabei immer wieder in den Analysen in seiner Relation zur Science-Fiction herangezogen wird, wobei insbesondere die sich in ihm aufzeigende Begegnung mit dem Anderen als Link dient.

„Die Götter sind die ultimaten Anderen, die maßgebenden Anderen in allen Mythen; und die Götter kommen meistens zu uns in der Form der andersartigen Anderen – Kinder, Tiere, (Wahnsinnige, sofern wir diese als Randexistenzen einbeziehen) und als Fremde. Eine der am häufigsten gebrauchten Beinamen von Zeus was Xenios – der Gott derjenigen, die als Fremde zu uns kommen ... Wesen aus dem Weltall können uns wirklich zu Hinweisen auf die Götter werden ... Was könnte letzten Endes andersartiger sein als ein Marsianer"[4].

Obwohl es sich bei der Science-Fiction augenscheinlich um eine *säkularisierte* Literaturgattung handelt, scheut sie demnach nicht davor zurück, eine Mythologie zu formen oder gar ein mythologisches Universum, die Spannung zwischen Rationalität und Irrationalität in sich aufnehmend[5]. Dabei ist die inhaltliche Abhängigkeit der Science-Fiction von den antiken Mythen, „also etwa die Entleihung von Namen und Sujets, Plokonstellationen und Topoi"[6], die augenscheinliche, doch sind Parallelen „hinsichtlich ihres Anliegens ‚weltbewegend' zu sein, indem sie mit ihren die Geschichte transzendierenden Bildern und etablierte Weltbilder hinterfragt"[7], für unseren Untersuchungszusammenhang von größerer Bedeutung. So lässt sich denn über das Verhältnis von Science-Fiction und Mythos dasselbe sagen, was Kölzer in der Gegenüberstellung zur Fantasy herausarbeitet: „Sowohl Mythos als auch existentielle Fantasy vermitteln einen konkreten Handlungsrahmen, verweisen aber zugleich über sich selbst hinaus auf die Ebene des fundamentalen Bedeutungspotentials. Sie legen nahe, dass das Bedeutungspotential der vorgestellten Handlungszusammenhänge sich nicht im fiktionsinternen Rahmen erschöpft,

---

1 Barmeyer spricht in diesem Zusammenhang von der „Fluchtphantasie der durch die Maschine kastrierten Menschen". (Barmeyer, 13)

2 Suerbaum, 22

3 Barmeyer, 82

4 O'Flaherty zitiert nach Hauser, Kritik der neomythischen Vernunft (II), 326

5 Vgl. Suerbaum, 152 und Kreuziger, 11

6 Kölzer, 83

7 Kölzer, 83f.

sonder darüber hinaus die Wirklichkeit menschlicher Existenz im Kontext ihrer Situiertheit im Schöpfungsganzen begreifbar macht."[1] Die Frage, die sich auch für viele Forscher daran knüpft, ist die, ob es sich bei der Science-Fiction um eine „moderne Form des Mythos handelt"?[2]

1 Kölzer, 85

2 Suerbaum, 31

§ 4 Die Deutung des Mythos in moderner Form als Neomythos

Die Frage nach dem mythologischen Charakter der Science-Fiction ergründend, ist es zunächst notwendig, sich mit dem modernen Verständnis von Mythos auseinanderzusetzen. Das Werk von Linus Hauser *Kritik der neomythischen Vernunft* wird dabei als Grundlage der Analyse herangezogen.

I Die Dynamik des Mythos

In seiner Betrachtung über das Verhältnis von Science-Fiction und Mythos beschreibt Suvin diesen als eine der erkenntnisbezogenen Verfahrensweise diametral entgegengesetzte Form, die menschliche Beziehungen als fest und auf übernatürliche Weise bestimmt ansieht[1]. „Der Mythos verabsolutiert, ja personifiziert sogar anscheinend feststehende Motive aus trägen Zeiten, als die soziale Dynamik gering war […] und behauptet, ein für allemal das Wesen der Phänomene zu erklären.“[2] Dieses in seiner endgültigen Festlegung von Welt starre Mythologieverständnis bekommt Dynamik, begreift man den Mythos darüber hinaus in seiner epochaltypischen und Weltanschauung transportierenden Dimension. „Zum Wesen des Mythos gehört nämlich auch seine permanente Variation. Er hat keine kanonische Gestalt wie eine Lehrmeinung oder einen repititiven Charakter wie etwa Riten.“[3] Diese sich im Lauf der Geschichte immer wieder vollziehende Variation des Mythos ist maßgeblich bestimmt durch die weltanschauliche Perspektive, die in ihm „refelexiv-distanzierend in der Form des Anschaulichen“[4] vermittelt wird. Der Mensch als Träger der Weltanschauung ist in dem bewussten Ergreifen eines Standpunktes immer durch die Kultur bestimmt, in der er die Triftigkeit seiner Überlegungen bemisst und die seine Erfahrungen prägt[5].

> „Mythen sind keine empirischen Allgemeinbegriffe, die etwas verallgemeinerbar über die Welt aussagen und sie sind auch keine formalen Strukturen, die sich unabhängig von Gedankengehalten abbilden lassen. Mythen sind vielmehr Sätze über empirische Allgemeinbegriffe. Sie sind Sätze, in denen das Subjekt sich selbst in seinem Weltsein zum Thema macht. Das mythische Denken lebt auf einer Metaebene und funktioniert gerade dadurch, daß es diese im Alltag übersieht.“[6]

Das Bedürfnis, sich über Welt zu äußern, resultiert dabei aus der anthropologischen Grundbestimmtheit des Menschen als Ineinsheit von Entwurf und Tatsächlichkeit,

---

1 Barmeyer, 89

2 Barmeyer, 89

3 Hauser, Kritik der neomythischen Vernunft (I), 76

4 Hauser, Kritik der neomythischen Vernunft (I), 67

5 Hauser, Kritik der neomythischen Vernunft (I), 33

6 Hauser, Kritik der neomythischen Vernunft (I), 64

die ihn zugleich durch die Spannung von Schon und Noch-nicht[1] von zur Gegenwart gewordener Vergangenheit und entworfener Zukunft prägt[2].

„Die Weltanschauung eines Menschen ist sein nie ganz bewusst gestalteter und auch nie ganz in sich schlüssiger, also prinzipiell spannungsreicher Verstehenshorizont von Wirklichkeit, der durch eine je-individuelle Aneignung von Tradition in persönlichen Erfahrungen das Verhalten eines Menschen ausrichtet. In diesem Verstehenshorizont liegt sein Selbst- und Weltverständnis als ineins Feststellung von Endlichkeit und Streben nach der Aufhebung von Endlichkeit."[3]

Die Feststellung von Endlichkeit und das Streben nach Aufhebung derselbigen ist ein weiterer für Weltanschauung und auch für den Mythos zentraler Aspekt. So beschreibt Welte das radikale „Nichts des Grabes"[4] als die alles determinierende radikale Endlichkeit, die das Bewusstsein des Menschen prägt. Gleichsam bindet sich an das individuelle Bewusstwerden der menschlichen Endlichkeit das Bedürfnis, diese zu lindern. „So steht am Beginn des Mythos das Bewusstsein radikaler Endlichkeit und das religiöse Interesse an ihrer Bewältigung."[5]

Diese Bewältigung muss erfolgen, will der Mensch sich in der Welt zurechtfinden, unter dem Eindruck des „Absolutismus der Wirklichkeit"[6], hineingeschleudert in einen Kosmos von Unbegreiflichkeiten, in ein Meer von Meinbarem, in dem der Mensch am Beginn seines Menschseins nicht über die Bedingungen seiner Wirklichkeit verfügen kann[7]. Die Mythen dienen ihm in diesem Zusammenhang als Kompensationsmoment, das die Angst vor dem überall Todbringenden zu einer gezielten Furcht umwandelt und somit der Errichtung „eines *Kosmos*, einer Ordnung [dient], die sowohl das Erklärte als auch das Unerklärte auf ein gemeinsames begriffliches Inventar reduziert und damit zwar nicht erklärlich, aber fassbar, kategroisierbar macht."[8] „Die radikale Endlichkeit des Menschen lässt diesen die Welt mit Furchterregendem und mit Mächten, die das Furchterregende bewältigen helfen, bebildern."[9] Ein wichtiges Moment, das der Mythos bei der Aufhebung von Angst leistet, ist die Benennung des Ängstigenden. „Wer nämlich einen Namen für ‚Etwas' gefunden hat, der braucht sich nicht mehr um das Ganze zu kümmern, sondern kann das Ganze zerlegen und in den Bereich von – vielleicht nur narrativer – Verfügbarkeit bringen. Mit Namen wird Sicherheit beschworen. Deshalb steht am Anfang des Menschseins auch die Magie der Namensgebung. Mythologie wird zur intellektuellen Schutzzone des frühen Menschen."[10] Gleichsam erwächst mit

---

1 Bloch, 2
2 Vgl. Hauser, Kritik der neomythischen Vernunft (I), 35
3 Hauser, Kritik der neomythischen Vernunft (I), 37
4 Welte, 1990
5 Hauser, Kritik der neomythischen Vernunft (I), 57
6 Blumenberg, 9
7 Vgl. Hauser, Kritik der neomythischen Vernunft (I), 58
8 Pesch, 49
9 Hauser, Kritik der neomythischen Vernunft (I), 58f.
10 Hauser, Kritik der neomythischen Vernunft (I), 60

dem begrifflichen Verständnis der Umgebung das Bedürfnis des Menschen, sich diese anzueignen und sich die Natur in anfänglicher Gebrauchs- und späterer Erfahrungstechnik verfügbar zu machen[1]. So findet sich im Mythos immer wieder das prometheische Motiv des emporwachsenden Menschen, der sich aufschwingt, (im Falle des Daidalos wörtlich zu nehmen) mit den Göttern zu konkurrieren und die Natur zu beherrschen. Doch zeigen die Mythen die Unmöglichkeit dieses Traums auf und verweisen auf das unbedingte Angewiesensein des Menschen auf das göttliche Vehikel[2]. Im Mythos verbinden sich Machtträume und Ohnmachtserkenntnis, stehen die „imaginative Ausschweifung anthropomorpher Aneignung der Welt und theomorpher Steigerung des Menschen [und, M.N.] der Ausdruck der Passivität von Angst und Grauen, von dämonischer Gebanntheit, magischer Hilflosigkeit, schlechthinniger Abhängigkeit“[3] unentscheidbar verflochten nebeneinander. „Und dennoch bleibt der Traum, dass aus den Menschen Götter dieser Erde werden können, die diese Erde und den Kosmos vollendet beherrschen“[4], ein Traum, der sich über die Jahre hinweg konserviert und schließlich in der Moderne neu gelebt wird.

II Vom Mythos zum Neomythos

Wollen wir uns den modernen Mythen zuwenden, muss auch hier zunächst ein Blick auf den Umgang des Menschen mit Wirklichkeit und sein Ausleben von Endlichkeit geworfen werden. Mit den technischen Fortschrittsentwicklungen des 19. Jahrhunderts ergibt sich dabei eine neue Perspektive auf die Gestalt der Wirklichkeit, die sich bedingt durch die verändernde und schöpferische Macht von Naturwissenschaft und Technik als nicht festgelegt erweist[5]. „Die Natur selbst als Maß des Handelns anzusetzen, hat seine Selbstverständlichkeit und sein sachliches Fundament verloren.“[6] Dem Menschen eröffnen sich als Nutzer dieser Technik gleichsam neue Dimensionen in der gedanklichen Entwicklung und praktischen Umsetzung von Weltbildern. Er ist selbst „weltbildende Wirklichkeit“[7] einer „natura secunda“[8], die er nicht länger auf den Grundlagen der Mimesis entwirft, sondern als Genesis[9] neu erfindet[10]. Diese natura secunda jedoch beruht auf einer Ordnung,

1 Vgl. hierzu Hauser, Kritik der neomythischen Vernunft (I), 59f.

2 Hauser, Kritik der neomythischen Vernunft (I), 81

3 Blumenberg, 68

4 Hauser, Kritik der neomythischen Vernunft (I), 61

5 Vgl. Schwonke, 94

6 Schrödter, 82

7 Schwonke, 94

8 Hauser, Kritik der neomythischen Vernunft (I), 108

9 Dabei wird auch der Mensch dem Neuschöpfungsakt unterworfen und das nicht erst mit der Gentechnik, sondern bereits im beginnenden 19. Jahrhundert. An die hier grundgelegten Denkfiguren anknüpfend kann schließlich auch Hitler vom Nationalsozialismus als vom „Willen zur Menschenschöpfung“ sprechen. (zitiert nach Hauser, 83f.)

10 Vgl. Schwonke, 95

die weder stabil noch festgelegt ist[1] und folglich zugleich die Zukunftsängste der Menschen provoziert, die an die Stelle eines bestimmten und überweltlichen Eschatons ein unbestimmtes Überweltliches setzen und so den Horizont eines unbestimmten Zukünftigen eröffnen[2]. Die Technik offenbart sich dem Menschen als „Fascinans et Tremendum" und bedingt so eine Koexistenz von Wissenschaftsglaube und Wissenschaftsangst[3].

Die ‚klassischen' Mythen sind entzaubert und können in dieser Spannung keine Auswege aufweisen und Deutungshilfe leisten. Das mythische Denken der Moderne, in dem „das Subjekt sich selbst in seinem Weltsein zum Thema macht"[4], muss vielmehr die aus der neuen Perspektive der „wissenschaftsfundierten Technik" erwachsenen Herausforderungen aufnehmen. Hauser spricht von diesen neuen mythologischen Entwürfen als von *Neomythen*, deren Grundcharakter in Differenz zu den klassischen Mythen darin besteht, dass sie die radikale Endlichkeit des Menschen negieren[5]. „Im neomythischen Denken steht die anachronistisch-kompensatorische Koexistenz von Wissenschaftsglaube und Wissenschaftsangst unter dem Primat des Glaubens an die letztendliche Lösung der Lebensprobleme durch die wissenschaftsfundierte Technik."[6] Die Technik wird zum Hilfsmittel des neomythischen Menschen, der das metaphysisch Transzendente in den Griff bekommen will[7]. An die Stelle der mythologischen Götterwelt setzt er aufgrund der durch neue Erkenntnisse verursachten Gotteskrise[8] den Fortschrittsglauben, der letztlich den Sieg des Humanismus und des Menschen zu garantieren scheint[9]. Die naturwissenschaftlich die Welt gestaltenden Menschen leben so den Traum der Alten, die Götter dieser Welt sein wollten[10], und bereichern die Welt mit ihren mythisch deutbaren Erfindungen hin auf dem Weg zur bereits in der Großtechnologie angedachten Aufhebung der zeitlichen Erstreckung des Menschen[11]. Der sich seiner radikalen Endlichkeit bewusste Mensch wird somit in den Neomythen abgelöst etwa durch Bilder wie dem des Scientology-Thetanen[12], der nicht länger eines göttlichen Vehikels bedarf, um die Unsterblichkeit zu erlangen[13]. Und so feiern die

---

1 Vgl. Schwonke, 100
2 Vgl. Schwonke, 101
3 Vgl. Hauser, Kritik der neomythischen Vernunft (I), 90
4 Hauser, Kritik der neomythischen Vernunft (I), 64
5 Hauser, Kritik der neomythischen Vernunft (I), 78
6 Hauser, Kritik der neomythischen Vernunft (I), 101
7 Vgl. Hauser, Kritik der neomythischen Vernunft (I), 64
8 Vgl. Hauser, Möge die Macht, 33
9 Vgl. Burgey, 89f.
10 Vgl. Büchner, 142
11 Vgl. Hauser, Kritik der neomythischen Vernunft (I), 102
12 Hauser, Möge die Macht, 16f. In diesem Zusammenhang erscheinen auch Hausers Darlegungen der neomythischen Gedankenspiele in der Scientology beachtenswert. (Vgl. Hauser, Kritik der neomythischen Vernunft (II), 556-673)
13 Vgl. Hauser, Kritik der neomythischen Vernunft (I), 81

Neomythiker jeden Fortschritt als Sieg des Menschen, „der die Gottheit zerschmettert“[1] und den Menschen selbst zum „Gott auf Erden“[2] werden lässt.

III Neomythos und Science-Fiction

Science-Fiction als moderne Literaturgattung, in der Weltbilder konzipiert und das technische oder wissenschaftstheoretische Innovationselement in den Vordergrund gestellt werden, ist dort, wo sie den unbedingten Fortschrittsglauben aufweist, neomythisch geprägt. Immer wieder findet sich in der Heroendarstellung der Haupthandlungsträger oder in der Beschreibung der Auswirkungen von Wissenschaft auf den Menschen der Wunsch des Science-Fiction-Autors und der Leser gleichermaßen, der realen Aufhebung der radikalen Endlichkeit näher zu kommen. „Der alte Traum, daß die Menschheit eines Tages über sich hinauswachsen und substantiell neue Kräfte gewinnen könnte, um so auf einer höheren Seinsstufe zu leben und zu wirken, hat in der Science-Fiction auf mannigfache Art Gestalt angenommen.“[3] Ein populäres und eingängiges Beispiel sind die von Jerome Siegel als Texter und Joseph Shuster als Zeichner 1938 in den ACTION COMICS NO. 1 herausgebrachten Abenteuer von *Superman*: „Faster than a speeding bullet! More powerful than a locomotive! Able to leap tall buildings in a single bound! Look! Up in the sky! It's a bird! It's a plane! It's … SUPERMAN!“[4]

Bereits in ihren Anfängen setzt sich die Science-Fiction mit dem Motiv des weltgestaltenden Menschen, der sich über die Grenzen der Natur hinaus wagt, auseinander:

> "Like Adam, I was apparently united by no link to any other being in existence; but his state was far different from mine in every other respect. He had come forth from the hands of God a perfect creature, happy and prosperous, guarded by the especial care of his Creator; he was allowed to converse with an acquire knowledge for beings of a superior nature, but I was wretched, helpless and alone. Many times I considered Satan as the fitter emblem of my condition, [...]"[5]

---

1 Schwonke, 102

2 Hauser, Kritik der neomythischen Vernunft (I), 325

3 Suerbaum, 163

4 Zitiert nach Suerbaum, 162 „Schneller wie eine Kanonenkugel! Stärker wie eine Lokomotive! Fähig ein riesiges Gebäude in einem Zug zu überspringen! Seht! Dort am Himmel! Ist es ein Vogel?! Ist es ein Flugzeug?! ... Nein! Es ist Superman!“ [M.N]

5 Shelley, Frankenstein, 396 „Wie Adam, so war auch ich offensichtlich nicht durch irgendwelche Bande mit anderen Lebewesen verbunden; in jeder anderen Hinsicht jedoch war seine Lage ganz verschieden von meiner. Er war als Schöpfung aus der Hand Gottes eine perfekte Kreatur, glücklich und zufrieden unter der Obhut seines Schöpfers; ihm was es vergönnt Umgang mit überlegenen Wesens zu haben und sich deren Wissen anzueignen. Und ich war unglücklich, hilflos und allein. Viele male betrachtete ich Satan als das treffendere Sinnbild meiner Existenz.“[M.N.]

In diesen Worten von Frankensteins unglücklichem Geschöpf zeigt sich die kritische Auseinandersetzung mit dem Schöpfungswillen des Menschen, der auch vor der eigenen Gattung keinen Halt macht und sich somit letztlich in der Form der auf unnatürliche Art nach dem Muster des Menschen zustande gekommenen Geschöpfe selbst bedroht[1]. Öfter finden sich jedoch in den Science-Fiction-Romanen der unreflektierte Fortschrittsgedanke oder die Auseinandersetzung mit dem Fremdartigen und die daran geknüpfte Ablösung Gottes durch ein anderes verehrungswürdiges Transzendentes[2]. Zeitmaschinen lassen den Menschen über Raum und Zeit herrschen, die Möglichkeit des Einfrierens gewährt ihm ein verlängertes Leben, Erfindungen bescheren ihm die Herrschaft über Natur und menschliche Umwelt, technische Unfälle oder Einfälle verleihen übermenschliche Kräfte, Außerirdische Lebensformen beschleunigen die Fortschrittsentwicklung auf der Erde. Die Liste neomythischer Motive, mit denen die Science-Fiction-Autoren ihre in den wesentlichen Punkten transzendierte Welt gestalten, ließe sich beliebig verlängern, so dass sich verallgemeinernd festhalten lässt, dass Science-Fiction einen literarischen Platz anbietet, an dem sich neomythisches Bewusstsein ausleben kann[3].

---

1 Vgl. Suerbaum, 165
2 Suerbaum, 151
3 Friedrich, 185

Wenn im bisherigen Verlauf der Arbeit von völkischer Weltanschauung die Rede war, so erfolgte die Begriffsverwendung zumeist als Kennzeichnung des individuellen Standpunkts eines völkischen Vertreters bzw. als Bezugnahme auf die Strukturhomologien zwischen verschiedenen Äußerungen völkischer Repräsentanten. Zunächst soll daher geklärt werden, wie sich aus individuellen Standpunkten eine breitenwirksame Weltanschauung in Form eines kollektiven Gedankenspiels entwickeln konnte.

Mit Hauser lässt sich festsstellen, dass,

> „will man wissen, ob der eigene Standpunkt seine Triftigkeit hat, man mit seinen Mitmenschen sprechen, zu einer Verständigung über die unterschiedlichen Standpunkte gelangen muss. [...] Es ergibt sich somit ein dialektisches Verhältnis zwischen Standpunkt und Kultur. So wie auf der einen Seite die Kultur den Standpunkt eines Menschen mitprägt, so kann dessen Standpunkt auch die Kultur sogar auf dem globalen Niveau eine Weltkultur beeinflussen. Standpunkt und Kultur transformieren sich auf diese Weise auf höherem Niveau wechselseitig. [...] Auf diese Weise finden wir in weltanschaulichen Phänomenen sowohl eine biografische als auch eine soziale Struktur."[1]

Die Verfügbarkeit des Menschen über einen individuellen Standpunkt erweist sich folglich als radikal begrenzt, kann er doch nur in geringem Maße auf die gesellschaftliche Rezeption einwirken. Dies gilt gleichsam auch für literarisch gefasste Darstellungen. „Wirkmächtig werden Standpunkte in der Form von Bildern. Deshalb können literarische Darstellungen zu kollektiven Lebensmodellen werden"[2].

Die völkische Weltanschauung erweist sich demnach durch verschiedene Phänomene in ihrer Breitenwirksamkeit positiv bedingt. Zum einen finden wir im beginnenden 19. Jahrhundert eine Vielzahl von medial festgehaltenen individuellen Standpunkten, die ähnlich auf die bereits in der Gesellschaft aufscheinenden existentiellen Orientierungsfragen[3] antworten[4] und dem Wunsch des Volkes nach einem geschlossenen Weltbild entsprechen[5]. In der Rezeption durch die völkische Bewegung werden sie miteinander verbunden und in weiteren Artikeln verarbeitet.

Weiterhin erweist sich das breite Spektrum, in dem völkische Ideen präsentiert werden, zugleich als Weg in die Breiten der Gesellschaft. Ob in Vereinen, in Zeitschriften, in der Literatur oder auch in den Okkultgemeinden, überall sah man sich

---

1 Hauser, Kritik der neomythischen Vernunft (I), 33

2 Hauser, Kritik der neomythischen Vernunft (I), 33

3 Über die Verbindung zwischen kollektiven Gedankenspiel und metaphysischer Orientierungsnot siehe: Hauser, Kritik der neomythischen Vernunft (I), 42f.

4 Nagl nennt zudem ein transzendentales Bedürfnis der Menschen in dieser Zeit Nagl, 174.

5 Vgl. Hauser, Kritik der neomythischen Vernunft (I), 370

mit völkischen Ideen konfrontiert[1]. Die Science-Fiction-Autoren schreiben also in einer völkisch durchsetzten Umwelt, die ihre Erfahrungen beeinflussen. So erscheint es folgerichtig, auch in der Science-Fiction dieser Zeit völkische Ideen, ja aufgrund ihrer weltanschaulichen Konzeption auch völkische Weltanschauungen anzunehmen. Die mehrheitlich aus einem konservativ rechtsradikalen Milieu stammenden völkischen Science-Fiction-Autoren[2] sind dabei die zentralen Integrationsfiguren, die – verstärkt auch durch eine breite völkische Leserschaft[3] – individuelle Erfahrungen in die literarische Fiktionalisierung einbinden:

„We are suspending reality, you and I. By the signs of the rocketship and the ray gun and the time machine we indicate that the relationship between us has nothing to do with the real world. By writing the stuff and reading it we abdicate from action; we give free play to our unconscious drivers and symbols, we write and read not about the real world but about ourselves and the thing within ourselves."[4]

Als weiteres Einfallstor für völkische Ideologie erweist sich dabei, dass die Science-Fiction als Gattung neomythischer Prägung sich beinahe zwangsläufig offen zeigen musste, für die im Völkischen aufkommenden Ideen von einem starken, messianischen Führer, die in die Zukunft projizierten Machtträume der im Ersten Weltkrieg unterlegenen Deutschen oder für die Ideologie einer „göttlichen Herrenrasse"[5], die die arischen Menschen als Götter auf Erden preist. In der Science-Fiction kompensieren sich diese aktuellen Konflikte und Sehnsüchte[6], wie auch folgendes Beispiel aus Hans Ludwig Rosseggers Zukunftsroman *Der Golfstrom* zeigt, in dem das Hineinbrechen einer neuen Eiszeit in ein Deutschland, das unter der rassischen Unzucht leidet, beschrieben wird:

„Ein besonders schmerzliches Symptom des allgemeinen Verfalls war die Rassenverschlechterung Europas. Da die Industrie eine Unsumme von Kräften benötigte, um die gröbsten und beschwerlichsten Arbeiten auszuführen, [...] zog das Großkapital systematisch billigerem rassenfremde Elemente vom Balkan, aus Afrika und sogar aus China heran, die sich niederließen, ansiedelten, naturalisierten und durch Vermischung mit der ansässigen Bevölkerung die tüchtigen germanischen und romanischen Rassen verdarben."[7]

---

1 Nagl spricht polemisch von der von den Nazis zugewiesenen Aufgabe der Science-Fiction, systemkonforme Irrationalismen massenhaft in alle Breiten zu verteilen. (Vgl. 173)

2 Vgl. Tzschaschel, 76

3 Science-Fiction Romane waren die zweit beliebteste Gattung in der Weimarer Republik (Tzschaschel, 36)

4 Kreuziger, 38 „Du und Ich, wir sind in der Schwebe gelassene Wirklichkeit. In den Zeichen der Raketen und der Strahlenwaffe zeigen wir an, dass die Bindung zwischen uns nichts mit der realen Welt zu tun hat. Beim Schreiben und Lesen des Stoffes verzichten wir auf eigene Handlung. Wir geben Freiraum für die unbewussten Triebfedern und Symbole, wir schreiben und lesen nicht über die wahre Welt sondern über uns und die Sache in uns selbst." [M.N.]

5 Nagl, 151

6 Barmeyer, 12

7 Rossegger, 143

Die Eiszeit nun bedingt eine Reinigung sozialdarwinischer Manier:

„Ein großer bedeutungsvoller Ausleseprozess bereitete sich vor. Die Stärkeren pochten auf ihre Kraft, aus der sie für sich Sonderrechte ableiteten und gingen daran, die Schwächeren und Schlechteren zu versklaven, wenn notwendig, sogar auszutilgen."[1]

Am Ende der katastrophalen Entwicklung steht schließlich das (ge)rein(igt)e germanische Volk:

„Die Einheimischen und Fremden, welche in den Straßen Berlins standen [...], unterschieden sich beträchtlich von dem Mob, der seinerzeit bei ähnlichen Gelegenheiten zusammenströmte. Hochgewachsene, blonde, blauäugige Gestalten bildeten Spalier [...] Verschwunden waren die Rassenschädlinge, [...] die Kleinen, Gedrungenen, Untersetzten, die Schwarzhaarigen mit platten Nasen, die Dunkeläugigen mit den mongolischen Backenknochen und die Verunstalteten, deren körperliche Hässlichkeit der Ausdruck ihrer geistigen Beschaffenheit war – die Eiszeit rottete sie aus, trieb sie dahin, wo es sich bequem leben ließ, nach Afrika, nach Amerika und übrig blieb das Germanische, das nun befreit von keltischen, mittelländischen und orientalischen Parasiten, aufatmete."[2]

Vor diesem Hintergrund spricht Tzschaschel nicht zu Unrecht von diesem Literaturzweig als einem derart charakteristischen Erzeugnis der Zeit, in dem sich die wichtigsten Strömungen so getreu widerspiegeln und das ein hervorragendes Instrument zur Aufdeckung des historischen Selbstverständnisses abgibt[3]. Robert Hahn geht in seiner sprachlichen Ausdrucksweise noch weiter, wenn er die Science-Fiction der Weimarer Republik als vom Völkischen „kontaminiert" bezeichnet[4]. Die sich in dieser Terminologie schon abzeichnende negative Tendenz der Begrifflichkeit hin zu einer negativen Wertigkeit der gesamten Gattung vollzieht sich bei einigen anderen Analytikern der Science-Fiction. Immer wieder scheint der Vorwurf auf, Science-Fiction sei faschistisch und militaristisch[5]. Nagl etwa arbeitet die „Legionen faschistischer Science Ficition"[6] heraus und weist in ihnen die „Aufforderung zum faschistischen Staatsstreich"[7], das „Propagieren eines nationalen survival of the fittest"[8] oder die „Affinität zum Nationalsozialismus"[9] nach. So kommt er, wie etwa Jost Hermand, der die Science-Fiction als „Mittel der imperialistischen Stimmungsmache"[10] bezeichnet, zu dem Schluss, Science-Fiction sei ein Mittel der völkischen Massenindoktrination gewesen. Bei Nagl erwächst dieses Bild

---

1 Rossegger, 143
2 Rossegger, 143
3 Tzschaschel, 17f.
4 Vgl. Hahn, 30
5 Vgl. Suerbaum, 167
6 Nagl, 159
7 Nagl, 16
8 Nagl, 68
9 Nagl, 163
10 Hermand, Traum vom neuen Reich, 294

gar zu einer negativen Sichtweise der gesamten Gattung, die er als Konformliteratur abschätzt[1]. Es gibt aber auch Stimmen, die eine vorschnelle Verurteilung anprangern. Science-Fiction habe Hitler nicht verursacht, stellt Kreuziger klar, wenn er auch ideologische Verbindungen findet[2]. Mit Tzschaschel schließend kann eine sinnvolle Auseinandersetzung mit Science-Fiction nur gelingen, wenn man sich der quellenkritischen Auslegung bedient[3]. Die Gestaltungsmöglichkeiten des Autors, der Science-Fiction in den Grenzen von Tendenzliteratur und unterhaltendem Spiel mit der Phantasie[4] ansiedeln kann[5], verlangen zunächst nach einer Aufarbeitung der Biographien der Verfasser der hier ausgewählten Science-Fiction, um näher zu beleuchten, aus welchem Erfahrungsgrund der Verfasser bei der Konzeption seiner fiktionalen Welt schöpft. Die Terminologie *völkische Science-Fiction* soll demnach lediglich auf literarische Erzeugnisse einer bestimmten abgegrenzten Zeit verweisen, die von Autoren geschrieben wurden, die unter dem Einfluss der völkischen Bewegung standen und aus diesem Eindruck heraus ihre Werke konzipierten. Diese Werke sind darum auch *völkisch* zu nennen, da sie mit der literarischen Darlegung eines individuellen Standpunktes, der massenhaft publiziert wurde, gleichzeitig zur Festigung des kollektiven völkischen Gedankenspiels beitrugen.

1 Nagl, 23
2 Kreuziger, 39
3 Tzschaschel, 25
4 Wobei auch die Unterhaltungsliteratur ein Kind ihrer Zeit bleibt. (Vgl. Tzschaschel, 22)
5 Vgl. Tzaschaschel, 21f.

§ 6 Über die Notwendigkeit einer Arbeitshypothese – Vorbemerkungen zur zentralen Idee des Mythos der ewigen nordischen Rasse

„Wie können individualisierte Menschen sich kosmisch erfahren? Wie können wir im übervölkerten Niemandsland an immer neuen Geschehen des ältesten Ort- und Zeitwerdens teilhaben?“[1] fragt Rudolf zur Lippe in Hinblick auf den unter Individualisierungsdruck stehenden Menschen der Moderne. Neomythiker antworten auf diese Frage, indem sie mythologische Konzepte artikulieren, in denen die radikale Endlichkeit des Menschen negiert[2] bzw. derart kompensiert wird, dass sich der Mensch in seiner Ewigkeitsdeutung in der Immanenz aufgehoben fühlt. So beschreibt Ernst Bloch die Ewigkeit des Einzelnen im Kollektiv in einer kurzen Darlegung über das Verschwinden des letalen Nichts im sozialistischen Bewusstsein, die wir uns in Auszügen betrachten wollen:

> „Alle nehmen frühere Blumen ins Grab, darunter vertrocknete oder unkenntliche gewordene. Nur eine Art Menschen kommt auf dem Weg zum Tod fast ohne überkommenen Trost aus; der rote Held. […] Der kommunistische Held dagegen, unter dem Zaren, unter Hitler und noch darüber hinaus, opfert sich ohne Hoffnung auf Auferstehung. Sein Karfreitag ist durch keinen Ostersonntag gemildert, gar aufgehoben, an dem er persönlich wieder zum Leben erweckt wird. Der Himmel, dem die Märtyrer, in Flamme und Rauch, ihre Arme entgegenstreckten, ist keinem roten Materialisten da; dennoch stirbt dieser, als Bekenner, überlegen wie nur je ein Urchrist oder Täufer. […] Kurz, geglaubte Mechanik im Universum ließ den roten Helden, wenn er als Leiche gänzlich zur toten Mechanik überging, ohne Spaß, auch ohne Pantheismus in Staub vergehen; – dennoch aber stirbt dieser Materialist, als wäre die ganze Ewigkeit sein. Das macht: er hatte vorher schon aufgehört, sein Ich so wichtig zu nehmen, er hatte Klassenbewußtsein. So sehr ist das Personenbewußtsein in Klassenbewußtsein aufgenommen, daß es der Person nicht einmal entscheidend bleibt, ob sie auf dem Weg zum Sieg, am Tag des Siegs erinnert ist oder nicht. Keine Idee im Sinn abstrakten Glaubens, sondern konkrete Gemeinsamkeit des Klassenbewußtseins, die kommunistische Sache selber hält hier also aufrecht, ohne Delirium, aber mit Stärke. Und diese Gewißheit des Klassenbewußtseins, individuelle Fortdauer in sich aufhebend, ist in der Tat ein Novum gegen den Tod.“[3]

Sich der völkischen Science-Fiction zuwendend, werden wir das neomythische Konzept der Ewigkeitsdeutung des Einzelnen im Kollektiv wiederfinden. Hier natürlich nicht als jenes das Personenbewusstsein ablösende Klassenbewusstsein, sondern als dem individuellen Interesse und der Individualhygiene übergeordnete(s) Gattungsinteresse bzw. Gattungshygiene[4], die auf das überzeitige Volk bezogen sind, das Himmler eschatologisch angereichert folgendermaßen charakterisiert:

---

1 Lippe, 424

2 Vgl. Hauser, Kritik der neomythischen Vernunft (I), 78

3 Bloch, 1378f.

4 Vgl. Conrad-Martius, 81

„Unser Dasein, so eng begrenzt zwischen Geburt und Tod, erfährt durch die Geschichte gleichsam eine unendliche Ausweitung: Sie lehrt uns als Glied einer Kette fühlen, die aus Jahrtausenden kommt und in Jahrtausende hinüberführt, so daß in unserem Bewußtsein das Vermächtnis der Vergangenheit und die Verpflichtung vor der Zukunft in der unlösbaren Einheit verschmelzen, die der kämpfenden Gegenwart das Gesetz gibt.“[1]

Die Idee des ewigen nordischen Volkes als neomythischer Entwurf der Negierung der radikalen Endlichkeit des Menschen soll uns daher in der Folge als Arbeitsthese dienen, anhand derer die Werke der Science-Fiction-Autoren Edmund Kiss und Kurt Friedrich Freksa analysiert werden. Fragen nach dem Vorhandensein einer Idee von Volk, dessen Herkunft, dessen Bedrohungen, dessen Anführer und dessen Errungenschaften werden aufgeworfen, auf der Grundlage der Romantexte bearbeitet und finden ihren Abschluss in der neomythischen Rückfrage nach möglichen Ewigkeitsdeutungen, die sich in dem konzeptionellen Entwurf der Autoren widerspiegeln.

---

1 *Das Reich und Europa* hrsg. von SS-HA. Berlin zitiert nach Wegner, 58

§ 7 *Kurt Friedrich Freksa und Edmund Kiss als Vertreter der völkischen Bewegung*

I Kurt Friedrich Freksa

In den spärlich gesäten Informationen zum Leben des Kurt Friedrich Freksa (gest. 1955) ragt insbesondere das vielfältige schriftstellerische Schaffen des 1882 in Berlin geborenen Autors hervor. Ob als Publizist und Herausgeber des PHOSPHORs, als Verfasser von Kurzgeschichten, Kriminalromanen, Dramen, historischen Darstellungen, philosophischen Schriften oder Biographien, in der Zeit der Weimarer Republik[1] eröffnet Freksa seine Ansichten in mehr als 36 Werken[2] einem breiten Leserpublikum. Insbesondere die Arbeit als Herausgeber der rechtspopulistischen Satirezeitschrift[3] PHOSPHOR, die vom nationalistischen[4] ALLDEUTSCHEN VERBAND hauptsächlich zur Diffamierung und Herabwürdigung des Reichspräsidenten gegründet wurde, weist ihn als im völkischen Denken verhafteten Literaten aus. Am 6. Oktober 1920 muss sich Freksa vor dem Münchner Schwurgericht wegen Verleumdung und Beleidigung gegenüber dem Reichspräsidenten Friedrich Ebert verantworten[5]. Er hatte zuvor am 12. Januar 1920 eine Ausgabe des PHOSPHORs veröffentlicht, die auf der Titelseite eine Karikatur des Reichspräsidenten zeigte, „die den Vorwurf der Betrunkenheit und der Bestechlichkeit sowie des würdelosen Verhaltens in einem Berliner Freudenhaus namens „Kolibri", darzustellen versuchte,"[6] und in deren Inlay folgender Liedtext abgedruckt war:

„Nach des Tages Müh und Hast/leg' ich fort die Aktentasche, und dann gönn ich mir ein Glas/aus der Präsidentenflasche./Wenn des Weinesnebel steigen,/wird um's Herz mir warm und süß,/ihren bunten Vögelreigen/tanzen um mich Kolibris:/Abend stets nach dem Regieren,/pfleg ich so zu kolibrieren [...]/alle Tage, alle Tage, da ich einen Puff vertrage;/Puff, Puff, Puff, Puff//Allen Menschen geht es wohl/bei so himmlisch holder Spende./Liebestraum und Alkohol/sind ja aller Weisheit Ende./Kriegsgewinner, Reichsminister,/Schieber, Gauner, Luckis, Präsidenten, Erzphilister/alle sind ein Wille//wenn's – abends geht nach dem Regieren/lustig hin zum Kolibrieren,/da beweist man alle Tage,/dass man einen Puff vertrage;/abends geht nach dem Regieren/lustig hin zum Kolibrieren, da beweist man alle Tage,/dass man einen Puff vertrage. Puff, Puff, Puff, Puff//Lieber Landesvater Fritz/bist du glücklich?/Licht umnebelt? Lächelnd spürst Du ... kitzi – kitz [...]/wie es zwitschert, wie es schnäbelt. Lieber guter, fetter

---

1 Von ihm verfasste literarische Werke erscheinen nachweislich in den Jahren zwischen 1907 und 1944

2 Die Zahl beruht auf einer Zusammenstellung der im ZVAB verzeichneten Werke

3 Vgl. hierzu die Darlegungen von Albrecht, N. H. M., Die Macht einer Verleumdungskampagne. Antidemokratische Agitationen der Presse und Justiz gegen die Weimarer Republik und ihren ersten Reichspräsidenten Friedrich Ebert vom „Badebild" bis zum Marburger Prozeß, unter http://elib.suub.uni -bremen.de/publications/dissertations/E Diss358_albrecht.pdf#search=%22Kurt-Friedrich-Freksa%22 (in der Folge zitiert mit Albrecht, xy)

4 Vgl. Puschner, 30

5 Vgl. Albrecht, 124f.

6 Albrecht, 125

Friedrich,/kleiner Vogel Kolibri,/alles folgt Dir, hoch und niedrig,/führst Du uns nach Bimini./Lass das Herrschen und Regieren,/leg' Dich ganz aufs Kolibrieren./Noch ein Gläschen? Feste druff!/Du verträgst ja einen Puff; […] Puff, Puff, Puff, Puff."[1]

In derselben Ausgabe war auch die von Freksa verfasste *Staatsode an den Eberten* zu lesen, die einen weiteren „Tiefpunkt" in der Verleumdungskampagne gegen den Reichspräsidenten darstellte[2]:

„Es kenne im demokratischen Staat
Das Volk seinen pater patriae,
Nicht bloß in der Hülle des Bratenrocks,
Nein, auch in all seiner Blöße!

So trieb dein Sinn auf der Menschheitshöh'
Dich, Schwimmbehöster, ins Wasserbad
Und vor das reportende Objektiv,
Die Schaulust hoch zu beglücken.

Wo ist der Fürst, der ein Gleiches tat?
Der Kaiser, König, der Herzog, sagt,
Der sich je photographieren ließ
Als nackender Landesvater?"[3]

So folgt schließlich aufgrund der schwerwiegenden Vorwürfe seitens Freksas am 20.2.1920 der Strafantrag Eberts vor dem Schwurgericht München, mit dem Ziel, den PHOSPHOR beschlagnahmen zu lassen. Mit dieser Antragsstellung konfrontiert, ließ Freksa über sein Presseorgan verlautbaren, dass er sich seiner Informationen über den Reichspräsidenten sicher sei, da nur der PHOSPHOR „tief in die Spelunken der Großstadt leuchtet."[4] Im Prozess jedoch erklärt sich der Verleger bereit, mit der Rücknahme des Strafantrags gegen seine Person auch die Kosten des Verfahrens zu tragen.

„Die aufgestellten Behauptungen des Phosphor Herausgebers entsprachen, wie das Gerichtsverfahren ergeben hatte, nicht der Wahrheit und doch hielten sich die Anschuldigungen gegen Friedrich Ebert in der Öffentlichkeit hartnäckig. Das Blatt hatte mit den drastischen Beleidigungen seinen Dienst getan und wurde bald darauf wieder eingestellt."[5]

Ebert war aber nicht das einzige Opfer der Verleumdungskampagne des PHOSPHORS. Auch das Attentat auf den demokratischen Finanzminister Matthias Erzberger wurde von dem deutschnationalen Presseorgan polemisch ausgeschlachtet: Am 8.03.1920 erschien die bereits 10. Nummer des PHOSPHORs für das Jahr

---

1 Freksa, Kleiner Vogel Kolibri, in: Phosphor, 12.01.1920
2 Albrecht, 131
3 Freksa, Staatsode an den Eberten, in: Phosphor, 12.01.1920
4 Freksa, Gerichtliche Verfolgung, in: Phosphor, 23.02.1920, Seite 11
5 Albrecht, 131

und zeigte auf Seite neun eine Karikatur des Zeichners Otto Linnekogel, der einen Engel Folgendes zum Deutschen Michel sagen lässt, der den am Boden liegenden Erzberger erstechen will: „Michel, Michel, du kannst nicht verlangen, dass wir den da annehmen!“[1]

1931 veröffentlicht Kurt Friedrich Freksa im Berliner HERMANN RECKENDORF VERLAG unter dem Autorenkürzel Friedrich Freksa mit *Druso: oder die gestohlene Menschenwelt* seinen einzigen Science-Fiction-Roman. Das der Erzählung vorangestellte Motto nach dem Schlusswort aus Oswald Spenglers *Der Mensch und die Technik* deutet bereits den völkischen Standpunkt an, aus dem heraus der Verfasser seine fiktionale Welt gestaltet:

> „Wir sind in diese Zeit geboren und müssen tapfer den Weg zu Ende gehen, der uns bestimmt ist. Es gibt keinen anderen. Auf dem verlorenen Posten ausharren ohne Hoffnung, ohne Rettung, ist Pflicht. Ausharren wie jener römische Soldat, dessen Gebeine man vor einem Tor in Pompeji gefunden hat, der starb, weil man beim Ausbruch des Vesuv vergessen hatte, ihn abzulösen. Das ist Größe, das heißt Rasse haben. Dieses ehrliche Ende ist das einzige, das man dem Menschen nicht nehmen kann.“[2]

Die Glorifizierung der Rasse als ein wesentlicher Aspekt des Völkischen stellt zugleich eine Möglichkeit der Verknüpfung der Vita Kurt Friedrich Freksas mit der des in der Folge vorzustellenden Edmund Kiss dar, über dessen Werk *Frühling in Atlantis* Freksa folgende Rezension verfasste:

> „Dieser Dichtertraum vom goldenen Zeitalter des nordischen Atlantikerreiches ist nicht nur aus dem Bericht Platos gesponnen, sondern voll innerem Gesicht und mit tiefer Beziehung zum Pulsschlag unserer Zeit. Wie hier das Problem der Rassenmischung und der Erhaltung edlen Blutes durchdacht wird, wie Baldur, der Held, kostbares Rassenblut zu wahren weiß, hat einen großen Sinn.“[3]

II Edmund Kiss[4]

Edmund Friedrich Kiss wird am 10.12.1886 in Koblenz als Sohn des Königlichen Regierungsbaurats Albert Kiss und seiner Frau Antonie geboren. Nach bestandener Prüfung zum Diplomingenieur in Danzig tritt er in die Fußstapfen seines Vaters und gelangt als Regierungsbauführer in den Preußischen Staatsdienst. Sicher bedingt die sich bereits beruflich abzeichnende Affinität für technisch-naturwissenschaftliche Belange auch die private Auseinandersetzung mit den glacialkosmogonischen Theorien Hanns Hörbigers positiv. Die Welteislehre wird für Kiss Dreh- und Angelpunkt seines weltanschaulichen Denkens und literari-

---

[1] Phosphor, Nr.10, 1920

[2] Zitiert nach Freksa, 4

[3] Vgl. http://www.nessun-sapra.de/Artikel/Horbiger/horbiger.html

[4] Die folgenden Angaben beziehen sich zumeist aus den gesammelten Unterlagen zur Person Edmund Kiss aus dem Bundesarchiv. (in der Folge zitiert mit Bundesarchiv)

schen Schaffens, das der Regierungsbaurat 1923 aufnimmt[1], weshalb diese Lehre eingehender in §9 in den Blick genommen wird. Zum jetzigen Zeitpunkt soll es uns genügen, die Welteislehre als umfassendes naturwissenschaftliches Welterklärungsmodell zu charakterisieren, das Kometenkatastrophismus, Plutonismus, Neptunismus, Nordismus und Atlantisspekulationen in einer pseudowissenschaftlichen Grundhaltung miteinander vereint und deren Leitidee die Entstehung menschlichen Seins aus dem kosmischen Zusammenspiel von Feuer und Eis bildet.

Der Regierungsbaurat unternimmt aufwendige Expeditionen nach Südamerika, Libyen und Sardinien und betreibt auf diesen Reisen Kultarchäologie im Namen der Welteislehre. Unterstützung findet er in seinem Vorhaben auch in höchsten politischen Kreisen der damaligen Zeit. Kiss ist inoffizieller Mitarbeiter des AHNENERBES, der von Heinrich Himmler und Richard Walter Daré 1935 gegründeten SS-Kulturstiftung mit der Aufgabe, „Raum, Tat, Geist und Erbe des nordrassischen Indogermanentums zu erforschen“[2]. „Himmler, Astrologiegläubiger, Vegetarier aus Weltanschauungsgründen, fanatischer Rassist und Esoteriker“[3], der in der Welteislehre einen wichtigen Mosaikstein zum Beweis der göttlichen Herkunft der Germanen gefunden glaubte[4], zeigte sich an den Forschungen des „Hörbigerjüngers“ Kiss sehr interessiert[5]. Der Regierungsbaurat verfasst dabei nicht nur Berichte über seine Expeditionen und naturwissenschaftlichen Erkenntnisse für das AHNENERBE, sondern erhält am 30.5.1938 den Auftrag, eine weitere Forschungsreise in das bolivianische Hochland vorzubereiten[6]. Himmler verspricht sich von dieser Reise nicht nur, wie offiziell im Rahmen der Aufgaben der Welteislehre verlautbart, „die Schaffung der Grundlagen für den Ausbau und den Nachweis der Richtigkeit der WEL (Welteislehre) durch die Ermöglichung vor allem langfristiger Wettervorhersage auf kosmischer Grundlage“[7], sondern im Wesentlichen einen wichtigen Beitrag zur Menschheitsgeschichte durch den endgültigen Beweis der Existenz des Tertiärmenschen[8] und neue Antworten auf die Atlantisfrage[9]. Für diese Erkenntnisse, die in der Verantwortung des AHNENERBES E.V. gesammelt werden sollten, ist man bereit, Kosten in Höhe von 51.180 RM für drei Personen – bei einer Gruppengröße von mindestens 9 Personen – zu tragen zusätzlich den Kosten für weitere Ausrüstungen und ein Beobachtungsflugzeug[10]. Am 10.9.39 wird die Verschiebung der Expedition, für die bereits konkrete Reisepläne und alle

---

1 Mit mäßigem Erfolg: Seine aus 15 Büchern erzielten Einkünfte belaufen sich auf 1534 RM Vgl. Bundesarchiv

2 Bullock, 716

3 Hauser, Kritik der neomythischen Vernunft (I), 367

4 Vgl. Hauser, Kritik der neomythischen Vernunft (I), 367

5 Vgl. Kater, 52

6 Vgl. Bundesarchiv

7 Zitiert nach Nagel, 72

8 Vgl. Bundesarchiv

9 Vgl. § 8

10 Vgl. Bundesarchiv

nötigen Zustimmungen und Unterlagen vorlagen, aufgrund der politischen Ereignisse erforderlich. Aus Kiss Briefen, die er an der russischen Front verfasst, an der er als Sturmbannführer und späterer Obersturmbannführer (ab 17.11.1944) kämpfte, erfahren wir von seiner bis zu letzt gehegten Hoffnung auf eine spätere Durchführung der Reise.

Dem starken naturwissenschaftlichen Interesse scheint bei Kiss eine tiefe religiöse Suche zu korrespondieren. Aus einem Antrag auf Mitgliedschaft im REICHSVERBAND DEUTSCHER SCHRIFTSTELLER vom 2. März 1934 erfahren wir, dass der Regierungsbaurat sowohl DEUTSCHVOLK-Mitglied als auch Mitglied im TANNENBERGBUND war, beides Einrichtungen, die von Erich und Mathilde Ludendorff ins Leben gerufen wurden. Als Konfession gibt Kiss dementsprechend „deutschgottgläubig (Ludendorff)“ an[1]. Welche religiös-weltanschauliche Ideologie sich hinter dem Namen *Ludendorff* verbirgt, wollen wir in der Folge ergründen und untersuchen, inwiefern sich der Erfahrungsgrund Edmund Kiss und sein literarisches Schaffen davon beeinflusst zeigen.

1 Deutsch(gott)gläubige Weltanschauung

Unter der Schirmherrschaft Erich Ludendorffs wurde im September 1925 auf Bemühen Konstantin Kierls hin der TANNENBERGBUND aus verschiedenen hinter Ludendorff stehenden Verbänden gegründet[2]. Es war ein weltanschaulicher Verein mit „Sektencharakter“[3], in dem sich völkische Frontideologie mit philosophisch-spiritistischen Ansichten verband. Ludendorff selbst fasst 1935 rückblickend die Ziele des TANNENBERGBUNDES zusammen:

„(der Tannenbergbund) ..., der berufen war, als Grundlage wahrer deutscher Volksschöpfung den gewaltigen Gedanken von der Einheit von Blut (Rasseerbgut) und Glauben (Gotterkenntnis) und, aus dieser Einheit hervorgehend, den weiteren gewaltigen Gedanken von der Einheit von Recht, Kultur und Wirtschaft mit Rasseerbgut und Gotterkenntnis zu verkünden und zugleich den Kampf gegen die überstaatlichen Mächte, Juda und Rom und deren Helfershelfern und gegen die Propagandalehre ihrer Weltherrschaftsziele, die Christenlehre, und alle Lehren von einem das Schicksal gestaltenden Gehorsam heischenden Gott oder einer entsprechenden Vorsehung aufzunehmen“[4].

Die Einheit von Blut und Glaube und der Kampf gegen die überstaatlichen Mächte erweisen sich dabei als die bestimmenden weltanschaulichen Pfeiler. Zugleich

[1] Vgl. Bundesarchiv; Zum zeitgeschichtlichen Hintergrund des Religionszugehörigkeitsnachweises „Deutsch(gott)gläubig“ vgl. auch Puschner/Vollnhaus, 20f.

[2] Vgl. Borst, 124f. und Amm, 127-147

[3] Zu diesem Urteil gelangt Amm und weist diesbezüglich auf vorherrschende Markmale wie „Abschottung nach außen, eine autoritäre Führungsstruktur, [...] die Unbedingtheit der Ludendorff'schen Lehren, die Willkur im „Aufstiegsweg“ und Unberechenbarkeiten des Hauses Ludendorff“ hin. (Amm, 128)

[4] Ludendorff, in, Tannenberg-Jahrweiser, 1935, S.15

verbindet sich darin das Bewusstsein der Zugehörigkeit zur nordischen Edelrasse mit dem Suchen nach einer individuellen Gotterkenntnis: „Das Deutsche Gotterkennen ermöglicht zum ersten Male nach tausend Jahren wieder die Einheit von Blut und Glaube, schafft die Einheit von Gotterkenntnis und Wissen, erweitert das klare Sippen- und Stammesbewusstsein unserer Ahnen zum Volksbewusstsein und ist die Grundlage des nun werdenden Deutschen Volkes"[1] lautet der Spruch eines Gedenkblatts, das für die Mitglieder des Ende März 1930 gegründeten DEUTSCHVOLK E.V., der nach der Weimarer Verfassung anderen Religionsgesellschaften gleichgestellt war, auf Wunsch angefertigt wurde. Als Deutscher weiß man sich nach Ludendorff folglich in einer besonderen Gottesbeziehung: „Der Deutsche fühlt sich gottdurchdrungen und so will er auch selbst seinen Gott bekennen durch die Tat."[2] Es wird ein Antiphon zwischen dem Deutschen und dem Kosmos konzipiert, in dem der Deutsche das Göttliche in Kultur, im moralischen menschlichen Wollen und Handeln und in der Natur in der Weise erlebt, durch die seine Seele als göttlich bewirktes Rasseerbgut es ihn erfahren lässt. Die Göttlichkeit des deutschen Menschen offenbart sich schließlich in dem Wunsch der eigenen Seele zum Guten, Wahren und Schönen und zum göttlichen Fühlen, das sich als eine kosmische Beseelung mit dem Göttlichen und gleichfalls Germanischen zu verstehen gibt[3].

An die Erwählung des Deutschen durch die göttlichen Blutsbande binden sich nach Ludendorff die Sendung des deutschen Volkes und die Forderung nach Kampf gegen Rassenunreinheit:

> „Wir müssen den Kampf bestehen und siegen, sonst schreiten die Feinde, wo sie auch stehen, über Rasse, Volkstum, Volk und Staat hinweg, und es triumphiert unedles Blut und Gewalt, unvölkische Zwietracht, Lüge und Unwahrheit in der ganzen Welt. Das ist die große Aufgabe des deutschen Volkes in der Welt: ihr und sich selbst deutsche Art und damit die höchsten Tugenden zu erhalten. Verlieren wir diese große, erhabene Aufgabe nie aus den Augen, auch nicht in unserer Not und in unserem Elend. Haben wir kein hohes sittliches Ziel mehr auf der Welt, so haben wir auch keine Berechtigung zu leben und sind reif für den Untergang. Das deutsche Volk aber soll leben, weil es für sich und die Völker die Pflicht hat zu leben."[4]

Ludendorff beansprucht die führende Rolle des deutschen Volkes innerhalb der nordischen Edelrasse:

> „Sonnenwende feiern wir, auf Weltenwende hoffen wir. Auf eine neue Welt, in der unsere Rasse ihre alte herrschende Stellung wieder einnimmt als Trägerin der Wahrheit, echter Kultur und idealistischer Weltanschauung gegenüber den von allen Seiten auf uns eindringenden niederen Rassen mit ihrer Verlogenheit, verderbten Zivilisation und ihrem Materialismus. Wir wünschen, daß wir das führende Volk dieser Rasse werden und daß unser Vaterland ein freier, stolzer Staat

---

1 Vgl. Bodner, in: http://www.hohewarte.de/MuM/Jahr2003/Schluesselworte0324.pdf S. 8(in der Folge zitiert mit Bodner)

2 Vgl. Bodner, 8

3 Vgl. Bodner, 9

4 Zitiert nach Borst, 31

wird, der den Deutschen gehört, ein Großdeutschland, und eine Stütze werde für alle Deutschen auf dem Erdenrund."[1]

Bei Kiss werden wir anhand seiner Science-Fiction-Romane, die er als Tetralogie in den Jahren 1930-1939 veröffentlicht, feststellen können, wie sich die Sehnsucht nach der Weltenwende verbindet mit der Vorstellung der reinigenden Welteislehre, die letztlich das Deutsche in der Welt herauszusieben vermag. Zuvor sei jedoch noch ein Blick auf die Antagonisten der Deutschen im Kampf um die Weltherrschaft geworfen, die wir schließlich auch in der Kiss'schen[2] Tetralogie wiederfinden.

„Es gilt der Kampf dem Judentum, das durch Freimaurerei und Marxismus mit dessen Spielarten durch Weltkapital und Knechtung, Verseuchung und Suggestivbehandlung der Menschen die Weltherrschaft über kollektivierte Völker erstrebt und auch das deutsche Volk in autonomen Wirtschaftsprovinzen eines Pan-Europa für sich arbeiten lassen und es durch List und Gewalt mittels des christlichen Glaubens vor Jahweh zwingen und in völlig fremder Weltanschauung entwurzeln will. Es gilt der Kampf der katholischen Aktion der römischen Kirche[3], die uns seit Jahrhunderten mit entsprechenden Mitteln rassisch entartet, knechtet und vor den Stuhl Petri zwingen will sowie ihrer Verwertung der christlichen Lehre zur Schwächung Deutscher Kraft durch Staat und Kirche. Ja, es gilt der Überwindung des Christentums, weil auch ein Restbestand im Volke die Herrschaft der überstaatlichen Mächte begünstigt und die Volksschöpfung gefährdet, aber nicht mit Mitteln der Gewalt, die einst gegen unsere Ahnen angewandt wurden und jetzt gegen uns eingesetzt sind, sondern durch Aufklärung und sittliches Handeln. In gleicherweise gilt es, so die Rechtsbegriffe eines fremden Rechtes zu überwinden, das im Gefolge des Christentums zu uns kam und der Herrschaft der überstaatlichen Mächte nur zu sehr dient."[4]

Zu den Dienern der überstaatlichen Mächte zählt Ludendorff auch unbedingt Hitler nach dessen Machtergreifung, den er als „Römling"[5] als „schwarzen Adolf" und „neuen Christus" und die Schergen der Nationalsozialisten als „jesuitische Blutgarde"[6] tituliert[7]. Die Versuche Hitlers, eine deutsche Kirche, ein deutsches Christentum zu errichten, tat der ehemalige NSDAP-Anhänger als Krampf ab. „Man ist entweder Christ oder Deutscher. Beides kann man nicht sein."[8] So nimmt es auch nicht wunder Edmund Kiss trotz seiner Verbundenheit zum AHNENERBE

---

1 Vgl. Borst, 31

2 Einem orthographischen Wehmutsgefühl folgend werde ich hier und in der Folge von der sonstigen Schreibung abweichen und von der Kiss'schen anstatt der kissschen Tetralogie sprechen.

3 Ab 1932 war entsprechend ein „Verbot der gleichzeitigen Mitgliedschaft im Tannenberg-Bund und einer Kirche verbindlich". (Amm, 128)

4 Tanneberg-Jahrweiser, 1933, 77ff.

5 Zitiert nach Borst, 228

6 Zitiert nach Borst, 199

7 Vgl. hierzu auch Amm, 129f.

8 Zitiert nach Borst, 198

und seiner Mitgliedschaft in der SS nie zu den Mitgliedern der NSDAP zählen zu können[1].

Den ludendorffschen Kampf gegen die klerikale Übermacht übernimmt der Regierungsbaurat in seine Science-Fiction-Romane und stellt seinem durch individuelle Erkenntnis mit Gott verbundenen Titelhelden geistliche Würdenträger gegenüber, die dem Wohl des nordischen Volkes im Wege stehen. In einem längeren Monolog entlarvt etwa Baldur Ase Wieborg, der Haupthandlungsträger in Kiss Roman *Frühling in Atlantis*, der dem reinrassigen Asengeschlecht angehört, jene die nordische Rasse durchsetzenden Machenschaften der Priester der Hohen Sonnenpforte, die einen „Staat im Staat"[2] zu errichten und den „nordischen Geist zu knicken" suchen[3]. „Der ehrwürdige Vater von Urb, aber noch mehr seine geistlichen Räte und hohen Kammerherren [...] überziehen seit Jahrzehnten, ja vielleicht schon seit Beginn des letzten Jahrhunderts bewusst und planmäßig die Inseln des Reiches und die Grenzmarken mit einem Netz von Geheimbünden, die unserer asischen Art nicht entsprechen, die das Gegenteil dessen sind, was unsere nordische Seele fordert: Geistesfreiheit, Sauberkeit, Klarheit, Ehre."[4] Auch die priesterlichen Tätigkeiten werden in den Kiss'schen Romanen immer wieder religionskritisch diffamiert und ihr letztlich materialistischer und gottentfremdender Charakter offenbart[5]:

> „Was ist priesterliche Macht? Verbreitung von Aberglauben und Gespensterfurcht. Was ist götterdienlicher Zauber? – Unklare Schwärmerei. Wer hat die rächenden Götter der Unterwelt geschaffen, die angeblich den Frevel der verderbten Menschen rächen sollen? Wir Nordländer nicht. [...] Wer hat unseren naturgegebenen Sonnendienst schmählich in Vergötzung verfälscht, daß neuerdings der Tod unschuldiger Tiere menschliche Schwächen sühnen soll? Vom Schlachten der Tiere ist ein kleiner Schritt zum Menschenopfer. Vorbilder gibt es ja bei den niederrassischen Grenzvölkern übergenug; und niemand lernt solche widerwärtige Torheit schneller als Götzenpriester, die den freien, sauberen Geist durchaus rot färben müßen..."[6]

Diese Grenze vom Tier- zum Menschenopfer wird überschritten, umso näher das Ende der bekannten Erde rückt, was sich mit dem Einsturz des Tertiärmondes, wie es in *Das Gläserne Meer* geschildert wird, schließlich vollzieht[7]. Selbst dem einfältigen

1 Vgl. Bundesarchiv
2 Kiss, Frühling in Atlantis, 117
3 Kiss, Frühling in Atlantis, 317
4 Kiss, Frühling in Atlantis, 55
5 Hier empfiehlt sich ein kritischer Vergleich mit den von Mathilde Ludendorff postulierten 5 Stufen des Abfalss vom wahren Gotterleben. (Vgl. hierzu Amm, 142f.)
6 Kiss, Frühling in Atlantis, 55f.
7 Spielt das in *Das Gläserne Meer* beschriebene Geschehen auch vor dem in *Frühling in Atlantis* kann doch von einer Fortentwicklung der Haupthandlung zum Einsturz des Tertiärmondes hin gesprochen werden, da Kiss in seinen Science-Fiction-Romanen ein periodisiertes Geschichtsbild konzipiert, das eine zyklische Wiederkehr der Ereignisse verspricht.

Feldherren Galmon bleibt die mordlüsterne Ader der Priester dann nicht mehr verborgen, wenn er zynisch äußert:

„Schlachte einige Sklaven, Herr, [...] Wenn es nichts nützt, so wird es auch nichts schaden, denke ich. Deinen Priestern kannst du keine größere Freude machen als mit so einem Schlachtfest. Wir Soldaten sind da anders. Auch wir schlachten die Menschen, aber doch nur, wenn es notwendig ist, diese Menschen aber aus Lust am Schlachten."[1]

Als effizientes Machtmittel der klerikalen Häupter erweist sich die „beliebte Form der Seelenverängstigung und die Strafenandrohung himmlischer oder unterirdischer Gewalten für angebliche Verderbtheiten des Menschengeschlechts."[2]

„Und die Sühne zur Abwendung der Plage bestand [...] in Opferleistungen an Geld, Werten, Blut von Tieren und Menschen; in immer erneutem Absturz des freien Geistes in geistige Hörigkeit, in Mehrung von Macht und Einfluß der Priesterschaft, in der Förderung von Unbilden und Aberglauben [...]"[3]

Der Hokus Pokus der hybriden wird ins Absurde gesteigert, wenn in *Das Gläserne Meer* die Anbetung eines kranken Wasserdrachen geschildert wird, der, vom König in Gefangenschaft genommen, im Morast des im zu Ehren gebauten Tempelkellers ein tristes Dasein fristet[4]. Doch mindert die oftmals ins Zynische abgleitende Zeichnung der priesterlichen Würdenträger[5] nicht deren literarisch bebilderten gesellschaftlichen Einfluss. Sie stehen in direkter Auseinandersetzung mit den nordischen Helden im Kampf um die Gunst der Regierenden. Mit voranschreitender Rassenverschlechterung scheint sich dabei auch der priesterliche Einfluss zu verstärken. So vermag Baldur in der anfänglichen Blütezeit Atlantis noch die klerikalen Machenschaften aufzudecken und die Zerschlagung der Hohen Sonnenpforte zu ermöglichen, wohingegen der Haupthandlungsträger Jochaan mit seiner Vernunft letztlich am Aberglauben der degenerierten Menschen scheitert.

Die fiktionale Darstellung der gefährlichen Abgründigkeit der Priester gipfelt bei Kiss schließlich in der Ermordung des Titelhelden Baldur durch die Hand des Hohenpriesters Amenor Lochi[6]. Und so steht am Ende von *Frühling in Atlantis* die Fortdauer des steten Kampfs zwischen dem aufgeklärten nordischen (, ludendorffschen) Geist, der im Sinnbild der göttlichen Reinheit Geheimnis und Auftrag des Allvaters verborgen sieht[7], gegen „die kindlich-menschliche Vorstellung eines persönlichen Gottes oder mehrerer persönlicher Götter mit ihren be-

1 Kiss, Gläsernes Meer, 35f.

2 Kiss, Frühling in Atlantis, 61

3 Kiss, Frühling in Atlantis, 96

4 Vgl. Kiss, Gläsernes Meer, 34f.

5 So etwa, wenn Kiss sie als geprügelte Hunde (53) bezeichnet oder den Feldherrn Galmon sarkastische Kommentare zum Einsturz des Tempels in den Mund legt. (Kiss, Gläsernes Meer, 52f.)

6 Vgl. Kiss, Frühling in Atlantis,346f.

7 Kiss, Frühling in Atlantis, 182

denklichen menschlichen Eigenschaften"[1], ein Kampf der in den Geschichten am „flackernden Feuer des Lagers fortlebt, wenn wieder ein großer, guter Mensch dem Mordstahl zum Opfer fällt: Die Sage von Baldur, den der Loki[2] erschlug."[3]

---

1 Kiss, Frühling in Atlantis, 181

2 Hier verschränken sich in der Kiss'schen Darstellung die eigene Fiktion mit den Überlieferungen alter germanischer Sagen, die davon sprechen, dass dereinst der Göttersohn des Frühlings Bald(u)r durch das finstre Ränketreiben des teuflischen Loki ums Leben kam. Vgl. http://www.fenrir1.de/baldur.html

3 Kiss, Frühling in Atlantis, 349

§ 8 Atlantis und Thule – Heimat und Kulturstätte der nordischen Rasse

I Das Revival eines Mythos

Die in der völkischen Bewegung präsente und auch bei Ludendorff artikulierte Idee einer nordischen Edelrasse führt uns heran an die „Königsfrage" nach der Urheimat der Arier[1]. Im Beginn noch lebhaft diskutiert, ob diese Urheimat im Norden oder Osten zu finden sei[2], kann bereits 1909 Heinrich Class in seiner unter dem Pseudonym Einhart erschienenen *Deutschen Geschichte* abschließend zum Streit in der völkischen Bewegung bemerken: „Jedenfalls kann die asiatische Herkunft der Germanen als endgültig widerlegt angesehen werden, und wir finden die für die nordeuropäische Abstammung vorgebrachten Gründe so überzeugend, daß wir uns der Meinung anschließen, die ihre Heimat entweder in Skandinavien oder im Gebiet des heutigen Norddeutschland erblickt."[3]

Fraglich erscheint dabei allerdings, ob die teils dilettantisch angeführten ‚wissenschaftlichen' Belege[4] den Ausschlag gaben für die Annahme eines nordischen Urgrunds oder eher das von Hauser benannte Phänomen des *Nordismus*, das die Faszination durch die Himmelsrichtung Norden erfasst, die ihre Wurzeln in der Romantik hat. „Durch Erdmagnetismus und die Phänomene Nordlicht und Nordstern öffnet sich für einschlägig Interessierte im hohen Norden eine Zone von ‚religiöse(r) Dignität' und es verbinden sich mit dieser Himmelsrichtung endzeitliche Hoffnungen."[5]

Für den Nordismus der Moderne ist dabei die Verbindung einer nordischen Faszination mit vom Nordismus unabhängigen antiken Mythen wegweisend. Gerade die von Platon in seinen Dialogen *Timaios und Kritias* erstmals dargelegte Erzählung vom Untergang der Insel Atlantis, auf der „eine große und bewunderungswürdige Königsmacht bestand, die der ganzen Insel, aber auch vielen anderen Inseln und Teilen des Festlandes gebot"[6], erwies sich als geeignet für eine Rezeption unter völkischem Blickwinkel. Maßgeblich dafür erscheint die vorherige literarische Variation des Atlantismythos etwa durch Olof Rudbeck des Älteren (1630-1702), der in *Atland eller Manheim* (1675) erstmals Atlantis mit Schweden identifiziert und so im Norden lokalisiert[7] oder auch durch den Astronomen und späteren Pariser Bürgermeister Jean Bailly (1736-1793), der den völkischen Rezipienten in seinen *Lettres sur l'Atanide* eine willkommene Vorlage liefert, wenn er Atlantis ins norwegi-

1 Vgl. Puschner, 84
2 Vgl. dazu Puschner, 84
3 Einhart [Claß], 2
4 Vgl. Puschner, 86
5 Hauser, Kritik der neomythischen Vernunft (I), 348
6 Platon, Timaios und Kritias, zitiert nach Kiss, Frühling in Atlantis, 356
7 Vgl. Hauser, Kritik der neomythischen Vernunft (I), 349

sche Spitzbergen verlegt und es zugleich zum Zentrum einer klimatisch bedingten „altantidischen Völkerwanderung" erklärt[1].

Mit der Völkerwanderung der Atlanter eröffnet sich der Raum, diese zum einen als expansive Welt umfassende Macht darzustellen und zum anderen ist die Verbindung zu den Deutschen gegeben, die sich als Teil des ursprünglichen Volkes, das später von den Theosophen und Nationalsozialisten zum „arischen" Volk umbenannt wird, verstehen können. Das konkrete Ineinander von Rassengedanken und Atlantismythologie begegnet schließlich erstmals in Helena Blavatsky Theorie der dritten Rasse, die durch geologische Katastrophen untergeht[2]. Ihr verdankt sich denn auch die Identifikation der Atlanter mit den Ariern: „Die Arische Rasse wurde im fernen Norden geboren und entwickelt, obwohl nach dem Sinken des Kontinents der Atlantis ihre Stämme weiter südwärts nach Asien auswanderten."[3]

Neben dem Atlantismythos spielt die Rezeption der antiken Erzählung des legendären Seefahrers Pytheas von der Insel Thule eine bedeutende Rolle für die Mythologisierung des Nordens[4]. Mit der Gründung der bereits erwähnten okkulten THULE-GESELLSCHAFT zeigt sich anschaulich die Relevanz der als Heimat der nordischen Rasse verehrten Insel:

> „Der Name der Thule-Gesellschaft leitet sich her von der sagenhaften Thule, einer nordischen Entsprechung der untergegangenen Kultur von Atlantis. Ein Geschlecht von riesenhaften Uebermenschen soll auf Thule gelebt haben. Sie standen nach der Meinung ihrer modernen Bewunderer durch magische Kräfte mit dem Kosmos in Verbindung. Sie verfügten über psychische und technische Energien, die weit über den technischen Errungenschaften des 20. Jahrhunderts gelegen haben sollen. Ein Teil ihres Wissens sei nach Tibet gelangt, wohin sich einige dieser Uebermenschen nach dem Untergang ihrer Kultur retten konnten. Dieses Wissen sei nun, nachdem Deutschland am Rande seines Untergangs stehe, zur Rettung des Vaterlandes und zur Entstehung einer neuen Rasse von nordisch-arischen Atlantiern bestimmt. Ein neuer Messias werde kommen, der das deutsche Volk zu dieser seiner wahren Bestimmung führen werde."[5]

II Vom kalten, reinigenden nordischen Urgrund in das atlantische Weltreich

Atlantis, Norden und Thule spielen auch in der Topologie der Science-Fiction-Literatur vor 1945 eine signifikante Rolle. Dabei reichen die Interpretationen von einem Atlantis als „Völkerwiege" der vier friedlich verbundenen und sich vermischenden Menschenrassen wie bei Hugo Wolfgang Philipp[6] bis hin zum rettenden, aus dem Meer enthobenen Lebensraum für die weiße Rasse bei Dominik.

---

1 Vgl. Hauser, Kritik der neomythischen Vernunft (I), 349
2 Vgl. Blavatsky, 347
3 Blavatsky, 812
4 Vgl. Hauser, Kritik der neomythischen Vernunft (I), 348
5 Nach http://www.relinfo.ch/thule/info.html
6 Philipp, 18f.

Auch Edmund Kiss und Friedrich Freksa bedienen sich der mythisch aufgeladenen Gegenden, um ihre fiktiven Welten zu konstituieren. In der Kiss'schen Tetralogie finden wir gar eine Koexistenz sowohl der Atlantis als auch der Thulemythologie. Der Regierungsbaurat greift die neusten Anschauungen der Atlantis- und Vorzeitforscher auf – zu denen er sich selbst zählt -, wenn er Atlantis als die reale aus den Fluten des gleichnamigen Ozeans ragende Inselkolonie beschreibt[1].

Sein Atlantis ist das Welt umspannende Großreich der Asen, „die von den Niedervölkern der atlantischen Inseln und erst recht den der Grenzmarken der fernen Festländer als weiße Götter, zumindest aber als bevorzugte Menschen mit göttlichen Eigenschaften, geachtet werden."[2] Es ist zugleich die Hauptstadt des Großreiches, das sich nach Kiss bis über das bolivianische Hochland erstreckt, wo er in einer Felsstatue das Antlitz eines Nordmenschen (im Roman der Titelheld Godda Apacheta) und somit den Beweis der Ausdehnung des Reiches bis in die Hochebenen von Tihuanaku gefunden glaubt[3].

„Um die Burg von Atlantis zogen sich ringsum Kanäle und Erdgürtel, auf denen die verschiedenen Stadtteile lagen. Der breiteste der ringförmigen Kanäle war achtzehnhundert Fuß breit, dieselbe Breite hatte der folgende Erdgürtel. Der innerste Kanal, der die Insel mit der hochragenden Königsburg umgab, war sechshundert Fuß breit und die Insel selbst maß dreitausend Fuß im Durchmesser."[4]

Die vorgetragene geographische Beschreibung der Hauptstadt in *Frühling in Atlantis* entspricht der platonschen Vorlage im *Kritias*-Dialog. Diese weitet der Science-Fiction-Autor aus[5] und weicht nur dort ab, wo der griechische Philosoph die Vorzüglichkeit der Helenen gegenüber den Atlantern hervorhebt.

Doch im Verlaufe „nur eines schlimmen Tages und einer schlimmen Nacht"[6] „versinkt die Wiege einer nordischen Hochkultur und das Mutterland eines mächtigen Reiches"[7] infolge von Erdbeben und Überschwemmungen, verursacht durch den Einfang des Sterns Heldung Atlanta (nach Kiss der heutige Mond)[8]. Die Erinnerung an Atlantis verlischt durch die apokalyptische Erdkatastrophe: „Vergessen, das Reich, die Sternwarten und alles Wissen von Jahrzehntausenden. Schon jetzt klang es wie eine Sage, wenn jemand von Atlantis sprach, sechs Jahre nach seinem

---

1 Kiss, Königin, 268

2 Kiss, Frühling in Atlantis, 12

3 Vgl. hierzu auch die Darstellungen Edmund Kiss in *Das Sonnentor von Tihuanaku.* Die Statue des Godda Apacheta bot dem Regierungsbaurat dabei die Inspiration für seinen Roman *Die Königin von Atlantis,* Vgl. Kiss, Königin, 5

4 Vgl. hierzu Bildmaterial in Kiss, Frühling in Atlantis, 2

5 In *Die Singschwäne von Thule* führt er den platonschen Atlantisbericht gar auf einen durch Helenen nach den Tagebuchaufzeichnungen von Godda Apacheta verfassten Bericht zurück. (Vgl. Kiss, Singschwäne, 313f.)

6 Kiss, Frühling in Atlantis, 357

7 Kiss, Singschwäne, 8

8 Vgl. Kiss, Singschwäne, 7

Untergang […] Ja, alles war nur eine Sage geworden!"[1] Und so taucht das Großreich nicht nur in die Tiefen des Meeres, sondern gleichsam in das Land der Mythen ab. Das nordische Volk jedoch lebt weiter, „Atlantas adliges Blut [das Blut der letzte Königin von Atlantis] lebt weiter und wird nicht untergehen!"[2]

„Und wenn Jahrtausende vergehen, das Lied der Nordmänner sollte nicht verklingen, das Lied vom Kampfe um die ewige Seele, die dem Freunde im All das Schwert des Schicksals aus der Hand windet."[3]

Vom Randgebiet des Großreiches, dem Hochland Tihuanaku, aus brechen der König des Reiches und Godda Apacheta, der sternenkundige Romanheld von *Die letzte Königin von Atlantis* und *Die Singschwäne von Thule*, auf. Godda obliegt es, die Reste der Atlanter zu sammeln und in eine neue Zeit zu führen:

„Das Alte war vergangen. Er wollte mich neu machen! Die letzte Brücke, die mich mit dem tausendjährigen Reiche Atlantis verband, zerbrach unter seinem wuchtigen Streichen, und mir hatte er den feurigen Strahl selbst in die Hand gedrückt, daß ich vollenden sollte, was er begonnen hatte."[4]

Und so machen sich die versprengten Atlanter auf den Weg, „den atlantischen Geist nach Nordland zu tragen, wo er geboren wurde, ehe die goldenen Burgen auf den Inseln im atlantischen Meer standen."[5]

Im Nordland liegt die Urheimat der Atlanter, Thule, in der das versunkene Großreich immer schon seine Kraft und Erneuerung gesucht und gefunden hatte[6]. Doch die „springende Quelle nordischer Kraft und Größe"[7] liegt hinter dicken Eismauern verriegelt.

„Zugvögel sind wir nun geworden, wie die kleinen und großen Schwingenträger, die nach Süden ziehen, wenn die Kälte zu grimmig wird, und die an die Grenze des Nordlandeises zurückkehren, um zu brüten, wenn der Frost in Thule nachlässt. Sie vergessen die alte Heimat nicht. Jahr für Jahr kehren sie zurück, denn Jahrtausende lassen sich nicht aus der Seele wischen wie eine blasse Schrift von einer Tafel. Wie sie ihre Heimat lieben, die armen ziehenden Vögel! Aber auch in uns schlummert das Erbe der Jahrtausende. Auch wir lieben unsere Heimat Thule und kehren zurück. Am Rande des Eises kämpfen wir um unser nordisches Land, wir, die wir Schwingen der Seelen haben, wir, die Singschwäne von Thule!"[8]

Dennoch wird das Nordland zur Brut- und Regenerationsstätte der neuen Atlanter. Hier bringen die überlebenden, allesamt reinrassigen Frauen erste Kinder zur Welt

[1] Kiss, Singschwäne, 98f.
[2] Kiss, Königin, 254
[3] Kiss, Königin, 115
[4] Kiss, Königin, 254
[5] Kiss, Königin, 115
[6] Vgl. Kiss, Singschwäne, 14
[7] Kiss, Singschwäne, 9
[8] Kiss, Singschwäne, 9

und hier bereitet sich die Gruppe der Versprengten um Godda Apacheta auf den Aufbruch in die neue Welt vor. Auf dem sich anschließenden Zug in das neue Land sammelt das Heer der Atlanter die Edelrassigen auf, die die Flutkatastrophe nicht mit dem Leben zahlen mussten und so steht am Ende von *Die Singschwäne von Thule* und gleichsam am Ende der Kiss'schen Tetralogie ein neues Heer tapferer Männer, das sich anschickt, die Erde zu bereichern. Hauser schlägt die Brücke von der Kiss'schen Fiktion in die Gegenwart von 1939, wenn er bemerkt: „Der nächste Akt dieses Romanzyklus spielt in der Gegenwart von 1939 und hat als ihren Helden Adolf Hitler."[1]

Auch Kurt Friedrich Freksa bindet in seinen Science-Fiction-Roman *Druso* die Mytheme eines regenerierenden Nordlandes und des Weltreiches Atlantis ein. Atlantis, „das Land der Zukunft und der Verheißung"[2] ist der Ort, an dem die Rahmenhandlung der Erzählung situiert ist. Hier berichtet Alf Bentink auf Wunsch des Großen Rates von der Geschichte seines Volkes, eine Geschichte, in der er selbst zum Protagonisten wird. Im Kälteschlaf überdauernd erwacht er mit vier weiteren Kameraden, darunter Frau und Kind, in einer Welt, die von den *Drusonen*, riesigen ameisenartigen Moluskenwesen[3], beherrscht wird. Die letzte Heimat[4] freier Menschen finden die Schläfer in Boothia Felix, einer am Nordpol gelegenen Station. „Zu diesem Kernvolk schlugen sich unabhängige kühne Männer durch, Wissende, die sich sagten, nur bei den mächtigen Kraftquellen der Menschheit, am elektrischen Nord- und Südpol sind Möglichkeiten des Daseins."[5] Die Faszination am magnetischen Kern des Nordpols, die wir mit Hauser als prägendes Moment für den Nordismus festgestellt haben, hallt hier in der Darstellung Freksas deutlich wider. Boothia Felix gerät zur einzigen von den Drusonen freien Menschenkolonie, die insbesondere von der Elite, den Kennern der großen elektrischen Station, den Ingenieuren und Arbeitern am Pol, gebildet wird[6]. Mit Hilfe der erdmagnetischen Kräfte gelingt es diesen Menschen, Elektrizität zu erzeugen und so das Überleben im kalten Eis zu sichern.

Die Kälte des eisigen Nordlandes hat zugleich einen rassereinigenden Effekt. Nur weiße Männer und Frauen gelangen nach Boothia Felix und „nur die besten, denn andere waren den fürchterlichen Anstrengungen nicht gewachsen."[7] Die restliche Menschheit degeneriert zu Stämmen der Bronzezeit[8] und fürchtet die Eise des Nordens, als den sagenumwobenen Ort, an dem schwarze Zwerge Teufelswerk betreiben[9].

1 Hauser, Kritik der neomythischen Vernunft (I), 370
2 Freksa, 298
3 Vgl. hierzu auch Nagl, 169
4 Freksa, 298
5 Freksa, 101
6 Freksa, 113
7 Freksa, 114
8 Vgl. Freksa, 102
9 Freksa

Dass Boothia Felix zum letzten Schutzraum werden kann, liegt insbesondere an der Unfähigkeit der Drusonen, das Blau des Eises farblich wahrzunehmen, wie Alf Bentink später herausfindet. Diese Erkenntnis und die elektrischen Kapazitäten des Nordpols sind die Grundlagen des sich schließlich im Norden errichtenden Aufstands gegen die außerirdische Okkupation. Erfolgreich werden die Drusonen vernichtet und „Bootha Felix, die letzte Heimat der Menschheit, erlebte den Auszug der Atlantiker“[1]. Ein neues Weltreich beginnt sich zu entwickeln, in dem die wilde Bevölkerung der alten europäischen Kulturlande ausgesiedelt wird und „Frankreich, Deutschland, Dänemark, Skandinavien, Holland und das mit dem Festlande verbundene England“ das neue eurozentrierte Atlantis bilden[2].

[1] Freksa, 298

[2] Freksa, 298

§ 9 Die Welteislehre – Der Einzug der Katastrophe in die heile Welt

Einen Grundpfeiler in dem weltanschaulichen Standpunkt des Regierungsbaurats Edmund Kiss bildet dessen Faszination für die Welteislehre, die auf die glacialkosmogonischen Theorien des österreichischen Astronomen Hanns Hörbiger zurückgeht. Dass diese naturwissenschaftlichen Ansichten auch die literarische Ausgestaltung der fiktionalen Welt seiner Science-Fiction-Romane bedingen, erweist sich schon in der Widmung zu *Das gläserne Meer*, wenn Kiss schreibt: „Dem Manne, der mir einen neuen Himmel und eine neue Erde gab, Hanns Hörbiger."[1] In der Folge soll sich daher eine kurze Auseinandersetzung mit den Grundideen der WEL[2] anschließen, zum Zwecke einer späteren Analyse der welteistheoretischen Durchdringung der Kiss'schen Tetralogie.

I Die Welteislehre

1 Astrologie – Die Faszination der Sterne

„Nähert sich Mars dem Pleaden, so wird im Lande Amurru Zwietracht herrschen, der Bruder wird den Bruder töten!"[3] In diesem alten babylonischen Keilschrifttext wird die Grundperspektive evident, aus der heraus astronomische Beobachtungen getätigt werden. Die Himmelsschau erliegt nicht einem Selbstzweck, sondern wird betrieben in der Grundannahme, aus vergangenen Erkenntnissen, Rückschlüsse auf zukünftige Ereignisse ziehen zu können. Der Zyklus als Zeit determinierende Grundannahme wird aus der Sicht der Babylonier ergänzt durch die Projizierung göttlicher Kräfte in die „überirdischen" Sphären. Die Beobachtung und meist kalendarisch festgehaltene Periodisierung bestimmter Gestirnskonstellationen verbinden sich in den Anfängen der Astronomie folglich stets mit den Erwartungen an das Auftreten bestimmter göttlich bewirkter Ereignisse. „Es geht also nicht nur um das, was die Götter in Gestirnsbewegungen zyklisch ermöglichen, sondern zugleich um das Unerwartete, um die Schicksals- und Glücksfälle des Lebens, die in der Stellung der Gestirnsgeister zueinander vorab abgebildet sind."[4] Die Erfahrung der irdischen Abhängigkeit von kosmischen Kräften konserviert sich gleichsam in der Beobachtung, dass sich aus bestimmten Planetenkonstellationen klimatische Ereignisse ableiten lassen. Tageslänge, Jahreszeiten, Gezeitenbewegungen, Winde und Witterungen erweisen sich als planetarisch bedingte Abläufe und die Astronomie wird so auch aus einer meteorologischen Perspektive heraus betrieben.

---

1 Kiss, Gläsernes Meer, 5

2 So die Abkürzung für die Welteislehre bei deren Vertretern, die auch in der Folge aus sprachökonomischen Gründen verwendet wird.

3 Zitiert nach Knappich, 9

4 Hauser, Kritik der neomythischen Vernunft (I), 338

Ergänzt wird diese Sichtweise einer kollektiven Abhängigkeit von den kosmischen Wirkmächten durch die Erfahrung des individuellen Beeinflusstseins durch die Gestirnsabläufe[1]. Die von den Babyloniern vorgenommene Unterteilung bestimmter Gestirnskonstellationen durch Tierkreiszeichen soll Einblick gewähren, inwieweit der Stand von Himmelskörpern Auswirkungen auf das Geschick jedes Einzelnen hat[2].

Weit über die kopernikanische Wende und die ersten Weltraumflüge hinaus bewahrt sich bis in die Gegenwart diese Vorstellung vom Kosmos als Zone übernatürlicher Wirkmächte, in dem sich „außerirdische" Existenzen – wie etwa auch die Drusonen Friedrich Freksas – tummeln und das Geschick des einzelnen Horoskopelesers bestimmt wird. Das Motiv der göttlichen Beseelung des Alls begegnet uns denn auch bei Edmund Kiss wieder, der zu Beginn seiner Tetralogie in *Das gläserne Meer* den „Geist des Alls"[3] auftreten lässt, den großen kosmischen „Künstler und Baumeister"[4], der über die Geschicke der Erde weiß und selbst Einfluss auf diese nimmt: „Da trat der Geist ins Freie und breitete die Arme aus über die alte vermorschte Erde."[5]

Die vorgestellten Perspektiven, aus denen heraus astronomische Beobachtungen betrieben werden, erweisen sich auch als prägend für die Himmelsschau eines Hanns Hörbigers. Es sind insbesondere die meteorologischen Ereignisse, die aus den planetaren Abläufen resultieren, die weltanschauliche Sicht, die sich aus dem Bewusstsein individueller und kollektiver Abhängigkeit von den Gestirnen ergibt, und die Suche nach ganzheitlichen Erklärungsmustern, die den Weltraum gleichsam als mythologischen Raum erschließbar machen, die die Theorien des in der Folge vor-zustellenden Österreichers bedingen.

2 Hanns Hörbiger[6]

In Atzgersdorf bei Wien auf der ‚Hörbig', dem Gehöft seines durch Orgelbau bekannt gewordenen Großvaters, wird Hanns Hörbiger am 29.11.1860 geboren. Seine Jugend verbringt er bei seiner Mutter in Kärnten, wo er nach Angabe seines späteren Biographen Hans Wolfgang Behm bereits ein auffälliges Interesse für astronomische Belange zeigt und sich des Nachts ins Freie schleicht, um Himmelsbeobachtungen zu machen. Seine schulische und berufliche Laufbahn führt Hörbiger über die Realschulen in Klagenfurt und Versecz und den Abschluss einer

---

1 Vgl. Hauser, Kritik der neomythischen Vernunft (I), 339

2 Vgl. Hauser, Kritik der neomythischen Vernunft (I), 339

3 Kiss, Gläsernes Meer, 8

4 Kiss, Gläsernes Meer, 7

5 Kiss, Gläsernes Meer, 10

6 Die folgenden Angaben über Hanns Hörbiger sind bis auf gekennzeichnete Ausnahmen den Darstellungen von Brigitte Nagel (zitiert mit Nagel) und Hans Wolfgang Behm (zitiert mit Behm) entnommen.

Schmiedelehre auf die Maschinenbauschule des technologischen Gewerbemuseums in Wien, wo er sich nach beendeter Ausbildung zu den „Technologen" zählen darf. Bei der Firma ALFRED KOLLMANN nimmt er denn ab 1881 seine erste Stellung an, wird jedoch im gleichen Jahr zum Militärdienst berufen, in dessen Verlauf sich der Österreicher ein Augenleiden zuzieht. Auf die resultierende Dienstuntauglichkeit folgen Wanderjahre, in denen sich Hörbiger seinen Lebensunterhalt mit Zitherspiel verdient. Ab 1884 nimmt er schließlich seine Tätigkeit als Technologe wieder auf und ist in diversen Maschinenfabriken angestellt. In dieser Zeit kommt es im Sommer 1889 zur Eheschließung, aus der vier Söhne, darunter die berühmten Schauspieler Paul und Attila, hervorgehen. 1891 tritt Hörbiger dann als erster Konstrukteur für Dampfmaschinen und Gebläsebau in den Dienst der Maschinenfabrik LANG in Budapest. Hier beschäftigt er sich ab 1894 mit einem Hochofengebläse, für welches er eine „durch Lenker geführte Ventilkappe" entwickelt, die er 1895 patentieren lässt und die unter dem Namen HÖRBIGERVENTIL bekannt wird. Mit der Produktion dieser Erfindung beschäftigt sich Hörbiger im eigens 1900 zusammen mit dem Ingenieur Rogler gegründeten Konstruktionsbüro, das 1903 von Budapest nach Wien übersiedelt. Die anfangs hohen Einnahmen versiegen im Laufe des Ersten Weltkriegs völlig, so dass 1918 der finanzielle Kollaps erfolgt. Noch heute allerdings werden die HÖRBIGERVENTILE in der 1931 von Sohn Alfred kurz vor dem Tod seines Vaters gegründeten Fabrik vertrieben.

Die Anerkennung, die Hörbiger als erfolgreichem Erfinder und schöpferischem Techniker gezollt wurde, blieb ihm als Wissenschaftler zeitlebens verwehrt.

Im September 1894 frönte der Hobbyastronom in einer schlaflosen Nacht seiner Leidenschaft, als ihm am Fernrohr die Vision überkam, dass der Mond mit Eis überzogen sei:

„Mit 34 Jahren machte ich die glacialkosmogonische Schlüsselentdeckung am Monde mittels eines scharfen Teleskopes, für welches mir Baron Rotschild, heute eine runde Millionen bieten darf, um es dem technischen Museum zu stiften."[1] Jene Schlüsselentdeckung kommt einem Offenbarungserlebnis gleich, beschreibt Hörbiger doch selbst, wie ihn Wehrlosen die Erkenntnis der ausnahmslosen Eisnatur der Oberflächen sämtlicher oberen Planten unsers Sonnensystems sprichwörtlich überfiel[2]. Von dieser Schau überwältigt wird Hörbiger gesundheitlich stark angegriffen und begibt sich auf den Riesenhof nach Linz, „wohin [er sich] vor der über [ihn] hereingebrochenen kosmologisch-wässrigen Gedankenflut flüchten zu können glaubte."[3] Doch auch hier empfängt der Himmelsbeobachter ein Gesicht, das ihm die Entstehung des Sonnensystems als Fixsternexplosion enthüllt[4].

---

1 Zitiert nach Behm, 105
2 Vgl. Nagel, 32
3 Nagel, 32
4 Nagel, 32f.

So gründet die „Neubearbeitung der Welträtsel auf glacialkosmogonischer Basis“[1] auf Eingebungen und Gesichten, die Hörbiger später wissenschaftlich zu fundieren sucht: „Die Glacialkosmogonie ist keine Konstruktion, sie ist eine hehre Gabe. In bittersten Nöten der Seele wurde vor zwei Dezennien ein Gesicht empfangen, dessen kosmische, abgrundferne Tiefe den Körper in krankhaften Schauern erzittern machte.“[2]

Die WEL als wissenschaftlich verarbeitete „Glaubenssache“[3] musste fast zwangsläufig in den wissenschaftlichen Reihen auf Skepsis und Ablehnung stoßen. Noch vor der Veröffentlichung von *Hörbigers Glacial-Kosmogonie* 1912, die sich vor allem der schriftstellerischen und publizistischen Tätigkeit des Mitherausgebers, Lehrers und Privatastronomen Philip Fauth verdankt, stießen die Theorien Hörbigers in der Fachwelt auf wenig Resonanz. Anfragen auf Gutachten über seine WEL bei damals renommierten Sternwarten, wie denen in Budapest, Berlin und Potsdam blieben ungehört. In nicht immer fairer und spöttischer Weise setzte man sich mit Hörbigers Ideen auseinander – wenn man sie überhaupt beachtete. Behm berichtet beispielsweise von einer Sitzung, auf welcher die WEL diskutiert werden sollte. Ein Eiszeitgeologe zog hierzu eigens einen Arzt hinzu mit der Begründung, er solle feststellen, ob der österreichische „Eisnarr“ noch zu retten wäre[4]. Ein anderer Kritiker schrieb über Stil und Inhalt des Buches *Glacial-Kosmogonie* in der Zeitschrift DIE NATURWISSENSCHAFTEN: „Es liegt ein Band von 740 Seiten vor, von denen mindestens 600 zu viel sind. Diese außerordentliche Breite findet ihre Ursache darin, daß in jedem einzelnen Satze immer alles wieder und nochmals gesagt werden soll. Dabei wird man jedes Mal mit einem Kübel neuer technischer Ausdrücke überschüttet, so daß das Lesen dieses Buches zu einer Qual wird.“[5] Eine der wenigen positiven Stimmen aus der Fachwelt finden wir in der Einschätzung Dr. Riems, der im Juni 1913 in UNSERE WELT folgende Zeilen schreibt: „Endlich ist nach fünfjährigem bogenweisen Erscheinen ein Werk zum Abschluss gelangt, das zu den geistvollsten seiner Zeit gehört […]. So daß man ohne Übertreibung sagen kann, daß wir hier die geistvollste, vollständigste und physikalisch durchgearbeiteste aller kosmologischen Arbeiten vor uns haben.“[6] Selbst dem KLADDERADATSCH, einer der damals erfolgreichsten Satirezeitschriften, blieb die wissenschaftliche Fragwürdigkeit der WEL jedoch nicht verborgen:

„Übermässig schwer zu fassen ist die Welteislehre kaum,
Hagel sind gelöste Massen, Eis aus kaltem Weltenraum.
Daß den Sternen aller schwere Hagelschlag entstammen soll, stimmt;

---

1 Hauser, Kritik der neomythischen Vernunft (I), 352
2 Hörbiger/Fauth, VIII
3 Vgl. Nagel, 34
4 Behm, 162
5 Prey, 585
6 Riem, 397f.

schon vor der Welteislehre war man oft sternhagelvoll."[1]

Dass sich der KLADDERADATSCH überhaupt mit der WEL auseinandersetzt, zeigt andererseits sogleich die Popularität und deutet auf das breite gesellschaftliche Interesse hin, das der WEL außerhalb der Fachwelt entgegengebracht wurde. Werfen wir daher einen kurzen Blick auf Grundaussagen von *Hörbigers Glacial-Kosmogonie*, bevor eine Auseinandersetzung mit den Ursachen und Ausmaßen der Breitenwirksamkeit der Lehre erfolgen soll.

3 „Glut und Eis als die treibenden Wirkungen alles Bestehens, Entstehens und Vergehens"[2]

Der Widerstreit eines kosmischen Neptunismus mit einem ebenso universellen Plutonismus[3] bildet die Grundlage für Hörbigers Weltentstehungslehre. Der Astronom verbindet die vorsokratischen, philosophischen Ideen, dass im Wasser bzw. im Feuer der Ursprung aller Dinge zu finden sei, und löst die Polarität nach dem Muster der *Edda* auf, die ebenfalls den Dualismus von Glut und Eis mythisch umsetzt.

An die Enträtselung des Mondreliefs, das Hörbiger als Eispanzer verstanden wissen will, knüpft sich die Vorstellung des Kosmos als einem von Eis- und Sonnenplaneten gebildeten Raum. Demnach liegt der Ursprung in der Entstehung unseres Sonnensystems, den er „vor kosmischen Zeiträumen, für deren Maß uns ein Vergleich fehlt"[4], annimmt, in dem sich aufgrund von Anziehungskräften vollziehenden Einsturz eines Eisgestirns in eine millionenfach größere Riesensonne. Nach dem Vorbild einer Dampfexplosion nimmt Hörbiger an, dass Teile des Eisgestirns bis in tiefste Tiefen des Glutplaneten vorstoßen konnten, wo sie sich nicht direkt in Wasserdampf umwandelten, sondern durch eine Schlacke aus Bimsstein über unzählige Jahre konservierten. Schließlich sei die Bimssteinhülle durch die Glut der Sonne zerstört worden und die Reste des mittlerweile völlig aufgelösten Eisgestirns hätten als gelöster Wasserdampf in Folge eines Siedeverzugs, der Druckveränderungen hervorrief, zu einer großen Explosion geführt.

Die aus dieser Explosion resultierende Anfangsgeschwindigkeit schleuderte Teile der Riesensonne und des Eisgestirns in radialer Richtung aus einem trichterförmigen Raume und der Anziehungskraft des Muttergestirns hinaus. Mit abnehmender Geschwindigkeit und zunehmender Verdichtung konnte es schließlich zur Bildung von massereichen Planetoiden kommen und sich unser bekanntes Sonnensystem herausbilden.

Für die Konstituierung des Sonnensystems ist darüber hinaus die Feststellung wichtig, dass nach Hörbiger alle Planeten mit Ausnahme der Erde eisbedeckt sind.

---

1 Zitiert nach Nagel, 46
2 Vgl. Kiss, Welteislehre, 7
3 Vgl. Nagel, 15
4 Hörbiger/Fauth, 63

Es existieren demnach im kosmischen Raum große Mengen von Wasserdampf, die dafür sorgen, dass die von den großen Planeten aufgrund ihrer Anziehungskraft eingefangenen kleinen Eislinge und Glutlinge – die wir als Monde kennen – abgebremst werden und schließlich aufgrund der Anziehung auf den entsprechenden Planten einstürzen. Der Einsturz eines Mondes bzw. Eislings auf die Erde sei bereits dreimal erfolgt und auf den heutigen Mond würde schließlich Mars als neue eingefangene Luna folgen. Dieser kosmische Mechanismus vollzieht sich nach Hörbiger auch unter den anderen Planeten, bis schließlich alle Planetoiden nach Äonen ihren Untergang in der Sonne finden und diese zur neuen Sternenmutter wird.

Hörbiger gründet seine WEL also auf folgende axiomatische Grundlagen:

„das kosmische Eis als Weltenbaustoff und Ursache der Sonnenflecke und des irdischen Hagels; den Mediumwiderstand in Form des aus Wasserstoff bestehenden Äthers, der die Bewegungen der Himmelskörper bremst.
Die Begrenztheit der Schwerefelder
Riesensterne von millionenfacher Sonnenmasse.“[1]

Diese Säulen der WEL kennzeichnen die Theorie Hörbigers zugleich als Pseudowissenschaft[2] bzw. Naturmythos[3], setzen sie sich doch bewusst über gefestigte wissenschaftliche Kenntnisse hinweg. Die Faszination der WEL konnte demnach kaum in der bloßen wissenschaftlich spekulativen Verbindung von Plutonismus und Neptunismus bestehen. Viel bedeutsamer für die spätere Rezeption wurden die sich an die Axiomatik Hörbigers bindenden Aussagen und Schlussfolgerungen für Biologie, Anthropologie und Geologie[4].

4 Die WEL als Weltenlehre

Um Einblick in die welteistheoretische Durchdringung der Kiss‘schen Tetralogie zu gewinnen, ist es notwendig, die WEL in ihrer Bedeutung als Welterklärungstheorie zu begreifen. Mit der Idee Hörbigers, dass zyklisch Monde auf die Erde einstürzen, ist zugleich die Idee des zyklisch evolutiven Neuaufbruchs des Lebens auf der Erde gegeben, da sich an den Einsturz der Luna große klimatische Katastrophen und Veränderungen apokalyptischen Ausmaßes binden, wie Sintfluten, Erdbeben, Vulkanausbrüche und Eiszeiten, die ein Überleben der Menschen nur in den Höhenlagen und nur für die stärksten Lebewesen möglich machen[5]. Dass hiermit ein besonderer Anknüpfungspunkt für ariosophische Mythen vorliegt, werden wir später an den Kiss‘schen Erzählungen nachzuweisen suchen. Für den Menschen erstreckt sich in der Zeit zwischen Mondeinsturz und Mondeinfang eine paradiesi-

[1] Nagel, 18
[2] Vgl. Nagel, 18
[3] Nagel, 22
[4] Vgl. Hauser, Kritik der neomythischen Vernunft (I), 360 f.
[5] Vgl. Hörbiger/Fauth, 511

sche Phase, „das jenige ‚vormondliche' Zeitalter, von dem die uralten Überlieferungen der Arkadier (vgl. ‚Proselenen') und Aegypter berichten, die wir als wohlbegründet halten dürfen, für ebenso gut begründet, wie die allwärts überlieferten Berichte von ‚einer großen Flut', deren ernsthafte historische und wissenschaftliche Würdigung unseren Tagen, und deren Begründung der glacialkosmogonischen Aufklärung vorbehalten blieb."[1] Der Mensch verdankt dabei seine Existenz dem kosmischen Protoplasma, „dem göttliche[n] Sperma [...], welches Allvater Kosmos in den Schoß unserer Allmutter gesenkt hat, um jene Erstgeburt des irdischen Lebens zu zeugen, aus welchem später zielstrebig der Mensch entwickelt wurde."[2]

Die klimatischen Bedingungen, die der Erdling vorfindet, sind gleichermaßen durch kosmische Ursachen hervorgerufen und lassen sich durch die WEL erklären. Die Eismassen der Milchstraßen verursachen Tornados und Taifune, das der Sonne entstammende Feineis ermöglicht Tropen- und Landregen, durch elektrische Aufladungen in der Reibung des Eises kommt es zu Gewittern, verdampftes Eis aus der Sonne führt zu Kumulus- und Regenwolken, Hagel ist dem Weltenraum entschwundenes Eis. Diesem meteorologischen Erklärungsmuster verdankt sich auch – zumindest öffentlichen Verlautbarungen zufolge – die Förderung der WEL im AHNENERBE, da man sich von den hörbigerschen Theorien langfristige Wettervoraussagen versprach[3]. Auch in biologisch-geologischen Belangen, wie der Rückfrage nach der Entstehung von Steinkohle, Petroleum oder auch den ungewöhnlichen Strandlinien etwa im bolivianischen Hochland, vermag die WEL erschöpfende Antworten zu geben[4].

Bedeutender jedoch ist, dass die Menschheitsgeschichte selbst nach der Hörbigerwissenschaft unter veränderter Perspektive erscheint.

„Warum sollte denn gerade der geistig höchst entwickelte Säugertypus der geologisch jüngste sein? Liegt es nicht viel näher, gerade diesen a priori als den geologisch ältesten zu betrachten, der wegen seiner längst erreichten Vollkommenheit unter den höheren Arten fast allein dazu befähigt sein mochte, die kurzen Kataklysmen ebenso spurlos für unsere Paläontologen zu durchdringen, wie die ganze organische Welt mit ihm die langen Alluvien spurlos durchleben konnte? Diese letztere Betrachtungsweise erscheint doch mindestens ebenso logisch und berechtigt als die erst fraglich gemachte!"[5]

„Die Welteislehre befriedigte [folglich] in weiten Bereichen das Bedürfnis nach einer Gesamtschau der Dinge, ‚löste' sie doch letzte Rätsel der Astronomie, Astrophysik, der Erdgeschichte, der Geologie, der Meteorologie, der Biologie, ja sie bezog – durch Rückgriff auf die Edda – sogar mythologische Elemente ein."[6] Diese Welterklärung – mochte sie auch wissenschaftlich streitbar sein – fiel in der Zeit

[1] Hörbiger/Fauth, 148
[2] Hörbiger/Fauth, 511
[3] Vgl. Hauser, Kritik der neomythischen Vernunft (I), 367
[4] Vgl. Kiss, Welteislehre, 102f.
[5] Hörbiger/Fauth, 514
[6] Nagel, 62

der Weimarer Republik auf fruchtbaren Boden. Dem durch die großen physikalischen Entdeckungen des beginnenden 20. Jahrhunderts – Plancks *Quantentheorie* (1900), Einsteins *Relativitätstheorie* (1905), Bohrs *Atommodell* (1912) – gewachsenem Interesse breiter Bevölkerungsschichten, an den Erkenntnissen der Wissenschaft teilzuhaben, entsprach das Bildungsniveau dieser Bevölkerungskreise nur unzureichend, so dass man auf die Trivialisierung und die populärwissenschaftliche Laiendarstellung angewiesen war[1].

Dennoch war man häufig immer noch der Komplexität der Sachverhalte nicht gewachsen, zudem sie nicht dem Bedürfnis der Masse entsprachen, eine Gesamtschau der wissenschaftlichen Erkenntnisse zu liefern[2]. Rudolf Elmayer schreibt in diesem Zusammenhang 1937 in seinem Buch *Über die Welträtsel*:

> „Das Volk wünscht von der Wissenschaft lebensnahe und lebenswichtige Erkenntnisse in verständlicher Form; es wünscht einen Zusammenhang zwischen den einzelnen Wissensgebieten, deren Erkenntnisse sich meist in unglaublicher Weise widersprechen; *es wünscht ein geschlossenes Weltbild* [Hervorhebung M.N] und nicht unzusammenhängende Bausteine, die jede Fakultät nach Belieben und ohne Rücksicht auf die andere Fakultät verrichtet, dann beiseite legt und sich nicht weiter kümmert, ob sich aus diesen Bausteinen auch irgendein brauchbares Weltbild schaffen lässt. Das aber sollte der tiefste Sinn aller Wissenschaft sein! Aber wir haben nur ein Spezialistentum der Wissenschaft, das eine Sprache spricht, die nicht einmal der Kollege von der anderen Fakultät, noch weniger ein Mann aus dem Volke versteht. Aber auch dieser Mann aus dem Volke, als auch der SA-Mann, hat *eine tiefe Sehnsucht nach Erkenntnis, nach einer vernünftigen und gemeinverständlichen Erklärung der ‚Rätsel des Weltgeschehens'* [Hervorhebung M.N.], aber nicht nach volksfremden und unverständlichen gelehrten Theorien und Hypothesen."[3]

Diese Sehnsucht[4] nach einer gemeinverständlichen Erklärung der Rätsel des Weltgeschehens, die durch die – aus dem Unverständnis gegenüber den fachwissenschaftlichen Theorien – weltanschauliche Unsicherheit der Bevölkerung verstärkt wurde, bot das gesellschaftliche Einfallstor für die WEL. Zuvor musste die trockene *Glacial-Kosmogonie* Hörbigers allerdings noch für die Breiten der Gesellschaft salon- und diskussionsfähig gemacht werden. Einen großen Anteil daran hatte die populärwissenschaftliche Darstellung der WEL durch den Hörbiger-Anhänger Voigt, mit dessen Werk *Eis, ein Weltenbaustoff. Gemeinfassliche Einführung in Ph. Fauths und Hörbigers Glacialkosmogonie (Welteislehre)*[5] eine für den „einfachen Mann" verständliche Erläuterung vorgelegt wurde. Bis 1924 sollten etwa 20 Bücher folgen, die für eine verständliche Darstellung und eine Massenwerdung der WEL einstanden. Auch Edmund Kiss beteiligt sich an der populärwissenschaftlichen Vermittlung der Glacial-Kosmogonie, wenn er 1933 entgegen dem Spott der Fachwelt ein Werk mit

---

1 Vgl. Nagel, 57

2 Vgl. Nagel, 57

3 Elmayer-Vestenbrugg, 161

4 Auf die auch der expressionistischen Dichter Gottfried Benn in einem seiner Werke hinweist. (vgl. Nagel, 58)

5 Vgl. Nagel, 45

dem folgenden selbstexplikativen Titel verfasst: *Die oft verlästerte, von vielen gepriesene, von manchen schon vernichtete, aber zäh und kampfbereit weiterlebende Welt-Eis-Lehre allen Gelehrten und Ungelehrten, vorzüglich aber allen unbefangenen und jugendlichen Gemütern, so [sie] diesen Wahnsinn selbst verdammen wollen oder aber diese neue Offenbarung ehrfürchtig und dankbar in sich aufzunehmen trachten, nach Hanns Hörbiger, dargestellt von Edmund Kiss*[1]
Die WEL wurde populär - nicht zuletzt auch deswegen, weil sie sich mit völkischen Idealen verbinden ließ. Hörbiger selbst lieferte die Vorlage für völkische Verknüpfung, wenn er davon sprach, dass sich nur die „Gesunden, Klugen und Starken“[2] vor der Eiszeit in die Höhenregionen retten konnten, die „Missratenen, Kranken, Schwachen und Greisen oder die geistig und physisch Zurückgebliebenen des Diluvialmenschentums“ aber in den Tiefen umkommen mussten[3].

„Welche Größe des Gedankens aber auch, der aus dem überlebenden, wenn auch in vielen Exemplaren vertierten, in manchen wieder kulturell besser konservierten Resten des Menschentums nach überstandener Katastrophe ein neues, zäheres, zu noch höherer Stufe befähigtes Geschlecht erwachsen sieht! Sprach doch der Diluvialmensch, dessen neuestes Exemplar im Oktober 1910 bei Perigneux gefunden worden sein soll, laut und deutlich dafür, daß der Tertiärmensch, Sekundärmensch, ja vielleicht der Primärmensch ein diskutabler Begriff geworden sei! Da haben wir alle Ursache, zu vertrauen, daß ein tiefgründiger Schöpfungsplan auch dem heutigen Menschengeschlechte über die nächsten Eiszeitalter mit ihrem mörderischem klimatischen Gefolge in einigen widerstandsfähigen Rassen hinweghelfen werde, damit ‚die Krone der Schöpfung’ dereinst auch rein körperlich und als vernunftbegabtes Wesen erblühen soll zu noch schönerem Los.“[4]

‚Die Krone der Schöpfung’, die sich durch die kosmischen Katastrophen hindurch bewahrt und zudem „durch den künstlichen Kälteschutz kahl, bleich und blondhaarig“[5] wurde, bot sich unschwer zur Identifikation mit den Ariern an. Der in der WEL beschriebene Zyklus der kosmischen Ereignisse versprach darüberhinaus die Wiederkehr des „vorkatastrophischen Paradeis“ und somit des neuen und zugleich uralten Zeitalters der arischen Wurzelrasse[6]. Hörbiger selbst nutzte die Verbindung zwischen völkisch-nationalsozialistischer Ideologie und glacialkosmogonischer Theorie zur Popularisierung seiner wissenschaftlichen Darlegungen: „Es gilt jetzt zu wählen, ob man für oder gegen uns sein will. Zur gleichen Zeit, da Hitler die Politik säubern wird, wird Hanns Hörbiger die falschen Wissenschaften hinwegfegen. Die Welteislehre wird das Signal zur Erneuerung des deutschen Volkes sein. Nehmt euch in acht! Bekennt euch zu uns, bevor es zu spät ist!“[7] Nicht nur für

---

1 Kiss, Welteislehre
2 Hörbiger/Fauth, 511
3 Hörbiger/Fauth, 325, 363
4 Hörbiger/Fauth, 325
5 Hörbiger/Fauth, 517
6 Vgl. Hauser, Kritik der neomythischen Vernunft (I), 331
7 Zitiert nach Nagel, 54

Elymayer, sondern für breite Bevölkerungsteile[1] bot sich demnach in der WEL „ein geschlossenes hinreißend großartiges Weltbilde als wissenschaftliche Grundlage zu einer echt nordischen Weltanschauung"[2].

So kam es in den 20er Jahren zur Gründung von Vereinen und Interessenverbänden, die sich für Hörbiger und seine Theorien einsetzten und über Zeitschriften und Mitgliederwerbung die Popularität der WEL zu steigern suchten[3]. Nagel spricht von einem Jüngerkreis[4], der sich um die Person Hanns Hörbigers bildet und der stetig wächst. Auch Edmund Kiss wird in der Reihe der bekannten Jünger und Akteure der WEL genannt, die sich auch in den Gesellschaften für die WEL engagierten[5]. Mit der Popularität wuchs auch der gesellschaftliche Einfluss von Hörbigers Theorien. Willy Ley weiß von einem Fabrikanten zu berichten, der keinen Mann einstellte, welcher nicht erklärte, der Welteislehre ‚hold und freundlich' zu sein[6].

Schließlich zeigen auch einige Nationalsozialisten reges Interesse für die Glacialkosmogonischen Theorien, allen voran der Reichsführer SS Heinrich Himmler, der sich von der WEL Aufschluss über die göttliche Abstammung der Germanen versprach und in ihr eine wichtige Grundlage für seine mythologische Ideologie gefunden glaubte, die letztlich das Weltbild der Deutschen werden sollte[7]. Unter dem „Deckmantel der Wetterkunde"[8] wurde die WEL in das Forschungsprogramm des AHNENERBES aufgenommen und die Richtlinien im *Pyrmonter Protokoll* vom 18.7.1936 festgelegt, die mit folgendem Bekenntnis eingeleitet werden: „Die Unterzeichneten sind überzeugt, dass Hanns Hörbigers Welteislehre (Wel) in ihrer grundsätzlichen Gestaltung das geistige Geschenk eines Genies ist, das von hohem Wert für die ganze Menschheit in praktischer und weltanschaulicher Hinsicht ist, für uns Deutsche als ein echt arisches Gedankengut aber, von ganz besonderer Bedeutung ist."[9] Zu den Unterzeichnern dieser Erklärung zählt eben auch der inoffizielle Mitarbeiter des AHNENERBES, Regierungsbaurat Edmund Kiss[10].

5 Welteislehre und die Kiss'sche Tetralogie

Dass Edmund Kiss sich leidenschaftlich für die WEL einsetzt, ist nicht nur in seiner eigenen Darstellung der hörbigerschen Lehre zu erkennen. Auch seine bereits erwähnten Forschungsreisen geben sich offen als „Kultarchäologie"[1] für

1 Die Darstellungen zur WEL erreichten eine Auflage von 5000 – 8000 Exemplaren.
2 Elmayer-Vestenbrugg, 161
3 Vgl. Nagel, 50f.
4 Nagel, 45
5 Nagel, 72
6 Zitiert nach Nagel, 54
7 Vgl. Nagel, 73 und Hauser, Kritik der neomythischen Vernunft (I), 367
8 Nagel, 72
9 Zitiert nach Nagel, 73
10 Vgl. Nagel, 72

glacial-kosmogonische Belange zu erkennen. In *Das Sonnentor von Tihuanaku*[2] legt der Regierungsbaurat den Ertrag seiner Expedition ins bolivianische Hochland dar. Entdeckte Strandlinien werden auf Sintfluten, entstanden durch den Einsturz eines Mondes der Erde, zurückgeführt und die Symbole des mysteriösen Sonnentors von Tihuanaku auf welteistheoretischer Grundlage entschlüsselt. Aber auch für die literarische Konzeption seiner Science-Fiction-Romane ist die WEL unerlässlicher Deutungshintergrund. Edmund Kiss macht sich „die Perspektive dieser Welteislehre zunutze, die ohne Zweifel am geeignetsten erscheinen, Licht in das Dunkel längst entschwundener Kulturen zu tragen.“[3]

Der bevorstehende Einsturz des Tertiärmondes bestimmt Rahmen und Schicksal der Figuren im Auftakt der Kiss‘schen Tetralogie *Das Gläserne Meer.* Mammuts und Höhlentiger[4] sind in der von schweren Erdbeben und Eiseskälte bestimmten Zeit die natürlichen Beutetiere des vertierten Menschen[5]. Das Hochland bietet den aufgrund von Rassenmischung und klimatischen Extrembedingungen degenerierten Überlebenden den letzten warmen Schutzraum.

„Erdbeben und Orkane waren Dinge, über die sich kein Mensch auf den Abessischen Inseln sonderlich aufregte, denn das Leben auf den tropennahen Eilanden war immer noch erträglicher als droben im Norden an der Grenze der ewigen Vereisung, wo vertierte Nomadenhorden ihr kümmerliches Leben in unfruchtbaren Schnee- und Eiswüsten fristen mußten.“[6]

Allein Jochaan, der vom Allvater des Kosmos auf die Erde Gesandte, ahnt, dass das Ende der bekannten Welt heranrückt. „Das gläserne Meer“, wie die abergläubischen Menschen das herannahende Himmelsgestirn nennen, offenbart sich nur ihm als der eisbedeckte Mond, der bedingt durch Anziehungskräfte auf den eigenen Planeten herabstürzen wird[7]. So lässt er in den Bergen des Hochlandes Höhlen bauen, die Schutz vor Erdbeben und herabprasselnden Teilen der Luna bieten, und Festungen an den eisigen Grenzen zum Nordland errichten, die als Riesenschollen als Rettungsinseln in der heranbrechenden Flut dienen sollen[8]. Jochaan selbst aber stirbt, seine Seele im Tode geborgen vom Geist des Alls[9], bevor er die neue Erde erblicken kann, die der herabstürzende Mond hinterließ: „Bunte lockende Bilder der glücklichen Erdenzeit, *eines ewigen Frühlings* [Hervorhebung M.N.] zogen durch die Seele des zerschlagenen Mannes, Bilder, die er oft im Geiste gesehen, und die nun bald Wirklichkeit werden sollten, ohne dass er sie mit Augen sehen durfte.“[10]

---

1 Hauser, Kritik der neomythischen Vernunft (I), 364
2 Kiss, Sonnentor
3 Vgl. Wolfgang Behm im Nachwort zu *Die Königin von Atlantis*, Kiss, Königin, 261f.
4 Vgl. Kiss, Gläsernes Meer, 19
5 Kiss, Gläsernes Meer, 34
6 Kiss, Gläsernes Meer, 16
7 Vgl. Kiss, Gläsernes Meer, 25
8 Vgl. Kiss, Gläsernes Meer, 259
9 Vgl. Kiss, Gläsernes Meer, 300
10 Kiss, Gläsernes Meer, 299

Diesen Frühling einer mondlosen Zeit schildert uns Kiss in *Frühling in Atlantis.* Nach dem Einsturz des Tertiärmondes entwickelten die *Asen* – auch im nationalsozialistischen Sprachgebrauch die Vorfahren der Arier[1] – eine neue Hochkultur, das Großreich Atlantis, in dem nun Baldur Ase Wieborg für die Reinhaltung des asischen Geschlechts von den Niederrassen kämpft. Die hauptsächlich in den Sternwarten der Hohen Sonnenpforte betriebene Astronomie sichert den Atlantern die Kenntnis von einer bevorstehenden großen Überschwemmung. Da man in der Lage ist, die alten Aufzeichnungen und die Gestirnskonstellationen richtig zu deuten, gelingt es schließlich, die Bewohner des Reiches zu evakuieren und so größtes Leid vom Volk abzuwenden. Auch die Reinhaltung der Rassen vermag Baldurs Einsatz zu gewährleisten, so dass die Macht der Atlanter in der Expansion ihres Großreiches fortschreitet, wie es uns schließlich in *Die letzte Königin von Atlantis* begegnet.

Kiss schildert in diesem Science-Fiction-Roman den Überlebenskampf der asischen Rasse vor den klimatischen Katastrophen, die sich an den vollziehenden Einfang des neuen Mondes knüpfen. Der Beginn „unserer Mondgeschichtszeit" – an dieser Stelle verschmelzen Fiktion und Kiss Wirklichkeitsdeutung anschaulich – zieht die in apokalyptischen Bildern gezeichnete Zerstörung des durch Rassereinheit und Sklavenarbeit mächtig gewordenen Atlantis nach sich. Nur wenige überleben Erdbeben, Sintflut und anbrechende Eiszeit, darunter eben der nordische Held Godda Apacheta. Doch schon schicken sich die Reste der Asen an, den neuen Aufstieg im vor ihnen liegenden Zeitalter zu wagen: „Siegreich bricht dein uraltes nordisches Geschlecht über die Schwelle des neuen Zeitalters"[2].

Diesen Aufstieg setzt Kiss dann literarisch in *Die Singschwäne von Thule* fort. In der vereisten Urheimat Thule beginnen die Überlebenden den Siegeszug in die neue Welt, auf dem Godda reinrassige Atlanter und die bäuerliche, nordische Bevölkerung des Teutenlandes, „die rassig recht gut war"[3], in sein Heer aufnimmt.

Bei dieser literarischen Bebilderung der universellen Prinzipien der WEL belässt es Kiss in seiner Science-Fiction-Tetralogie. Hans Wolfgang Behm vermutet in seinem Nachwort zu *Das Gläserne Meer* im Umkehrschluss, dass die Erzählung der Verbreitung der Welteislehre dient, indem sie durch die Darstellung der hörbigerschen Theorien in möglichst einfacher Form einen weiten Kreis in der Gesellschaft erreicht[4]. In jedem Fall sind es insbesondere die welteistheoretischen Phänomene der Katharsis und des zyklischen Geschichtsverlaufs, die den literarisch verarbeiteten weltanschaulichen Standpunkt des Edmund Kiss prägen und die es nun genauer zu betrachten gilt.

---

1 Vgl. Hauser, Kritik der neomythischen Vernunft (I), 367

2 Kiss, Königin, 258

3 Kiss, Singschwäne, 208

4 Vgl. Kiss, Gläsernes Meer, 316f.

6 Die Katharsis des kosmischen Katastrophismus

Wenn in *Das Gläserne Meer* der Einsturz des Tertiärmondes geschildert wird, so vollzieht sich dieses Schicksal nach den Worten des Geistes des Alls zu einer Zeit, „als es keine Lust war, auf der Erde zu hausen, da das Geschlecht der Menschen, [...] dem Aussterben nahe war. [...] Als der kleine Stern von der Erde gefesselt wurde, ging die Not der Erde an. Sie stieg, je näher der Trabant heranschrumpfte in unmerklichem spiraligen Fluge. Ganze Völker starben in Eis und Nacht.“[1]

Die entvölkerte Erde, auf der ein Überleben nur im Hochland möglich ist, wird von minderwertigen, vertierten Rassen bewohnt. Da kommt der vernichtende Mondeinsturz einer Katharsis gleich, die einen „neuen Himmel und eine neue Erde“[2] bringt.

> „Ahnungslos standen die Reiter unter ihrem Schicksal, das sich bald erfüllen sollte, damit eine neue Erde unter einem neuen Himmel würde und die Erde wieder ein Paradies, wie sie es nach uralten Sagen gewesen war, ehe das gläserne Meer am Himmel erschien; damit neue Kulturen auf dem alten Planten aus den Trümmern blühen sollten, die der niedergehende zerrissene Mond über die Länder und Meere streute“[3].

Nur der Mondeinsturz ermöglicht den neuen Frühling[4], in dem sich die gereinigten, reinrassigen Asen zu neuer kultureller Blüte entwickeln können. Das auch über diese Welt hereinbrechende Unglück des Mondeinfangs bringt Veränderungen mit sich, über die Godda schließlich sagt, „daß diese Änderungen keinen Schaden an unserem Adel brachten, ja, daß sich ein neuer, harter und kühler Adel mit ungeschriebenen, unnachsichtigen Gesetzen herausbildete, der den Forderungen einer unglaublich harten und bitteren Zeit entsprach“[5].

So gilt für die der hörbigerschen Theorienwelt entlehnte Darstellung kosmischer Katastrophen bei Edmund Kiss dasselbe, was Hauser für Kometenbeobachtungen aus völkischer Perspektive annimmt:

> „Wenn Kometen auf die Erde fielen, [...] dann seien dies nicht einfach schicksalhafte Geschehnisse, sondern sie verfolgten ein Ziel. Dieses Ziel sei die Höherentwicklung der Menschheit. Die katastrophalen Umstände, unter denen diese Höherentwicklung geschehe, sei[en], gemäß den Prämissen von Darwins Epigonen, unvermeidlich. Nur die Starken würden überleben und die Schwachen müssten untergehen, umwillen der Höherentwicklung der Rasse(n). In dieser endzeitlichen Katastrophe der Ausmerzung der Schwachen könne es dann sogar sittlich gerechtfertigt sein, die Schwachen mit ausrotten zu helfen.“[6]

Auch in *Das Gläsernen Meer* finden wir die Schilderung der Tötung der schwachen nordischen Eindringlinge, die versuchen, der arktischen Kälte zu entfliehen[7]. Die

---

1 Kiss, Gläsernes Meer, 8
2 Kiss, Gläsernes Meer, 139
3 Kiss, Gläsernes Meer, 258
4 Vgl. Kiss, Gläsernes Meer, 302
5 Kiss, Singschwäne, 188
6 Hauser, Kritik der neomythischen Vernunft (I), 337
7 Vgl. Kiss, Gläsernes Meer, 17

Katharsis kosmischer, katastrophaler Ereignisse ist aber keine rein welteistheoretische Implikatur, sondern wird immer wieder in der völkischen Weltanschauung herbeigesehnt:

„Die Eiszeit rettete uns vor dem Verfaulen und unser Volk wurde wieder enthaltsam, stark, bescheiden, arbeitsfreudig, es gesundete“[1], beschreibt der deutschnationale Autor Hans Ludwig Rossegger in seinem Roman *Golfstrom* das reinigende klimatische Ereignis. Auch in Friedrich Freksas Science-Fiction-Roman *Druso* befreit die Okkupation der Erde durch die aus dem Kosmos gekommenen Drusonen die Menschen von Lebensmüdigkeit und dem Übermut, über sich selbst hinauswachsen zu wollen. „Weil die Menschen selbstsicher, stolz und übermütig geworden, mußten sie noch einmal die Schrecken der Urzeit erdulden, um Demut zu erlernen.“[2] Boothia Felix wird zur reinigenden arktischen Heimat, in die nur die besten und stärksten weißen Männer und Frauen gelangen können, um die galaktische Revolution zu wagen[3].

Die bloße kosmische Katastrophe reicht aber vielen völkischen Ideologen nicht aus. Es soll die auch bei Kiss ersichtliche „Weltzertrümmerung“ zu Gunsten einer neuen Weltordnung sein.

„Einem kleinen Häuflein Menschen gehört dann die in Trümmern gelegte Welt [...] Aber die neue Menschheit beginnt ihre Kulturarbeit auf einer höheren Stufe [...] Das Geschlecht, das aus diesem Weltuntergang hervorblüht, wird übermenschlich, und der Tod von Millionen wird nicht umsonst gewesen sein.“[4]

Bei den meisten völkischen Repräsentanten erfolgt dann die klare Identifizierung dieses Menschenrests mit den Ariern – die wir bei Kiss in den überlebenden Atlantern repräsentiert finden – bzw. in nationalistischer Perspektive mit den Deutschen: „Und ich denke, wenn die Trümmer aller Planeten auf uns herabprasseln sollten, wird es immer noch furchtlose Männer geben, die mit uns rufen: Es lebe Deutschland und seine Zukunft“[5].

Und so hallt denn die Idee der reinigenden Zerstörung bis in die nationalsozialistischen Kreise wider, wo sie zur traurigen Realität für viele Menschen wird:

„Wir werden erst dann ans Ziel gelangen, wenn wir Mut genug haben, lachend zu zerstören, zu zertrümmern, was uns heilig war als Tradition, als Erziehung, als Freundschaft und menschliche Liebe ... Dann werden wir Helden, werden wir Erlöser sein. Dann begreifen wir das Tiefste, daß wir nicht auf dieser Welt sind, um zu leiden, um zu sterben, sondern um eine Mission zu erfüllen

---

1 Rossegger, 149
2 Freksa, 112
3 Vgl. Freksa, 114
4 Meyer, 98
5 Haushofer, 186

... Dann erfüllt sich an uns das Geheimnis der Geschichte: Daß wir ein Stück Erlösung sind für ein Reich, das kommt."[1]

7 Das Handeln im Jetzt umwillen des Morgen resultierend aus dem Einst

Die kathartische Wirkung der WEL vollzieht sich in der Fiktionalisierung Edmund Kiss auf dem Hintergrund eines zyklischen Geschichtsverständnisses, dass starke mythologische Züge aufweist. Die „halbvertierten Reste der vorsintflutlichen Menschheit"[2] in *Das Gläserne Meer* erinnern kaum mehr der längst vergessenen Sagen, die eine paradiesische Vorzeit verheißen:

„Sie wußten nicht, daß es vor undenklich langen Zeiten glücklichere Menschen gegeben hatte, als sie es waren, Menschen, die unter strahlender Sonne gelebt hatten, und denen die Erde ein Paradies gewesen war. Nur uralte, kaum glaubliche Sagen erzählten geheimnisvoll von stillen, warmen Nächten unter flimmerndem Sternenhimmel [...]"[3].

Wir erleben hier die Mythenwerdung unvordenklicher Zeiten, die sich im Ahnen eines einstigen paradiesischen Zustandes artikuliert, wie es in Sagen beschrieben ist[4]. In diesem vergangenen Zustand werden die Menschen nach dem Einsturz des Tertiärmondes zurückkehren, die Erde wird zu dem Paradies, „wie sie es nach uralten Sagen gewesen war, ehe das gläserne Meer am Himmel erschien"[5].

Dem Leser, dem die Science-Fiction-Story aufgrund ihrer welteistheoretischen Verankerung als mögliche Kulturgeschichte gilt, wird in der Kiss'schen Tetralogie selbst ein Mythos begegnen, der die Hoffnung suggeriert, dass die goldenen Zeitalter der Atlanter, wie sie in *Frühling in Atlantis* geschildert sind, wiederkehren, „dass dem exitus aus dem Paradies ein reditus in es folgen könnte"[6]. Die WEL wird gleichsam zum bedeutenden Instrument, das den an den Mond gebundenen Zyklus von Aufstieg und Niedergang des Volkes verstehbar macht. Das Morgen, um dessen Willen sich das Handeln im Jetzt vollzieht, wird neu erschlossen[7] durch die WEL, Zukunft beschreibbar aus dem Einst und ihr paradiesischer Charakter enthüllt. Die Faszination am Germanenkult, in dem die religiöse Verbundenheit mit den göttlichen Urahnen beschworen wurde, sie ist auch unter den Anhängern der WEL greifbar, die in der hörbigerschen Lehre den wissenschaftlichen Beweis für die Existenz einer vergangenen Hochkultur gefunden glaubten. Man kann sich selbst begreifen als Teil einer evolutiven Entwicklung, eines Volkes (von Ariern),

[1] Goebbels in einem Aufsatz von 1926 zitiert nach Hauser, Kritik der neomythischen Vernunft (I), 391f.

[2] Kiss, Gläsernes Meer, 114

[3] Kiss, Gläsernes Meer, 114

[4] Vgl. hierzu Hauser, Kritik der neomythischen Vernunft (I), 84

[5] Kiss, Gläsernes Meer, 111

[6] Hauser, Kritik der neomythischen Vernunft (I), 84

[7] Hauser, Kritik der neomythischen Vernunft (I), 84

das einst Geschichte gestaltete und nach dem Willen der Völkischen und Nationalsozialisten auch wieder Geschichte gestalten wird[1].

Der zyklische Charakter der WEL und insbesondere die fiktionale Ausgestaltung dieses Zyklus eröffnen den Raum für ein *neomythisches* Verständnis von *Volk*. Der „ewige Frühling"[2], der uns in den Kiss'schen Erzählungen in den Sagen der Alten begegnet, verspricht zugleich eine überzeitliche, ewige Erstreckung des nordischen Volkes[3]. Selbst dort, wo die WEL dem Volke eine zukünftige, zeitliche Begrenzung zung auferlegt, wenn sie den unumgänglichen Sturz der Erde in die Sonne schildert, verspricht der Kiss'sche Neomythos Fortdauer: „Die Wiederkehr alles Geschehens" ist nach Kiss Heldin Katte Hogger „das Wesen des Ewigen"[4]. Und so steht am Ende der Tetralogie nicht das Ahnen der Endlichkeit der „Eintagsfliege"[5] Mensch, sondern das durch den Erzähler vermittelte Bewusstsein kosmischer Größe der *nordischen Seele*:

„‚Ich lasse dich frei, Jochaan, denn dich und deinesgleichen kann ich nicht halten, weil du die Unruhe und Sehnsucht der Erde bist. Höheres kann auch ich ihr nicht geben.' Mit diesen Worten ließ der große Geist die Seele des Jochaan dahinfließen und lächelte, wie eifrig sie war, die ganze Erde zu umspannen. Aber nicht genug damit, sie stieg wie ein farbiger Bogen aus ferner Dunstschicht zum Himmel empor, als die Sonne tief im Westen stand, und es Nacht werden wollte. ‚Er greift hinaus in die Weiten meines Raumes!' nickte der große Geist und lächelte mit freundlichem Humor. ‚Ich liebe die Unersättlichen. Wenn ich wiederkomme, wirst du größer sein.'"[6]

---

1 Vgl. Hauser, Kritik der neomythischen Vernunft (I), 331

2 Kiss, Gläsernes Meer, 111

3 Auch bei Friedrich Freksa finden wir die Verbindung einer zyklischen Geschichtsauffassung mit einer daraus resultierenden hier allerdings stärker personal bezogenen Ewigkeitsdeutung: „So kehrt alles zurück, ihr Menschen,/Und alles bleibt ewig!/Hütet euch vor schlechten Gedanken,/Hüter euch vor schlechten Taten,/Hütet Euch vor schlechten Worten,/Denn sie sind ewig./Wir waren frei und sind unfrei,/Wir werden frei, weil wir es waren!" (Freksa, 176f.)

4 Kiss, Singschwäne, 141

5 Kiss, Gläsernes Meer, 8

6 Kiss, Gläsernes Meer, 303

§ 10 *Apokalyptische Denkmuster in der völkischen Science-Fiction*

Die in der völkischen Science-Fiction auflebende Darstellung reinigender, kosmisch-klimatischer Katastrophen spiegelt die Sehnsucht der Menschen nach einem neuen Zeitalter und einer neuen Welt wider[1]. Große Erwartungen und Hoffnungen knüpfen sich an völkische Ideologien und Aufbruchsverheißungen – Erwartungen, die sich vorwiegend auf oppositionelle Kräfte und Bewegungen ausrichten, da die eigene gesellschaftliche Gegenwart als defizitär und krisengeschüttelt erlebt wird[2]. Naturwissenschaftliche Erkenntnisse, die „Gott unwichtig" erscheinen lassen[3], und technische Entwicklungen, die in ihrem Aufbau und ihren Folgen unüberschaubar werden, tragen neben der gesellschaftlichen Schieflage zu einer breiten Orientierungslosigkeit in der Bevölkerung bei. Manfred Nagl spricht daher nicht zu Unrecht von einem allgemeinen Angstsyndrom der bürgerlichen Gesellschaft um die Jahrhundertwende[4], einem „Fin-de-Siècle-Gefühl", das viele Menschen, oft auch unbewusst, ergreift. Die Katharsis wird herbeigesehnt, die Ordnung in die unüberblickbaren Lebensverhältnisse bringt. Die ausstehende Hoffnung[5] wird literarisch bebildert und die Bildsprache, die man hierfür verwendet, ist Schriften entlehnt, in denen sich eine ebensolche Krisenstimmung widerspiegelt. Der Rückgriff auf jüdische, bzw. jüdisch-christliche Apokalyptik erfolgt auf der Grundlage einer säkularisierten Verwendung der originär religiösen Traditionen. Dennoch sind Parallelen zwischen den apokalyptischen Schriften und der Weltuntergangsliteratur am Ende des 19. Jahrhunderts wie auch mit den zahlreich kursierenden Science-Fiction-Erzählungen vor Hitler, in denen das Thema Weltuntergang zum „Dauerbrenner" wird[6], unübersehbar.

Die hoffnungslose Lebenssituation ist der die Verbindung zur Moderne bildende Hintergrund, vor dem die Juden ihr apokalyptisches Schreiben begannen. So drückt sich in diesen Schriften das Bedürfnis der Menschen „nach absoluter Sicherheit im Erkennen des göttlichen Heilsplanes und der kosmischen Ordnung aus."[7] Auch bei den Lesern von Weltuntergangsliteratur und Science-Fiction, die sich diesem Thema widmet, finden wir ein solches Bedürfnis wieder, wenn auch bedingt durch eine religiöse Orientierungslosigkeit meist reduziert auf die Suche nach kosmischer Ordnung. Der Verlust an Durchblick wird durch die literarische Fiktionalisierung einer Adlerperspektive kompensiert[8], die Technikfolgen für die Moderne werden

---

1 Vgl. Friedrich, 49
2 Vgl. Friedrich, 49.
3 Hauser, Möge die Macht, 15
4 Nagl, 92
5 Vgl. Nagl, 48
6 Hauser, Kritik der neomythischen Vernunft (I), 386
7 Hauser, Möge die Macht, 15
8 Vgl. Hauser, Möge die Macht, 17

literarisch auf einem apokalyptischen Niveau ersichtlich[1] oder eine klare Ordnung, im Sinne einer Gegenüberstellung der sich in einer Entscheidungsschlacht apokalyptischen Ausmaßes begegnenden Rivalen[2] geschaffen.

Auch Friedrich Freksa und Edmund Kiss bedienen sich in ihren Science-Fiction-Romanen apokalyptischer Motive, die wir in der Folge genauer betrachten, bevor wir uns abschließend der Frage nach Parallelen und Differenzen zwischen den Darstellungen der völkischen Science-Fiction und der jüdischen Apokalyptik widmen wollen.

I Himmelsreisen

Himmels- bzw. Jenseitsreisen sind zumeist grundlegender Bestandteil apokalyptischen Schreibens. Aus der Darstellung des Reisenden erfahren wir von einer kosmischen Schau, in welcher der Entrückte fundamental neue Erfahrungen sammelt, die er über die Zeit der Reise hinaus bei seiner Rückkehr auf die Erde bewahrt[3]. Die Ekstase erscheint als Ergreifen eines absoluten Standpunktes, aus dem heraus kosmische Zusammenhänge erfahrbar und konkrete Situationen neu deutbar werden; die ekstatische Schau entspricht dabei dem menschlichen Streben nach Überbrückung der menschlichen Binnenperspektive zugunsten eines absoluten Objektivitätsbemühens, mit dem Auge Gottes zu sehen[4].

Die Darstellung von Himmelsreisen in Science-Fiction-Romanen kommt dabei häufig auf das Moment der Technik zu sprechen und rückt es in die Perspektive der himmlischen Schau. Fragen nach Herkunft, Ziel und Sinn der menschlichen Existenz werden im Horizont der wissenschaftlichen Erkenntnisse aufgegriffen und auf diesem Grund gleichsam neu deutbar[5].

In Friedrich Freksas und Edmund Kiss Romanen begegnen uns gleich mehrere solcher Himmelsreisen, die wir nun auf dem Hintergrund der vorgelegten Charakteristika analysieren wollen.

1 „Die Worte des großen Fährmannes über die Zeiten“[6]

In einem Nachtrag zur eigentlichen Erzählung von *Druso* fügt Freksa eine Lesung an, die der geistige Führer der Verbliebenen von Boothia Felix Liuwenhord an seine Mannen richtet – eine Lesung nach Ferrymans Verkündung, in der die geistig-religiöse Haltung der in der Diaspora lebenden Atlanter evident wird und die eine ‚klassische' Himmelsreise beschreibt.

---

1 Vgl. Hauser, Kritik der neomythischen Vernunft (I), 100
2 Hahn, 28
3 Vgl. Hauser, Jenseitsreisen, 8
4 Vgl. Hauser, Jenseitsreisen, 9
5 Vgl. Hauser, Jenseitsreisen, 31
6 Freksa, 300

„Der Künder ruhte des Nachts in seinem Bett ohne Schlaf. Seine Gedanken strömten ins Dunkle, und siehe, unter ihm wuchs ein reißender Fluß, des Welle hieß Not und Qual. Und das Bett ward zum Boot und ward dahingetragen auf dem reißenden Flusse durch die Nacht in das deutsche Land."[1]

Die ersten Verse der Schrift beschreiben die Entrückung des schlaflosen Verkündigers, der in seinem Bett liegend dem Lauf seiner Gedanken folgt. Von diesem Ort wird er weggerissen auf dem zum Boot transformierten Bett, das den Fluss von Not und Qual hinabströmt. In den Schilderungen werden Erinnerungen an den Styx wach. Dem Flusslauf folgend gelangt der namenlose Fährmann schließlich ins deutsche Land.

„Und siehe, ein Schein der Hölle rötete das Dunkel. Schwärzer noch als die Nacht stiegen auf: die schlanken Türme der Essen, eiserne Brücken flochten sich über das Wasser und die Erde war voll von den Häusern der Menschen. Leer waren die Straßen und dunkel, ein Seufzen stieg auf von den Steinen des Pflasters, Waffen rasselten, Maschinen der Tötung drohten auf Plätzen: Schüsse der Bedränger peitschten die Luft, dann wieder hielt Atem das ganze Land."[2]

Das deutsche Land, das in der verdichteten Bildsprache der Apokalyptik geschildert wird, es erinnert nicht zuletzt durch die Anlehnung an den Styx und durch den aufkommenden Schein der Hölle an ein Totenreich. Menschenleer ist die Gegend, die dennoch mit architektonischen Errungenschaften gefüllt ist. Türme, Brücken und Häuser prägen das Landschaftsbild. Die düstere Stimmung von Not und Qual verdichtet sich in der Schilderung der aus dem Pflaster aufsteigenden Seufzer, der Beschreibung der Maschinen der Tötung und der Luft durchpeitschenden Schüsse. Bedrohlich und vollkommen trostlos erscheint dieses Deutschland. Die typische Krisenstimmung apokalyptischer Verfasser ist hier literarisch eindrucksvoll greifbar. Zugleich wird auch die Technik als Bedrohung erfahrbar. „Maschinen der Tötung" und „Schüsse" sind die einzigen technischen Errungenschaften, die in der Schilderung dieser Gegend Raum finden und das apokalyptische Ausmaß des unterschwellig greifbaren Krieges bebildern.

Doch die Reise des Kündigers endet nicht in dieser trostlosen Gegend. Sie führt ihn weiter über den Rhein an die abgelegene Ruine einer Kapelle.

„Er trat durch das zerbröckelte Portal in einen kleinen verwilderten Hof voller Disteln und Unkraut. Über ihm war die blaue Luft erfüllt von dem Gekreisch der schwarzen Vögel, aber wie er vorwärts schritt, setzten sie sich nebeneinander auf den brüchigen Mauerkranz, einer dicht neben den anderen und schauten mit bösen Augen und spitzen Schnäbeln hinab. Da aber, wo einst der Altar gestanden hatte, lag ein Schutthaufen, und vor dem Schutthaufen kniete ein Mönch in einer weißen Kutte, versunken im Gebet."[3]

---

1 Freksa, 300
2 Freksa, 300
3 Freksa, 302

Die sich in der zerstörten Ruine und in dem zerbröckelten Altar bildhaft widerspiegelnde Glaubenszerrissenheit, die der fiktionale Verfasser der Himmelsreise in seiner Gegenwart erfährt, verweist wiederum auf den apokalyptischen Grundcharakter der Schrift. Denn auch jüdische Apokalyptik steht unter dem Eindruck von äußeren Einwirkungen, die den Glauben der Menschen gefährden.

Der Mönch, der dem Verkündiger an diesem Ort begegnet und in dem er im weiteren Verlauf den Meister Ekkehard zu erkennen glaubt, nimmt die Rolle des aus der jüdischen Tradition stammenden *Deuteengels* ein, der dem Kündiger in der Folge die Geheimnisse Gottes offenbart. Doch zuvor wird ein weiteres Bild der jüdisch-christlichen Apokalyptik aufgegriffen: So wie in der *Offenbarung des Johannes* und auch in *Esra 4* von dem neuen Jerusalem die Rede ist, das aus den Trümmern emporsteigt, finden wir in Freksas Darstellung der Verkündigung des Fährmanns die Errichtung eines neuen prachtvollen Doms aus den Ruinen der verlassenen Kapelle. „Und siehe, das zerbrochene Gemäuer schien Kraft zu finden im Boden der Erde und wuchs auf wie ein Wald und weitete sich und wurde ein Dom von Größe und Pracht, und Kinderstimmen priesen zur Orgel die Gnade der Stunde.“[1] In diesem Bild drückt sich die Hoffnung auf Besserung aus, die Hoffnung auf den erneuerten Glauben, dessen Grundlagen in der Folge zwischen dem Verkündiger und dem Mönch erörtert werden:

„Es geschah aber, daß der Verkünder am Ufer eines großen Sees stand, er fühlte den Hauch des Windes und alsbald sah er, daß kleine Wellen über den See liefen, als wäre ein sanfter Flügelschlag unter der Haut des Wassers. Da hörte er neben sich die Stimme des Mönches, aber er sah ihn nicht. Der Mönch sprach: ‚Sieh den See an, nicht er ist es, der sein Wasser erregt, der Wind ist es, der ihm Kraft zur Welle leiht. Sieh, also bist du es nicht, der da wünscht und denkt, also bist du es nicht, der da spricht und schreibt. Ein anders ist es außer dir, das dich wünschen und denken lässt, das dich sprechen und schreiben heißt.“[2]

In einer Audition, einer typischen Kommunikationsform frühjüdischer Apokalyptik, teilt der Mönch dem Verkünder grundlegende Glaubensgeheimnisse mit; das Motiv des Windes gerät dabei zur religiösen Metapher für das alles bestimmende, göttliche Es[3]. „‚Es' ist in dir mächtig, ‚Es' denkt in dir, ‚Es' tut in dir. Wer aber ein Geheimnis erkennt, wer nicht denkt und wünscht und tut als ein Ich, sondern weil er in sich erkannt hat das Es, der gelangt zur Gnade, das heißt: Wir gehen ein in Gott.“[4] Das „Es“, das einen Teil der Kraft der einen, einigen „Kraft der Seele, die heißt Gott“[5], repräsentiert, verlangt zugleich nach der Demut des Ichs. „Nenne ein Ding, das du je erlangt hättest, ohne daß nicht ein andrer Mensch dir geholfen hätte?“[6], kontert der Mönch die religionskritische Entgegnung des Kündigers, der

1 Freksa, 302
2 Freksa, 302
3 Vgl. Freksa, 303
4 Freksa, 304
5 Freksa, 305
6 Freksa, 303

fragt, ob er nicht mehr sei als eine Pflanze oder ein Stein[1]. Wie im *äthiopischen Henochbuch* hinterfragt der Kündiger die Botschaften des Mönchs und fordert Erklärungen für das Handeln Gottes.

„Warum aber, so fragst du, besteht Ferne der Gnade. Warum ist nicht ausgegossen Ruhe Gottes ins All? Weil Gott das Leben selbst ist und dir Erfüllung seines Gesetzes, weil er ein fließender Strom ist, der dich erneut und verjüngt, weil die Ruhe der Tod ist und die Unfruchtbarkeit, weil Gott nicht außer dir ist, sondern in dir, weil du sein Bild täglich erneuern sollst und nicht aufhören darfst, ihn selbst dir zu bilden."[2]

Dieses universelle Gottesbild determiniert zugleich die anthropologische Grundbestimmtheit: „Ihr seid nicht ewig in eurem ich"[3], heißt die begrenzende Botschaft, die trotz ihrer scheinbaren Radikalität Raum für neomythische Ewigkeitsdeutungen lässt.

„Aber ihr seid ewig in eurem Fühlen, ewig in eurem Wünschen und Wollen, ewig in eurem Denken und Schaffen, ewig in eurem Tun und Leisten, denn der Strom, der euch durchdringt, ist ewig, wenn auch die Welle zergeht, jedes Gefühl, das euch durchbebt, jeder Gedanke, der euch durchrann, jede Tat, die ihr getan; denn sie fließt über in das Leben, in das Leben der anderen, die mit euch sind, und wirkt weiter im Wesen eurer Kinder."[4]

So kann denn der Mensch, wenn es die Gnade aus ihm wirkt, „Urvater oder Urmutter eines Volkes werden"[5].

Die dem Künder mitgeteilten Geheimnisse über Herkunft, Ziel und Sinn der menschlichen Existenz sind gesprochen in die Zeit, bevor die Drusonen sich anschicken, die Erde zu erobern. So eröffnet sich dem Leser eine neue Perspektive auf die Science-Fiction-Erzählung Friedrich Freksas. Der Fokus der Betrachtung wird auf die Schuld des Menschen gerichtet, welche die Katastrophe apokalyptischen Ausmaßes, in Form der Eroberung der Erde durch die Drusonen, bedingt. „Wir haben uns selbst zu Götzen gemacht!"[6] lautet das Bekenntnis Don Stephans. „Hochmütig" ist der Mensch geworden, da ihm Großes und Größtes gelang[7] und so stößt die einzige in die Romanhandlung integrierte Rede des Fährmanns auf taube Ohren bei denen, die noch nicht das Joch der Drusonen erdulden mussten:

„Ferrymann bin ich, der Fährmann über die Zeiten, gesandt, Eurem Boot die Richtung zu geben über das Meer in die Zukunft! […] Wir leben für den Zweck und nicht für den Sinn. Schafft wieder Sinn des Lebens, das ihr durch Arbeit versklavt habt. […] Wo sind Eure Träume, wo sind Eure Gesichte? Sie kommen aus Büchsen, aus Maschinen, fertig wie die Konserven, zum Genie-

1 Vgl. Freksa, 303
2 Freksa, 307
3 Freksa, 306
4 Freksa, 306
5 Freksa, 305
6 Freksa, 80
7 Freksa, 79

ßen bereit und doch ohne Genuß, da ihr nicht selbst mitschafft! [...] Aber hütet euch, daß nicht die Sterne Rache nehmen an der übermütig gewordenen Erde! "[1]

Als „Verrückte(n)"[2] tun die Haupthandlungsträger Alf und Judith den ab, der ihnen später zum religiösen Führer wird.

Durch die Verschränkung der apokalyptischen Vision mit der Haupthandlung erweitert Freksa sein literarisches Aussagespektrum und stellt die jüdische Apokalyptik in einen transformativen Deutungskontext. Die in der Schrift formulierte Forderung nach der Demut des Ichs offenbart sich dem Leser als notwendige menschliche Erkenntnis. Die Drusonen werden zur kosmischen Strafe des sich selbst vergötzenden Menschen und hinterlassen ein trostloses Deutschland, wie es uns zu Beginn der Vision des Fährmanns begegnet. Doch, wo die Menschen, wie Alf und Judith demütig ihre Schuld bekennen[3], können sie zu Urvätern und -Müttern eines neuen Volkes werden, an der Errichtung des Domes aus den Trümmern der Kapelle teilhaben.

2 Himmelsreisen bei Edmund Kiss

In der Kiss'schen Tetralogie begegnen uns gleich mehrere Schilderungen, die an Himmelsreisen erinnern. So liegt in der Exposition der Tetralogie die bereits angesprochene Erzählung vom Geist des Alls vor. Der Einblick, den uns Edmund Kiss hier in die himmlischen Sphären gewährt, er ist nicht, wie wir es aus den klassischen Himmelsreisen kennen, aus der Sicht eines Reisenden gegeben. Unvermittelt beginnt der Erzähler, der in seiner personalen Ausgestaltung vollständig zurücktritt, seine Schilderung: „Tausend Jahre waren vor ihm wie der Tag, der gestern vergangen, oder wie eine Nachtwache; und er wußte nicht, warum er Zeit und Raum trennen sollte, weil sie für ihn ohne Wesen waren."[4] Der Leser wird so gleichsam selbst zum Reisenden, der direkt in den Kosmos, als dem aus den irdischen Zusammenhängen gelösten Raum, eintaucht. Aus der unbewusst lenkenden Sichtweise des Erzählers erfährt er von der kosmischen Ordnung, die zugleich Aufschluss über die Existenz des Menschen gibt. Der Erzähler schildert darüber hinaus den sich wiederholenden Einfang und Einsturz der Erdmonde und die sich daran bindenden zyklischen Abläufe von Aufstieg und Niedergang der menschlichen Kultur[5].

Der absolute Standpunkt, den der Leser in der Exposition einnimmt, ermöglicht ihm, die Welt aus der göttlichen Perspektive des Geistes des Alls zu erblicken. Dass es sich bei der zu erblickenden Ordnung letztlich um die hörbigerschen Ideenwelten handelt, widerlegt dabei nicht den kosmischen Charakter dieser himmlischen

1 Freksa, 82
2 Freksa, 83
3 Vgl. Freksa, 110
4 Kiss, Gläsernes Meer, 7
5 Vgl. Kiss, Gläsernes Meer, 8

Schau, sondern verdeutlicht vielmehr den Anspruch auch Hörbigers, mit seiner WEL eine naturwissenschaftlich exakte Möglichkeit gegeben zu haben, „aus dem Blickwinkel eines Gottes das kosmische Geschehen zu betrachten,“[1] „wenn nicht den Endzweck, so doch Ursache und Sinn des laufenden Weltgeschehens zu enträtseln – zunächst wohl, um des hohen Verständnisses, des göttergleichen Miterlebens willen.“[2]

Dieser göttliche Blickwinkel setzt den Leser zugleich in eine neue Perspektive bezüglich der folgenden Erzählung, die die Begebenheiten auf der Erde vor dem Einsturz des Tertiärs beschreiben. Jochaan erweist sich dabei als der bereits von seinem „großen Bruder“ auserwählte Künder und Führer in eine neue Zeit[3]. Er ist der den ludendorffschen Geist verkörpernde Held, der durch individuelle Gotterkenntnis mit dem Geist des Alls verbunden ist und wie sein großer Bruder im Raum auf der Erde ein Meister des Schicksals werden wird[4]. Seine Worte offenbaren sich für den in die kosmischen Zusammenhänge eingeführten Leser als Wahrheit und Ahnen der bevorstehenden Katastrophe.

In das *Das Gläserne Meer* wird dem Leser noch einmal ein Blick in die kosmischen Sphären gegönnt: Im Epilog erzählt Kiss, wie die Seele Jochaans nach dessen Tod vom Geist des Alls aufgenommen wird. „Er hob sie in das Licht des kommenden Tages wie eine seltene kostbare Perle.“[5] Das Endziel menschlichen Daseins erfüllt sich beispielhaft an Jochaan, an dem der Geist des Alls seine Gnade erweist:

> „Du hast mir einen Strich durch die Rechnung gemacht, weil du aus eigener Kraft mehr geworden bist, als selbst ich wußte. Deshalb habe ich eine Schuld an die Erde, die ich gerne tilgen will. Ich will dich hinfließen lassen über den neuen Lehmacker der Erde als köstlicher Samen für die, die nach dir kommen werden.“[6]

Zwei weitere Himmelsreisen begegnen uns in Kiss zweitem Roman *Die letzte Königin von Atlantis*. Godda Apacheta ist der hier nun konkret fassbare Reisende, aus dessen Perspektive uns die kosmische Schau geschildert wird. Im Kampf wird das Auge des Romanhelden von einem Pfeil durchbohrt. Diese schwerste Verletzung ist Initiationsmoment für die sich anschließende Entrückung des Himmelsreisenden:

> „Schwarze und bunte Bilder schossen blitzartig durch mein Hirn, und ich rannte im wütenden Schmerz über den obersten Mauerkamm der Festung ins Leere, um dem schrecklichen Pfeil zu entrinnen, und flog angstgehetzt hinan zu den Bergen der Anden und hinaus in die Wolken, immer das gesunde Auge mit fassungslosem Grauen auf den schwankenden Pfeil [...] gerichtet. Von tödlicher Furcht gepeitscht fuhr ich durch die Wolkendecke, die sich feucht und ekelhaft um

---

1 Hörbiger/Fauth, VIIIf.

2 Hörbiger/Fauth, VIIIf.

3 Vgl. Kiss, Gläsernes Meer, 10

4 Vgl. Kiss, Gläsernes Meer, 9

5 Kiss, Gläsernes Meer, 302

6 Kiss, Gläsernes Meer, 302

meine Glieder schmiegte. Endlos schien mir der graue Weg, aber ich flog ununterbrochen hinan und kannte keine Rast."[1]

Die Reise führt Godda an der Sonne vorbei in Richtung des Sterns Atlanta Heldung, dem Gestirn, der zum neuen Erdtrabanten geworden war. Die Entrückung in kosmische Sphären enthüllt dem Astronom den Hintergrund der Flutkatastrophen, die zum Untergang des Reiches Atlantis führten. „Und ich sah, daß der Wandler mit der alten grünen Erde zog, festgebannt in ihren magischen Kreis."[2] Der hier beschriebene Einfang des neuen Mondes – dem mittlerweile mit WEL Belangen vertrautem Leser ist der astronomische Hintergrund dieser Feststellung sicherlich bereits klar – bewirkte die riesigen Flutwellen auf Atzlan und der gesamten Erde[3]. Die Darlegung der kosmischen Ordnung auf welteistheoretischer Basis erweist sich im Weiteren als wesentlich detailreicher als noch in *Das Gläserne Meer*. Aus der Perspektive Goddas erschließt sich dem Leser die Gestalt des neuen Erdtrabanten. Den Grundlehren der WEL gemäß werden Eispanzer und Eisgebirge geschildert[4]. Selbst der den kosmischen Raum füllende Äther[5] findet in der Himmelsreisedarstellung seine gebührende Berücksichtigung.

Darüber hinaus gibt sich der „göttliche Allvater" Godda zu erkennen.

„Und als ich in schraubender Fahrt dicht über dem weißen Stern dahinglitt, sah ich im sprühenden Dunst meinen Uralten Freund auf einem Berg stehen und auf ihm über die getürmte Flutwoge steigen! Und da winkte er mir freundlich mit der Hand."[6]

Schafft der Reisende es gleichsam nicht, diesen zu fassen, um von ihm kosmische Geheimnisse zu erfahren, so offenbart sich ihm doch durch den großen Geist die neomythisch anmutende Möglichkeit „den Tod zu überwinden"[7].

„Mußte ich dazu auf deinen kalten Stern fliegen, damit ich das erfuhr? Nimmer rückwärts geht der Pfeil mit der scharfen Spitze und den grausamen Widerhaken! Fest sitzt er im Kopf und ich kenne nun seinen Weg. [...] Ein kleiner Schnitt nur und ein wenig Tränen, die den Augen entquellen, weil es keine Freude sein mag, die Schärfe der Klinge zu fühlen, und die Spitze liegt frei. Ich brauche sie nur zu greifen und vom Holze zu brechen, dann muss der Schaft den Weg zurück, den er genommen [...] und kein Haken hemmt seinen Weg."[8]

Die himmlische Schau, sie enthüllt dem Reisenden Godda nicht nur die kosmischen Zusammenhänge – in Form der Ineinsheit von Kosmos, Gott und Mensch[9]

1 Kiss, Königin, 155
2 Kiss, Königin, 155
3 Kiss, Königin, 160
4 Vgl. Kiss, Königin, 159f.
5 Vgl. Kiss, Königin, 157
6 Kiss, Königin, 158
7 Kiss, Königin, 163
8 Kiss, Königin, 162
9 Vgl. Hauser, Jenseitsreisen, 105

– und das Zusammenwirken von Mond und Erde, sondern sie schenkt ihm auch das Leben. So kann er zurückkehren und an sich und den Seinen den Weg vollenden, den ihm der „Alte Bruder“ aufgezeigt hatte[1].

Die erste Himmelsreise jedoch bleibt für Godda nicht ohne Folgen. In der Annahme, der Pfeil habe den Sternkundigen getötet, lässt der Führer der kleinen Gruppe von Atlantern, die sich im Hochland aufhalten, dem König die Nachricht vom Tode Goddas zukommen. Einer Absprache Folge leistend wird daraufhin die Heirat zwischen Atlanta Farmer, der Geliebten Goddas, die bereits sein Kind in sich trägt, und dem König von Atlantis arrangiert. Atlanta wird die Ehefrau eines anderen und das Kind Arcora (=Thronfolger) des alten Atlantis. Mit dieser Situation konfrontiert wird Godda rasend und er gerät des Nachts auf eine zweite Himmelsreise: „Mit offenem Auge lag ich auf meinem Lager und schickte meine Seele hinaus zum uralten Freund, ihm mein Leid zu klagen.“[2] Auf diese Weise entrückt gelangt der Sternweise erneut in die himmlischen Sphären an den Rand von Heldung Atlanta, dem Planeten, der sich ihm als Würgerin der Erde zeigt und der den Untergang des atlantischen Reiches bewirkte[3]. Von hier begibt sich Godda auf die rasende Fahrt gegen das Schiff des Königs, das er vom Kosmos aus erblickt.

> „Brausend stößt mein Renner hinab und atmet schwer im hemmenden Druck der dichten Lebensluft. Klirrend springt es unter mir auseinander, wie dünne Schalen, eine nach der anderen, und eisige Grus wirbelt, abgesprengt von heißer Reibung, um den kalten Block, daß die Wolkenkugeln sich um mich türmen wie schwarze Gespenster. [...] Wild heult um mich die Hagelwolke durch den Himmelsraum; Flammen schlagen sprühend und dröhnend aus meiner brennenden Seele, weithin hallt der Donner meines Rufes. Tiefer stoße ich hinab, schnell wie der Kondor des Königsgebirges auf die Herde. [...] Da ist der Mast mit dem wehenden Banner des Reiches! Hinunter stürze ich in furchtbarer Fahrt und falle mit prasselnder Flamme über die Geliebte – Atlanta, Atlanta!“[4]

Das Ineinander von himmlischer Schau und irdischer Konsequenz offenbart sich dem Leser, wenn Godda vom Donner des Aufschlags gerührt aus seinem Lager auffährt, mit der die Seele seltsam befriedenden Gewissheit, Atlanta getötet zu haben[5]. Bald darauf schildert der Erzähler schließlich das, was der Leser ob der miterlebten Himmelsreise bereits ahnt: „Und ich sah, daß die Königin tot war.“[6] Und vor Goddas geistigem Auge offenbart sich der diesem skurrilen Geschehen zu Grunde liegende göttliche Heilsplan: „Ich wußte nun, daß es so sein mußte! Das Alte war vergangen. Er wollte mich neu machen! Die letzte Brücke, die mich mit dem tausendjährigen Reiche Atlantis verband, fiel unter seinem wuchtigen Strei-

---

1 Vgl. Kiss, Königin,162f.
2 Kiss, Königin, 246
3 Vgl. Kiss, Königin, 247
4 Kiss, Königin, 249
5 Vgl. Kiss, Königin, 251
6 Kiss, Königin, 253

chen, und mir hatte er den feurigen Strahl selbst in die Hand gedrückt, daß ich vollenden sollte, was er begonnen hatte."[1]

II Die Rezeption der Offenbarung des Johannes bei Edmund Kiss

Neben der Integration von Himmelsreisen in den Erzählablauf nimmt Edmund Kiss in seinen Darstellungen in *Das Gläserne Meer* auffällig häufig Bezug auf die *Offenbarung des Johannes*. Bereits der Titel ist der Apokalypse, die als Verfasser Johannes nennt, entlehnt, begegnet doch dort der Vers „ein gläsernes Meer gleich dem Kristall" (Offb 4,6). Den Sinn dieser Anspielung verdeutlicht Kiss zu Beginn seiner Erzählung, wenn er in seiner kosmischen Schau urteilt: „Und die Menschen wußten nicht, daß das ‚Gläserne Meer' ihr Schicksal sei und auch als später Johannes von Patmos in seiner ‚Offenbarung' warnend vom Gläsernen Meer und dem Untergang Babels sprach, verstanden sie ihn nicht."[2] Der Verfasser der Apokalypse wird hier von Kiss der Berufungsvision (Offb 1,9-20) entsprechend als Johannes von Patmos identifiziert und seine Verkündigung als wissende Prophezeiung von dem bevorstehenden Einsturz des Mondes gedeutet. Auch Jochaan wird im weiteren Verlauf der Erzählung immer wieder auf Sprache und Metaphorik der Offenbarung zurückgreifen, so wenn er vom bevorstehenden „neuen Himmel und der neuen Erde" spricht, die zu einer unbekannten Stunde von dem errichtet werden, „der kommt, wie ein Dieb in der Nacht"[3]

Die Apokalypse wird hier gleichsam säkularisiert und auf die im Science-Fiction-Roman vermittelten welteistheoretischen Erkenntnisse hin bezogen, den Interpretationen Hörbigers folgend, der gerade in der Apokalypse

> „urältestes Wissen von Kosmos und Erde verwoben [sah], das, wenn auch mitunter in symbolischer Verbrämung und weniger durchsichtig gestaltet, doch zwangsläufig erkennen lässt, welch erschütternden Gewalten eine Menschheit recht alter Tage schon ausgesetzt war. Ereignisse, wie sie im Rahmen wissenschaftlich-glacialkosmogonischer Erkenntnisse sich auf Erden dereinst tatsächlich abgespielt haben müssen, lassen sich mit anderen Worten auch unschwer in den Aufzeichnungen des apokalyptischen Bearbeiters entdecken."[4]

Und so ‚enträtselt' Behm in seinem Nachwort zur Kiss'schen Erzählung die Bilder der Apokalypse mit Hilfe des Schlüssels, der da heißt WEL: Die Identifizierung des Verses „Schlag mit der Sichel und ernte; denn die Zeit zu ernten ist gekommen" (Offb 14,15), mit dem nicht mehr als Vollmond zu erblickenden Tertiär[5] oder die Gleichsetzung der johanneischen Schilderung großen Hagels (Offb 16,21) mit sich

1 Kiss, Königin, 254
2 Kiss, Gläsernes Meer, 9
3 Kiss, Gläsernes Meer, 139
4 Kiss, Gläsernes Meer, 305
5 Vgl. Kiss, Gläsernes Meer, 317

ablösenden Trümmern des Mondes[1] sind nur Beispiele der akribisch betriebenen Suche nach Entsprechungen und Parallelen zwischen Apokalypse und WEL.

Bedeutsam für die weitere Betrachtung ist die mit der Übernahme apokalyptischer Motive verbundene Enteschatologisierung des biblischen Textes. Die Seiten der Offenbarung, die von Gericht und bevorstehender jenseitiger Heilserfüllung zeugen, werden ausgelassen. Dass sich in dieser Konzeptionsstrategie die neomythische Weltanschauung des Autors widerspiegelt, gilt es im Weiteren aufzuzeigen.

III Vom neuen Himmel und der neuen Erde – Enteschatologisierte Apokalyptik bei Kiss und Freksa

Detlef Dormeyer und Linus Hauser entwerfen in ihrer Untersuchung *Weltuntergang und Gottesherrschaft* ein Kriterienbündel, das der Beurteilung der Frage helfen soll, wann apokalyptisches Denken in einem literarischen Text vorliegt[2]. In der Folge sollen die dort vorgestellten Thesen aufgegriffen und auf die Science-Fiction-Romane Kiss und Freksas hin bezogen werden.

These 1: Ereignisse, die als herausragende Sünde wider Gott und die Ordnung des Humanen gedeutet werden, erhalten den Stellenwert eines unmittelbaren Auslösers des endzeitlichen Geschehens[3].

In *Druso* erfahren wir in dem ersten Gespräch, welches die Tiefschläfer mit den Repräsentanten der Kolonie der Überlebenden von Boothia Felix führen, die Gründe für die Entwicklung, die eine Okkupation der Erde durch die Drusonen ermöglichten. Der über sich selbst hinauswachsende Mensch, der in seinem Streben, seinen freien Lebenswillen zu verabsolutieren, die Eroberung des Kosmos anstrebt, verliert die notwendige Demut vor dem Unbekannten[4]. Die Erdbewohner erliegen dem Fehlglauben an eine kosmische Harmonie und sind so unvorbereitet gegen das kriegerische Wirken der Außerirdischen. Als herausragende Sünde wider Gott und die Ordnung des Humanen lässt sich das Verhalten der Menschen nach Freksa dann begreifen, wenn man Gott und die Ordnung des Humanen im Sinne des Verfassers verstehen lernt. Gott offenbart sich in der vorgestellten Himmelsreise dem Ferrymann als das den Menschen bestimmende Es, das wiederum nach der Demut des Ichs verlangt[5]. Der sich selbst vergötzende Mensch bildet den Widerpart zu dieser religiösen Vorstellung. Die humane Ordnung in *Druso* manifestiert sich am deutlichsten in den die Erzählung abschließenden Worten Alf Bentinks: „Wer an den Frieden der Natur glaubt, geht unter im Kampf."[6] Natur und Gesellschaft sind vom pseudodarwinistischen Überlebenskampf geprägt, „von der Unzu-

---

1 Vgl. Kiss, Gläsernes Meer, 318

2 Vgl. Dormeyer/Hauser, Weltuntergang, 9

3 Dormeyer/Hauser, Weltuntergang, 9

4 Vgl. Freksa, 110ff.

5 Vgl. Freksa, 305

6 Freksa, 299

länglichkeit, sich in einer großen Harmonie zu einigen."[1] Dieser pessimistischen Erkenntnis handeln die Menschen entgegen, wenn sie naiv das Kommen der Drusonen erwarten, die letztlich die Katastrophe apokalyptischen Ausmaßes bringen – wenn auch von Endzeit im eigentlichen Sinne nicht die Rede sein kann.

In der Tetralogie des Edmund Kiss finden wir keine solche Deutung einer die Katastrophen bedingenden Handlung gegen göttliche oder menschliche Ordnung. Das zyklische Denken des Welteistheoretikers Kiss lässt keinen Platz für eine Periodisierung der Geschichte im Sinne der Darstellung einer aus Fehlverhalten resultierenden Regression nach dem Muster apokalyptischer Geschichtsdeutung etwa im *Danielbuch.* Verfall menschlicher Kultur und Errungenschaften beruhen lediglich auf dem steten Mechanismus der kosmischen Entwicklung, der sich im Einsturz oder Einfang des Erdmondes vollzieht.

These 2: Der Apokalyptiker sieht in Visionen und Traumbildern Anfang und Ende der Welt oft als eine Reise im Raum und in der Zeit. [...] Er sieht aus dieser Perspektive die alle Katastrophen dieser vergänglichen Welt übergreifende ewige Ordnung im Bereich der Naturgesetze und Geschichtsabläufe[2].

Rückgreifend auf die Ergebnisse von §10.I lässt sich bezüglich dieser These kurz festhalten, dass sich in den geschilderten Himmelsreisen bei Freksa und Kiss neue Perspektiven auf kosmische Zusammenhänge erkennen lassen, wenngleich Darstellungen von Anfang und Ende der Welt – mit Ausnahme der Nennung transzendentaler Wirkmächste, die als zumindest im Anfang stehend angenommen werden können - ob des zyklischen Weltordnungsverständnisses beider Verfasser ausgespart werden.

These 3: Der Untergang großer Kulturen und „Reiche" wird als Endzeit der Menschheit und des Kosmos überhaupt gedeutet[3].

Das Abweichen beider völkischer Verfasser von diesem apokalyptischen Denkschema ist von großer Bedeutung für das weltanschauliche Verständnis, das sich in deren Science-Fiction-Romanen widerspiegelt. Zwar begegnen sowohl bei Kiss als auch bei Freksa eindrucksvolle Schilderungen des Untergangs von Kulturen, jedoch zeichnet es ihre Erzählungen aus, dass gerade keine Deutung auf die Endzeit des Menschen oder des Kosmos vorgenommen wird. Die Menschheit übt sich vielmehr im steten Neubeginn und Neuaufbau, dem destruktiven kosmischen Katastrophismus die Stirn bietend. Vergangenheit lebt so gleichsam in den Gegenwärtigen und (ewig) Zukünftigen fort. „Alles, was euch durchpulst, pulste im Blut eurer Ahnen"[4], beschreibt Freksa metaphorisch, was Kiss in der Auslegung von Ewigkeit

[1] Vgl. Freksa, 81
[2] Dormeyer/Hauser, Weltuntergang, 10
[3] Dormeyer/Hauser, Weltuntergang, 11
[4] Freksa, 306

als der Wiederkehr des Adligen in zukünftigen Geschlechtern schildert[1]. Die Negierung einer endzeitlichen, jenseitigen Gerichtsvorstellung öffnet den Raum für die neomythische Deutung des ewigen Menschengeschlechts, das in steter Wiederkehr des Vergangenen fortschreitet.

These 4: Naturwissenschaftliche Einsichten können apokalyptische Deutungsmuster stützen, indem sie endzeitliche Vorstellungen illustrieren oder (innerhalb des apokalyptischen Erlebens gültig) beweisen[2].

Die Bedeutung der WEL für die Kiss'sche Tetralogie als die göttliche Perspektive, aus der heraus kosmische Zusammenhänge erklärbar werden, wurde bereits als konstituierendes Moment für die Himmelsreisedarstellungen in *Das Gläserne Meer* und *Die letzte Königin von Atlantis* beschrieben. Bemerkenswert ist in diesem Zusammenhang weiterhin, dass die welteistheoretischen Erkenntnisse genutzt werden, um biblische Apokalyptik zu entschlüsseln. Es wird also eine Umkehrung des in These 4 beschriebenen apokalyptischen Deutungsschemas vorgenommen, indem die *Offenbarung des Johannes* funktionalisiert und auf die WEL bezogen ist. Demnach dienen nicht die naturwissenschaftlichen Erkenntnisse der unterstützenden Deutung der Apokalypsen, sondern Motive tradierter Apokalypsen der Illustrierung vergangener Darstellungen naturwissenschaftlicher Erkenntnisse.

In Freksas fiktionaler Welt bebilder technische Bedrohungen bebildern das Ausmaß der Katastrophe, welche die Eroberung der Drusonen mit sich führt. In der Himmelsreise des *Ferrymanns* bebildern die erwähnten „Maschinen der Tötung" das apokalyptische Szenario und illustrieren das menschenleere, vom Schein der Hölle gezeichnete Deutschland. Jedoch ist unbedingt von einem ambivalenten Technikbegriff bei Friedrich Freksa zu sprechen. Auf der einen Seite steht die destruktive Macht der Technik, die in der falschen Hand gegen die Menschheit wirkt. So wenn die Drusonen ihre Maschinen nutzen, um die Elektrizität auf der Erde lahm zu legen und die Eroberung der Erde einzuleiten; oder wenn sie Maschinen einsetzen, um menschliche Massenvernichtung zu betreiben:

„Jeder einzelne glitt auf einer schiefen Ebene mit erhobenen Armen herab. Aus der Wand streckte sich ihm ein spitzer Dorn entgegen, der das Herz genau dort traf, zumal die Arme sich fingen auf Stangen, die sie nach oben hielten. In die Haare und das von den Priestern angeordnete Geflecht senkte sich alsbald eine Greifzange. Unter den Achseln hielten den Körper, der noch zuckte, die Stangen. Zwischen die Beine schob sich ein dreieckiger Block, der sie im Gleiten spreizte. So gelang der gespannte Körper, indem sich die Tür hinter ihm schloss, in einen zweiten langen Raum. Eine metallene Kammer griff um den Rumpf. In einem einzigen Arbeitsgange wurden dem Opfer Kopf, Hände und Füße mit scharfen Messern abgetrennt."[3]

1 Vgl. Kiss, Singschwäne, 24f.

2 Dormeyer, Weltuntergang, 11

3 Freksa, 259f.

Die Zerstückelung wird weiter fortgesetzt, bis schließlich blinde Menschen unwissend „nach dem Gefühle Nieren, Lebern und Drüsen"[1] aus den Körperresten ausschneiden. „In wenigen Stunden war aus den Menschen des Festes ein Genußmittel der Drusonen geworden unter Mithilfe anderer Menschen!"[2]

Dieser perfiden Zerstörungskraft der Maschine steht ihre erlösende Macht gegenüber. Zunächst von den Drusonen ihrer Technik beraubt gelingt es den Überlebenden von Boothia Felix mit Hilfe der dank der Technik des Tiefschlafs in ihre Zeit gelangten Heilsbringer, den Atomzertrümmerer zu reaktivieren und ihn gegen die außerirdischen Besatzer anzuwenden. Die Technik gerät somit bei Friedrich Freksa gleichsam zum Vollstreckungsinstrument apokalyptisch anmaßender Katastrophen, wie zur erlösenden *Wunderwaffe*[3], die die endzeitliche Zerstörung abwendet.

These 5: Da sich der Apokalyptiker angesichts der baldigen Vollendung primär als Teil der „Heiligen des Höchsten" (Dan7,18), der geretteten Gerechten, versteht, ist die Apokalyptik wenig an institutionalisierten Leitern (Priestern) interessiert. Sie ist stark egalitär ausgerichtet[4].

Priester nehmen in den vorliegenden Science-Fiction-Romanen vorwiegend solche Positionen ein, aus denen heraus sie sich gegen das Wohl der Menschen richten. Bei Freksa sind sie die Handlanger der Drusonen, die einen neuen Kult einführen und mit zur Abschlachtung der eigenen Art beitragen[5]. Der Ludendorff-Anhänger Edmund Kiss stattet die priesterlichen Würdenträger mit Eigenschaften aus, die sie als korrupte, abergläubische Gegenspieler der nordischen Edelrasse charakterisieren.

Auch eine egalitäre Ausrichtung vollzieht sich in den vorgestellten völkischen Science-Fiction-Erzählungen. Sie verdankt sich dem als sozialdarwinistisch wirksam erachteten Katastrophismus, der bedingt, dass nur die Stärksten und Besten gereinigt aus den widerfahrenen Erlebnissen hervorgehen.

These 6: Die Menschheitsgeschichte wird von einem durch einen Sündenfall oder kosmischen „Unfall" bedingten Ausgang aus paradiesischen Lebensumständen, von einer schönen Vorzeit her als Verfallszeit gedeutet. Diese Verfallszeit hat einen Höhepunkt im letzten Kampf von bösen und guten Mächten, dessen Ende das neue Paradies („Neues Jerusalem") bringt[6].

These 6 ist im Hinblick auf die Analyse unserer Science-Fiction-Romane noch um das Moment der Einmaligkeit des Vollzugs von Verfall und Eingang ins Paradies zu ergänzen. Die Apokalyptiker setzen mit dem Jüngsten Gericht einen ultimativen Endpunkt unter die Weltgeschichte, die in ein ewiges paradiesisches Zeitalter über-

---

1 Freksa, 261
2 Freksa, 261
3 Vgl. hierzu auch § 12
4 Dormeyer/Hauser, Weltuntergang, 13
5 Freksa, 258
6 Dormeyer/Hauser, Weltuntergang, 14

geht. Insofern unterscheidet sich dieses apokalyptische Denken von der zyklischen Anschauung, die uns bei Kiss und Freksa begegnet. Entwirft der Regierungsbaurat in *Das Gläserne Meer* auch das Bild des durch die klimatischen Bedingungen in Folge der Mondannäherung degenerierten Menschenvolks[1], so steht am Ende des Romans, vermittelt aus der Sicht des Geist des Alls, die Gewissheit der Wiederkehr von Aufstieg und Verfall. Der Mythos einer paradiesischen Vorzeit, den das vertierte Figurenpersonal kaum mehr erinnert, lebt in der Folgezeit wieder auf – beschrieben in den weiteren Erzählungen der Tetralogie. Ebenso wird auf die Zeit des Neuaufbaus des Atlantischen Großreichs eine Zeit des Verfalls folgen, die letztlich wieder zur Degenerierung der Menschheit führt.

In gleicher Weise lässt sich die Invasion der Drusonen bei Friedrich Freksa nicht als einmaliger kosmischer Unfall deuten. Die Eroberung ist zwar unvermitteltes Umbruchsgeschehen, das den Menschen aus seiner friedlichen, hoch entwickelten Blütezeit entreißt, doch betont der Erzähler im Laufe des Science-Fiction-Romans immer wieder das Prinzip der ewigen Wiederkehr[2], dass die stete Konfrontation der Menschheit mit irdischen wie kosmischen Herausforderungen verspricht[3].

These 7: Endzeitliche Richterfiguren („Menschensohn") vermitteln durch ihren Richterspruch im Namen Gottes die neue Ordnung des neuen Paradieses an die in Gute und Böse geschiedene Menschheit in einem Endgericht („Jüngster Tag")[4].

Im folgenden Kapitel soll eine weitergehende Auseinandersetzung mit Gestalt und Wesen der Hauptfiguren der Science-Fiction-Romane erfolgen. Vorgreifend ist dabei zu bemerken, dass sie durchaus prophetische, vereinzelt auch messianische Züge tragen[5]. Die richterliche Funktion ist dabei allerdings allenfalls latent in dem hervorgehobenen Führungsanspruch und dem daran gebundenen weisenden Sprechen der Haupthandlungsträger greifbar. Vielmehr resultiert aus dem Fehlen eines Jüngsten Gerichts auch das Abhandensein einer eigentlichen Richterfigur. Die neue Ordnung erschließt sich letztlich nicht aus der im Richterspruch mitgeteilten göttlichen Vorsehung, sondern sie verdankt sich den kosmischen Entwicklungen und den menschlichen Agitationen, in der durch sie veränderten Umwelt.

These 8: Nach der endzeitlichen Katastrophe entsteht eine neue Ordnung des ewigen Heils, die durch Bilder vom Neuen Jerusalem u.ä. dargestellt wird[6].

An dieser abschließenden These lässt sich die Vorgehensweise Freksas und Kiss im Umgang mit apokalyptischen Motiven erneut deutlich machen. Es mangelt in den vorliegenden Science-Fiction-Romanen nicht an aus der Apokalyptik entnomme-

1 Vgl. Kiss, Gläsernes Meer, 16
2 Vgl. Freksa, 304
3 Vgl. Freksa, 299
4 Dormeyer/Hauser, Weltuntergang, 15
5 Vgl. § 11
6 Dormeyer/Hauser, Weltuntergang, 16

nen Bildern, die farbenprächtig die neue Erde und den neuen Himmel[1] oder die aus ihren Trümmern erstehende neue Kirche[2] beschreiben. Doch werden eben diese Bilder umgedeutet: Sie sind nicht länger Ausdruck des Sehnens nach endzeitlicher Errettung mittels göttlichem Gnadenvollzugs[3], sondern werden eingebettet in eine neomythische Anschauung, die die ewige Wiederkehr menschlicher Existenzweise verheißt. „Nichts Neues erscheint, nur Erneutes. Die da meinen, sie schreiten fort, sehen nicht, dass alles im Kreise wandelt."[4] Der radikal erlösungsbedürftige Mensch, der in der Apokalyptik Phantasie freizusetzen sucht zur symbolischen Ausgestaltung von Ängsten und der gleichsam Gottes Handeln und Planen über alle menschlichen Berechnungen stellt[5], er ist in der völkischen Science-Fiction abgelöst durch den kämpfenden, nordischen Edelmenschen, dessen Volk ewig fortwährt, weil selbst Gott seine göttliche (nordische) Seele nicht überwinden kann[6].

Hier gilt, was Dormeyer und Hauser für apokalyptische Literatur im Allgemeinen beschreiben: „In diesen Fällen neomythischen Erlebens werden aus dem anthropologisch sinnvollen Bildzusammenhang der Apokalyptik, die Anfang und Ende der Welt und ihre Ordnung in Raum, Zeit und Zweck und in der Spannung des Agierens zwischen Gott, dem Menschensohn, dem Chaos und der Sünde schildert, einzelne Bilder oder Mytheme herausgegriffen und verabsolutiert."[7] Die Apokalyptik wird in den behandelten Science-Fiction-Romanen ihrer jenseitigen Dimension entbunden und gerät zu einer „immanenistischen Interpretationsform"[8], zu einer enteschatologisierten Apokalyptik, deren Heil sich im Diesseits bereits erschöpft. Einem Diesseits, das geprägt ist durch den kosmisch-mechanistischen Zyklus von Aufstieg und Verfall, und in dem daher nur eine elitäre Gruppe an Kraft, Stärke und Seele[9] hervorragender Menschen überleben kann.

---

1 Vgl. Kiss, Gläsernes Meer, 111
2 Freksa, 302
3 Dormeyer/Hauser, Weltuntergang, 25
4 Freksa, 304
5 Vgl. Dormeyer/Hauser, Weltuntergang, 25f.
6 Vgl. hierzu Kiss, Königin, 258 und Dormeyer/Hauser, Weltuntergang, 133
7 Dormeyer/Hauser, Weltuntergang, 132
8 Dormeyer/Hauser, Weltuntergang, 132
9 Vgl. Kiss, Königin, 258

§ 11 „Ein Volk! Ein Reich! Ein Führer!" – Das Genie in Kollektiv und Individuum

Das Bild der an Kraft, Stärke und Seele herausragenden Menschen schärfer ins Auge fassend, begegnet man schließlich dem für das völkische Denken so prägenden egalitären Bewusstsein. „Ein Volk! Ein Reich! Ein Führer!" lautet einer der wohl populärsten nationalsozialistischen Parolen des Dritten Reichs, in der sich zum einen das Gefühl der tiefen Verbundenheit des Volkes mit der hervorragenden zur strahlenden Integrationsfigur stilisierten Führerpersönlichkeit ausdrückt und zum anderen das Sehnen nach Zugehörigkeit und Geborgenheit in einem einmaligen, abgegrenzten Kollektiv. Führer und Volk werden zu den zentralen Bezugspunkten in der völkischen Bewegung, gerade auch, weil sich an die Konzeption dieser beiden Kategorien der idealistische Geniegedanke knüpft, dem, wie in der Folge immer wieder deutlich werden wird, eine selektives Moment innewohnt. Der sich nun anschließende Teil will zunächst Tendenzen in der Zeit vor Hitlers Machtergreifung aufzeigen, die unter dem Begriff der Führersehnsucht zusammengefasst sind, und analysieren, inwiefern diese Tendenzen Auswirkungen auf die völkischen Science-Fiction-Romane und hier speziell auf die jeweiligen Figurendarstellung haben. Im Weiteren sollen dann die Figurenkonstellationen herangezogen werden, der Frage folgend, ob sich darin das die Zeit prägende Verständnis von Volks- und Rassenbewusstsein widerspiegelt.

I Die das Genie verkörpernde Figur des Führers

1 Führer- und Geniekult vor Hitlers Machtergreifung

Gebeutelt von den Erlebnissen im Ersten Weltkrieg und geprägt durch den Verlust der patriarchalischen Führungsfigur, begeben sich viele Menschen der „vaterlosen Gesellschaft" der Weimarer Republik auf die Suche nach neuen Leitbildern[1]. „Endlich formieren Kriege mit ihrer Notwendigkeit militärischer Führerschaft das Bewußtsein und die Verhaltensweise der Menschen im Sinne des autoritären Führer-Gedankens."[2] Die bisherige Erziehung zum Autoritätsgehorsam, sie bedingt das Sehnen nach einer Autorität in den unüberschaubaren Anfängen der Weimarer Demokratie ebenso wie „die panisch-individualistische Reaktion angesichts der industriellen Massengesellschaft mit ihren nivellierenden Tendenzen."[3] Und so erschallt alsbald aus fast jeder Zeitung der „Schrei nach dem Führer"[4] und die Suche nach der Leitfigur, erfasst den Alltag der Menschen: „Wem ist nicht, und mehr als einmal, die Gestalt begegnet, die diese Zeichen trug und von solcher Luft

---

1 Vgl. Schmidt, 194
2 Schmidt, 194
3 Schmidt, 202
4 Zitiert nach Schmidt, 198

umweht war?“[1] Die Führersehnsucht gerät zum wirkungsmächtigen Sehnen der damaligen Zeit[2]. Thomas Geiger konstatiert dementsprechend: „Das Publikum wird gar nicht *vom* großen Mann geführt, es wird *zum* großen Mann geführt.“[3] In diesem großen Mann kulminieren dabei die verschiedenen Wünsche und Sehnsüchte der Menschen[4]; er wird zum nicht begreifbaren, genialen Ausnahmemenschen stilisiert, der die gegenwärtige, mit rationalen Mitteln scheinbar nicht mehr zu bewältigende Not meistert[5]. „Die Reduktion aller politischen Probleme auf die apriorische Lösung in der genial führenden Persönlichkeit ersetzt das Politische durch das Persönliche, die Ratio durch den Kult.“[6]

Auch in der Literatur spiegeln sich diese Führer-Hoffnungen wider:

„Ein jung geschlecht, das wieder mensch und ding
Mit rechten maßen mißt, das schön und ernst
Froh seiner einzigkeit, vor fremden stolz
Sich gleich entfernt von klippen dreisten dünkels
Wie seichtem sumpf erlogner brüderei
Das von sich spie, was mürb und feig und lau
Das aus geweihtem träumen tun und dulden
Den einzigen, der hilft den Mann gebiert.
Der sprengt die ketten fegt auf trümmerstätten
Die ordnung geißelt die verlaufnen heim
Ins ewige recht wo großes wiederum groß ist
Herr wiederum herr, zucht wieder zucht, er heftet
Das wahre sinnbild auf das völkische banner
Er führt durch sturm und grausige signale
Des frührots seine treue schar zum werk
Des wachen tags und pflanzt das Neue Reich.“[7]

Was Stefan Georges hier in seinem Gedicht *Der Dichter in Zeiten der Wirren* noch in hoher formaler Stufe des Ästhetischen schreibt, findet sich massenhaft auf trivialer Stufe auch in den Science-Fiction-Romanen der damaligen Zeit, in denen sich nach Tzschaschel die überwältigende Sehnsucht nach dem Führer ausdrückt[8]. Mannigfache Hoffnungen und Erwartungen der verschiedenen Gesellschaftsschichten entstammenden Leser und Autoren bedingen letztlich den Reichtum an diversen Typen des genialen Führers, die uns in den literarischen Figuren der völkischen Science-Fiction-Romane begegnen.

---

1 von Hoffmansthal, Gesammelte Werke, 32
2 Tzschaschel, 93
3 Zitiert nach Schmidt, 195
4 Vgl. Hahn, 30
5 Vgl. Schmidt, 194
6 Hahn, 209
7 Zitiert nach Hermand, Traum vom neuen Reich, 72
8 Tzschaschel, 89 Vgl. auch Hahn, 29

„Ich bin ein Held, ein Gott, ein Erlöser.“/„Ich bin kein Mensch mehr. Ich bin ein Titane. Ein Gott!“[1] In den Worten des Titelhelden aus Joseph Goebbels Roman *Michael. Ein deutsches Schicksal in Tagebuchblättern* kulminiert Führersehnsucht mit in religiöse Worte gekleideter neomythischer Allmachtsphantasie. Die Sehnsucht nach politischen Leitbildern, sie bindet sich an den mythischen Glauben an Heroen und Erlöser[2]. Apokalyptische Denkfiguren, christologischer Wortgebrauch, gnostische Tendenzen und romantischer Geniekult sind Bereiche, aus denen geschöpft wird, um die Hoffnungen zu artikulieren, die sich an den Führer als den „Starken von oben“[3] binden. Die von vielen Menschen vor Hitlers Machtergreifung geteilte Erfahrung von Not, Leid, politischer Aussichtslosigkeit, aber auch religiöser Orientierungslosigkeit, die manche gar in die im vorherigen Kapitel beschriebene Weltuntergangsstimmung versetzt, sie wird zurückgeführt auf das Fehlen eines Führers[4]: „Der eiserne Besen mangelte, der die Allerweltsbeglücker in den Orkus und zum Teufel fegte. Der Messias fehlte, der imstande war, Deutschland zu einigen.“[5]

Der Rückgriff auf christliche Traditionen und Messiaserwartungen der frühjüdischen Apokalyptik in der Ausgestaltung des Führers verdeutlicht dessen Anschauung als neue Erlöserfigur, in der die Sehnsüchte der völkischen Bewegung kulminieren. So beschwört beispielsweise Adolf Lanz, als Vertreter der ariosophischen Okkultgruppen, den messianischen und politischen Heilsbringer: „Zieh uns voran, sieghafter Affenbezwinger und erlöse uns von den Sodomsschratten, denn dein ist das Weltreich und die Kraft und die Herrlichkeit in Ewigkeit. Amen.“[6] Auch auf den später an die Macht kommenden „Heilsbringer“ Adolf Hitler werden solche Loblieder geschrieben, wie durch Herbert Böhme, der in pseudo-johanneischer Terminologie dessen Bedeutung als neuen Erlöser zum Ausdruck bringt:

„Lasst unter der Standarte uns bekennen:
Wir sind Deutsch:
Wir folgen unserm Führer
als dem leibhaft gewordenen Befehl
eines höheren Gesetzes,
das über uns und in uns schwingt,
das wir erahnen,
und daran wir glauben.

---

1 Goebbels, 116/127
2 Vgl. Hauser, Kritik der neomythischen Vernunft (I), 85
3 Hermand, Traum vom neuen Reich, 119
4 Vgl hierzu auch Vondung, 35-39
5 Delmont, 118
6 Zitiert nach Daim, 176

Wir glauben an unseren Führer
als an eine Offenbarung dieses Gesetzes
für uns sein Volk."[1]

Als Spiegelbild der Zeit nimmt auch die Science-Fiction-Literatur sich des Motivs des Führers messianischer Prägung an. Selten werden dabei die religiösen Bezüge so deutlich angesprochen wie in den folgenden Beispielen, die Rolf Tzschaschel in seiner Untersuchung über die *Zukunftsromane der Weimarer Republik* anführt[2]. So gestaltet Paul Ehrhardt seinen politischen Messias in synoptischer Tradition[3] als eins im Willen mit einer höheren Macht:

„Er wusste nur eins: Er ging einen Weg, den er anscheinend sich selber vorschrieb. Der Wille, diesen Weg zu gehen, kam aber sicher nicht aus ihm selber; den flüsterte ihm unaufhörlich eine Macht zu, außerhalb aller Irdischkeit, für die alle Menschenwillen, zu einem einzigen Willensimpuls zusammengefasst, nicht mehr sind, als der Fall eines winzigen Blütenblattes in dem jahrtausendelangen Geschehen der ganzen Weltgeschichte."[4]

Noch deutlicher an die Erlösergestalt Christi angelehnt erscheint Hans Handing in Sigmund Guggenbergers *Eurafasia*: „Läutet, Glocken, läutet! Ruft es ihm Stimmen alle: Der Held zieht ein, der Retter und Befreier. Dort, dort – seht ihr ihn? Dem Mann im grauen Reiterrock mit bloßem Haupt – und wie er blaß ist und wie bleich – *er hat unsere Schuld auf sich genommen.*"[5]

In *Karner, der Diktator* lässt Fritz Mardicke gar seinen genialen deutsch-russischen Erfinder als wiedergekehrten Jesus auftreten:

„[Es] fiel mir ein, daß Jesus einmal seine Wiederkehr kündete. Einst soll ein Mensch kommen, der groß und göttlich wie er ist. Und ich dachte in meinem Herzen, daß dieser Mensch ... Martin Karner sein könnte. Jost sah sein Weib mit leuchtenden Augen an und sagte aus innerstem Herzen: ‚Marthe, vielleicht hast du die Wahrheit erkannt.'"[6]

Auch Hans Dominik, der wohl populärste deutschsprachige Science-Fiction-Autor seiner Zeit, verleiht seinen nordischen Helden Züge einer christologischen Erlöserfigur, wenn er in Anlehnung an die Emmaus-Erzählung schreibt: „Er war bei uns. Wir haben ihn gesehen, mit ihm gegessen, getrunken und wußten nicht, daß er es war."[7]

---

1 Zitiert nach Haack, 70f.
2 Vgl. Tzschaschel, 90f.
3 Vgl. Mt 26,36-56
4 Erhardt, 73
5 Guggenberg, 152
6 Mardicke, 187
7 Dominik, Erbe der Uraniden, 243

Und so werden die Helden der Science-Fiction-Romane dem fiktionalen Volk das, was Hitler vielen Deutschen auch werden sollte und wollte. Sie werden, wie es Joseph Delmont in *Die Stadt unter dem Meere* äußert, zu Abgöttern und unsterblichen Nationalheroen des deutschen Volkes[1].

a Die messianischen Qualitäten der Helden der Kiss'schen Tetralogie

Wie viele Kollegen der schreibenden Zunft stattet auch Edmund Kiss seine Haupthandlungsträger mit Wesenszügen aus, die sie deutlich über andere irdische Existenzen erheben. So ist Jochaan bereits zu Beginn durch den Geist des Alls als „Meister des Schicksals" gekennzeichnet, der „reicher und glücklicher als alle Kreatur, die die kleine Erde auf ihrer Schale hütet"[2], ist. In einem säkularisierten Verständnis religiöser Tradition gerät er den Menschen zum Illuminator, der Licht in die Wohnungen des Volkes bringt[3]. Ebenfalls vermag es Jochaan in Anlehnung an Mose, „Wasser aus den Felsen [zu schlagen], an Stellen, da kein Mensch es vermutet."[4] Mit dem jüdischen Propheten verbinden ihn darüber hinaus biographische Erlebnisse: die sagenhafte Ankunft auf den Abessischen Inseln. „Niemand verstand seine Sprache, keiner wußte, woher er gekommen war, denn über die reißende Ringflut des Weltmeeres war noch kein lebendes Wesen an den Strand der Abessischen Inseln gespült worden."[5] Nur der glücklichen Fügung, dass ihn Königstochter Zita entdeckt und die Königin ihn unter ihre Protektion stellt, verdankt es sich schließlich, dass Jochaan nicht, wie andere Eindringlinge in das Reich, getötet wird. Und gleich Mose ist es ihm letztlich nicht vergönnt das neue Reich lebend zu erblicken.

Des Weiteren bindet Edmund Kiss in seine Erzählung *Das Gläserne Meer* zur Charakterisierung Jochaans Anspielungen auf synoptische Überlieferungen ein, dabei immer die Umdeutung dieser Texte ins Auge fassend, die der Regierungsbaurat in seinem welteistheoretisch geprägten, säkularisierten Sinne verstanden wissen will. „Er ist König in seinem Reich, du in deinem Herr, [...] Eure Pfade kreuzen sich nicht, denn sein Reich ist das des Geistes, das deine aber das der Erde"[6], lässt der Autor die Königin zu ihrem Gatten sprechen - und der Bezug zu den jesuanischen Worten gesprochen im Verhör vor dem Hohen Rat wird evident. Dieser König des Geistes, der zugleich „Baumeister der neuen Erde" ist[7], gerät ebenso wie Jesus in den Verdacht, ein „Neuerer und Umstürzler" zu sein[8]. Dies geschieht nicht allein aufgrund seiner prophetischen Weissagungen hinsichtlich des drohenden

1 Delmont, 156
2 Kiss, Gläsernes Meer, 9
3 Kiss, Gläsernes Meer, 14
4 Kiss, Gläsernes Meer, 14
5 Kiss, Gläsernes Meer, 60
6 Kiss, Gläsernes Meer, 29
7 Kiss, Gläsernes Meer, 219
8 Vgl. Kiss, Gläsernes Meer, 119

Einsturzes des Tertiärmondes[1], sondern auch wegen des Umgangs, den der „Freund der Sklaven“[2] mit den Untergebenen pflegt:

„‚Schlage die Leute nicht so oft!‘ hatte er einmal gesagt, und es hatte wie eine Drohung geklungen. ‚Vielleicht wirst du ihre Liebe und Treue noch einmal gebrauchen. Du lässt sie um geringere Vergehen willen grausam peitschen. Behandelst du deine Wolfshunde je so hart wie diese Menschen? Und sind doch auch Menschen wie du und ich!‘ Das war eine ganz ungeheuerliche Ansicht gewesen von diesem Jochaan!“[3]

Und so wird der Bruder des Geists des Alls zeitlebens verkannt. Er gerät unter die Sklaven und findet beim Versuch, die Königin vor den drohenden klimatischen Katastrophen in seine sicheren Höhlen zu retten selbst den Tod durch die Steinaxt Galmons. Dieser Tat folgen in Anlehnung an die Kreuzigungsszeneri erderschütternde Ereignisse:

„Nephat lauschte in die Ferne, angestrengt und mit verhaltenem Atem. Durch das Donnern der feuerspeienden Berge klang es wie gewaltiges, helles Rauschen und Brausen. Verdoppelt krachten die Explosionen in der Erde und der Boden wölbte sich auf, als wenn er sich bäumte und aufbrechen wollte.“[4]

Nur dem Königssohn Aragon offenbart sich der wahre, messianische Charakter des Weltenretters Jochaan: „Jetzt begann Araton zu ahnen, welch ein Geist dieser arme Baumeister des Königs gewesen war, nicht nur überragend an Klugheit und Verstandesschärfe sondern auch ein Seher, der die Zukunft mit sicherer Hand ergriffen hatte, dem ein höherer den Geist der Weissagung gegeben hatte, um Reste des menschlichen Lebens in die neue Zeit hinüberzuretten. […] Ganze Menschengeschlechter danken dir, du armer Baumeister, Leben und Zukunft auf der neuen Erde.“[5]

Auch in der in *Frühling in Atlantis* beschriebenen Aufbruchszeit des neuen Reiches bedarf es einer starken Führerpersönlichkeit. Das Sehnen nach dieser spiegelt sich in der Figur der Warga wider: „Kannte dieses junge Mädchen die Gefahren der Entwicklung, die die Zustände im Reich, in den Staaten und den Grenzmarken nahmen, wenn nicht jemand kam, der mit starker Hand das Steuer herumwarf?“[6] Diese starke Hand gehört Baldur Ase Wieborg. „Baldur Wieborg war ein Stürzer einer alten Zeit, war der Geisteshammer einer bevorzugten Rasse, der mit prüfenden, ersten Hammerschlägen am Neuen schmiedete, das kommen sollte und mußte.“[7] Auch dieser erhält messianische Züge. Kiss gestaltet ihn nach Muster eines gnostischen Heilsbringers, der bescheiden von sich bekennt: „Ich hoffe, sie sagen

---

1 Vgl. Kiss, Gläsernes Meer, 111
2 Kiss, Gläsernes Meer, 117
3 Kiss, Gläsernes Meer, 119
4 Kiss, Gläsernes Meer, 213
5 Kiss, Gläsernes Meer, 258
6 Kiss, Frühling in Atlantis, 26
7 Kiss, Frühling in Atlantis, 126

nicht zu viel. Es wird genügen, daß sie wissen, es habe einmal ein Mensch mit der Waffe des Lichtes gegen die Finsternis gefochten und sogar Siege damit errungen."[1] Der messianische Charakter Baldurs offenbart sich vor allem in den Gedanken seiner Leidensgefährtin Warga, die seine herausragende, göttliche Persönlichkeit erkennt:

„Baldur Wieborg war für mich mehr als der sieghafte Frühlingsmensch, der die Herzen zu sich reißt, ob sie wollen oder ob sie sich wehren. Baldur war für mich die Verkörperung einer neuen Zeit, eines hinreißendes Gedankens. Er war für mich der Befreier aus unwürdigen Ketten des Geistes, war der Mann, der es vermochte, die Tore eines neuen Völkerfrühlings aufzustoßen, war der Seher, der das Göttliche in sich trug, vielleicht ohne es selbst zu wissen. Sein Wahrheitslieben seine Reinheit in Wollen und Tat, sein unbändiger Haß gegen das Unklare und Verschwommene, gegen Götzendienst und Priesterhochmut, seine traumhafte Sicherheit, mit der er die Mittel wählte, die zum Ziele führten, alles dies gab mir die Kraft, ihm die Treue zu wahren."[2]

In *Die letzte Königin von Atlantis* tritt das Bild der überragenden messianischen Führergestalt in den Hintergrund zugunsten der Darstellung der Göttlichkeit und Erhabenheit des gesamten nordischen Volkes. Dennoch sticht der Arcora, der Thronfolger des Königs, aus der Menschenmasse heraus, dem sich auch Godda Apacheta nicht widersetzen kann, obgleich sie beide um die Liebe der Atlanta Farmer kämpfen.

„Und als sein Blick tief in meine Augen drang, da breitete ich die Arme aus, nur wenig hob ich sie an, aber ich mußte es tun, und in seinen Augen erschien ein warmes Leuchten. Da wußte ich, daß ich gefangen war, gekettet von Hingabe an ein Meisterwerk des Uralten, an dem seine Liebe vielleicht ein Weltzeitalter hindurch geformt und gebildet hatte, ehe es diesen Mann auf die Erde stellte [...]"[3].

Der Herzog von Arcora ist es auch, der in den Zeiten der wachsenden Sorge, ob der drohenden katastrophalen Ereignisse, seinen Landsmännern ein Gefühl der Sicherheit zu vermitteln vermag[4]. „Ungeheuer kann die Macht des Führers auf die Geführten sein, und diese Macht war vorhanden. [...] Nicht umsonst nannten uns die Zipanguleute des Hochlandes Kinder der Sonne und warfen sich in den Staub, wenn das Banner mit dem Sonnenzeichen des Reiches Atlantis vorübergetragen wurde."[5] Und auch im Angesicht des nahenden Untergangs weicht die Zuversicht nicht von den Nordlern, solange der Arcora an ihrer Seite steht. „So sehr wirkte die zur Schau getragene Sicherheit eines großen Führers, wie es der Arcora war, daß die zertrümmerte Stadt Atzlan vor meiner Seele wieder emporwuchs, und der weite See von farbigen Wimpeln schneller Schiffe wimmelte [...]"[6]. Gestärkt durch das

---

1 Kiss, Frühling in Atlantis, 279
2 Kiss, Frühling in Atlantis, 295
3 Kiss, Königin, 41
4 Vgl. Kiss, Königin, 55
5 Kiss, Königin, 56
6 Kiss, Königin, 116

Charisma der Führungsfigur – eine Rolle, in die auch Godda Apacheta langsam hineinwächst – wagen denn die Nordmänner den Ausmarsch aus dem zerstörten Reich in die Heimstätte Thule.

Mit der Trennung der überlebenden Atlanter wächst schließlich fern des Königs die Bedeutung Godda Apachetas. Wenn auch die Ich-Erzählperspektive, die Kiss in *Die Singschwäne von Thule* wählt, eine emphatische Glorifizierung des Haupthandlungsträgers erschwert, so erfährt der Leser dennoch in den von außen an Godda herangetragenen Berichten vom Göttlichen Hauch, der sein Wesen begleitet: „Die Waldmenschen halten dich für einen richtigen Gott!"[1] bemerkt der getreue Gerdung und führt in Anspielung auf die Himmelsreise Goddas hinzu: „Deine Macht ist unsere Rettung, und wenn die Menschen sagen, du seist der einäugige Gode, so ist das soviel wie tausend Schwertleute. Und einem Mann, der aus den Sternen kommt, diene ich nicht gerade ungern."[2] Mit solchen Ansichten konfrontiert wächst zugleich der Übermut Goddas und er beginnt von sich selbst als von einem schöpferischen Genius zu denken: „Gut, Godda Apacheta stammte von den Sternen. Es war ja so falsch nicht, was die Teuten sagten. Ich lachte vor mich hin. Mit der Faust die Erde nach seinem Willen zu formen und mit dem Geist zu lenken, ist das höchste Gut auf meinem Stern."[3] Und so gerät der Sternweise von Atzlan seinen Gefolgsleuten „zum siegreichen Kriegsgott, dem sie blindlings vertrauen."[4]

Edmund Kiss trägt darüber hinaus im Rahmen der Erzählung von Godda Apacheta zur Mythenwerdung seines Helden bei, wenn er die Inspiration des Verfassers für den Science-Fiction Roman als Offenbarungsgeschehen entwirft:

> „Als der Verfasser in Atzlan vor dem unvollendeten Kunstwerk stand, das den Kopf eines Gelehrten darstellt mit nordischen Zügen, hoher Stirn und schmalen Lippen, eine Skulptur, die der graue Ton der Sonnenwarte von Kalasasava dem Spaten freigab, schienen die rätselhaften steinernen Augen des Bildes nach oben zu deuten. Denn auf dem Abendhimmel glühten die ersten matten Sterne des Alls. […] Da fiel die Geschichte Godda Apachetas aus dem Bande der Himmelsstraße auf die Erde. Stern um Stern gab sein Geheimnis in die stille kalte Nacht und flüsterte von der Seele Apachetas, des Sternweisen von Atzlan. Was er einst in bitterer Qual in den leuchtenden Himmelsbogen schrieb, rieselte hinab; erst zögernd, dann schnell und im leuchtenden Strom der Sterne. Zu voll waren sie vom Geheimnis Apachetas. […] So kam die Geschichte des adligen Gelehrten von Atzlan auf die Erde. Nichts ist hinzugefügt und nichts davongenommen. Was aus der Sternenbrücke fiel in leuchtenden Bächen, das sei Euch geschenkt, nordischen Frauen und Männern, die gleich ihm die Lanze ihrer Seele nach ragenden Gipfeln stoßen."[5]

---

1 Kiss, Singschwäne, 254
2 Kiss, Singschwäne, 254
3 Kiss, Singschwäne, 255
4 Kiss, Singschwäne, 321
5 Kiss, Königin, 5f.

3 Die Einsamkeit des gegen seine Zeit geborenen herausragenden Genius

Führersehnsucht und Genieglaube richten sich meist nicht auf Menschen, die uns als „normale“ Mitbürger tagtäglich begegnen. Vielmehr projizieren die Orientierungslosen der Weimarer Republik ihre Hoffnungen auf das aus der Masse herausragende Genie, in dem sich letztlich das Weltbewusstsein bündelt[1]. Es wird dann der Gedanke der Evolution alles Lebendigen auf das Genieverständnis übertragen – „das Genie ist der vor seiner Zeit, gleichsam gegen den Lauf der Evolution geborene außergewöhnliche Mensch.“[2] Dabei ist der gegen die Zeit geborene herausragende Mensch nicht zwangsläufig der in Science-Fiction-Romanen häufig auftretende „homo futurus“[3]. Friedrich Freksa konterkariert diesen Typus auf der Basis seines zyklischen Geschichtsverständnisses, wenn er die aus der Vergangenheit Hinübergeretteten zu den Heilsbringern im Kampf gegen die Drusonen stilisiert.

Die Hoffnung auf die gegen die Zeit geborene Führerfigur, die alles zum Guten wendet, wird in der Literatur in schillernden Bildern gepflegt, so etwa, wenn Paul G. Erhardt in *Die letzte Macht* schreibt:

> „Bis dann alle hundert Jahre einmal ein Einzelwille aufsteht, ein Riesenwille, der mit ein paar Fußtritten und einer angewiderten Geste den ganzen Dreck über den Haufen wirft und aus dem Urgestein, das ihm die Allmutter Natur greifbar vorbereitet hat, ungefüge Klötze, scharfkantige Blöcke herausreißt und ein mächtiges Bauwerk aufführt, einem Giganten gleich.“[4]

Wenn auch der Genius selten so pompös wie bei Erhardt als gewalttätiger, umstürzender Gigant auftritt, liegt dieser Figur doch meist der Wesenszug des Neuerers zugrunde, der ein Ahnen artikuliert, das dem Zeitgeist nicht selten widerstrebt[5]. Hieraus erklärt sich denn die in nahezu allen Science-Fiction-Romanen ausgestaltete isolierte Stellung der Führerfiguren[6]. Hugo Wolfgang Philipp bemerkt diesbezüglich: „Denn dieser Widerspruch bleibt ewig merkwürdig: die dogmatischen Menschenbeglücker sind unleidliche Despoten und fanatische Terroristen.“[7] Und erweisen sich die Führerfiguren auch als menschenfreundlich, so bleibt dennoch meist ihre Isolation bestehen aufgrund ihrer messianischen Bestimmung, an die sich ungeheure und eben unteilbare Verantwortung bindet.

Auch Kiss gestaltet seine Führungsfiguren nach diesem Vorbild und gönnt ihnen allenfalls kurze Phasen zwischenmenschlicher Beziehung. Zum Auftakt seiner Tetralogie schreibt er, was paradigmatisch für seine Helden wird:

---

1 Vgl. Hauser, Möge die Macht, 20
2 Hauser, Möge die Macht, 20
3 Suerbaum, 72
4 Erhardt, 68
5 Vgl. Hauser, Möge die Macht, 20
6 Vgl. Tzschaschel, 90
7 Philipp, 20

„Aber das Lächeln [des Geistes des Alls] war zugleich ein schmerzliches, weil Jochaan einsam sein würde, wie er selbst, und weil die Einsamkeit für die Menschen schwer zu tragen ist, und nicht wie ein Vorzug und ein großes Glück, die man leicht trägt; der große Geist wußte, Jochaan würde diese Einsamkeit tragen müssen. Aber er wußte auch, daß nur so ein Bruder seiner selbst sein durfte, einsam und verlassen unter den Menschen, deren Blut er trug [...]"[1]

Und so beginnt die Binnenerzählung mit den lapidaren Worten des Königs „Ich verstehe Jochaan nicht"[2], in denen sich gleichsam die unüberwindbare Konfrontation des ahnenden Genius mit dem Zeitgeist abzeichnet. Die herausragende Stellung der Helden bietet Kiss zugleich die Möglichkeit, dramatische Liebesgeschichten in seine Romane einzuflechten. Ob Godda, Baldur oder Jochaan, alle werden von mehreren Frauen verehrt und gehen Beziehungen ein, die jedoch dazu bestimmt sind, zu scheitern. Grund des Scheiterns ist neben dem Tod die „unbedingte Ehre", der gegenüber sich die Haupthandlungsträger verpflichtet fühlen. So bittet Jochaan Zita, Araton zu folgen, um ihre königliche Abstammung wissend und ahnend, dass nur bei dem Königssohn ihr Überleben sicher ist. Auch Baldur entbehrt des Glücks, wenn er die Königstochter Armane verlässt, um eine Ehe mit Warga einzugehen, der gegenüber er sich verpflichtet fühlt, da sie im Einsatz für seine Sache durch den Diener des Hohenpriesters lebensbedrohlich verletzt wurde. Bei Godda finden wir die dramatische Verwicklung vorliegen, die dazu führt, dass der Sternweise seine Geliebte Atlanta Farmer erst an den König und schließlich an den Tod verliert. Auch mit seiner zweiten Frau Katte Hogger ist ihm nur eine kurze Zeit vergönnt, ehe sie im Kampf mit dem Sohne Goddas und Atlantas fällt, der auch dem Arcora das Leben kostet. Schließlich beschreibt der Sternweise von Atzlan selbst seine an die Führerschaft gebundene Isolation[3]. So sind Kiss Führerfiguren eindrucksvoll zur Einsamkeit verbannt und sie tragen das Leid wissend, dass ihre Mission eine andere, größere ist.

Friedrich Freksa hingegen bewegt sich in seiner literarischen Fiktion bewusst weg von dem Typus des einsamen Genies. Er bedient sich in seinem Figurenpersonal einer Heldengruppe, die bereits als solidarische Gemeinschaft wirkt, und setzt an deren Spitze Alf Bentink, der in Judith seine große Liebe findet. Lediglich in dem Erfinder Hurst scheint sich der Typus des sich selbst genügenden Genius wiederzufinden, der sich zum Befreier von den die himmlische Ordnung störenden Drusonen berufen fühlt[4], doch ist auch er eingebettet in das Kollektiv der untereinander solidarischen Tiefschläfer. Einen möglichen Grund für diese Figurenkonstellation liefert Freksa selbst in der bereits zitierten Verkündigung des Fährmanns, in der er auf die Bedeutung der Liebe zu sprechen kommt:

---

1 Kiss, Gläsernes Meer, 9

2 Kiss, Gläsernes Meer, 11

3 Kiss, Singschwäne, 206

4 Vgl. Freksa, 150

„Es ist die Gnade, die Sünde schafft, wenn du der Gnade vergissest. Sünde aber erweckt Sehnsucht zu Gott. Lebtest du einsam mit dir auf einer Insel im weiten Meer und hättest alles, was zur Leibesnahrung und Notdurst gehört, so könntest du der Gnade nachsinnen und im Gebet Gott nahe kommen, aber die volle Gnade fändest du nicht. Denn als Mensch gehörst du zu Menschen, und du fühlst den Strom von Gottes Gnade nur, wenn du ihn zu anderen Menschen lässest überströmen. Dies aber ist das Geheimnis der Liebe."[1]

4 Der Führer als Erfinder

Zum Wesen des Genies gehört maßgeblich seine schöpferische Tätigkeit, in welcher der geniale Gestaltungswille zum Ausdruck gelangt. Auch Hitler greift in seinen Darstellungen immer wieder auf die grundsätzliche Spannung zwischen dem genialen, weil schöpfungsfähigen arischen Volk und den schmarotzenden, mimetischen Juden zurück[2]. Die moderne Ausdrucksform des genialen Gestaltungswillen vollzieht sich dabei in den Bahnen der Technik; der Führer wird gleichsam vielfach zum genialen Erfinder stilisiert[3]. Der Erfinder als ein das Genre prägender Typus begegnet in der Science-Fiction bereits in Mary Shellys *Frankenstein. Oder der moderne Prometheus* sowie vermehrt und wirkungsgeschichtlich einflussreich in den Erzählungen Jules Vernes und Emil Sandts[4]. Demnach ließe sich auch die Umkehrung formulieren, der Erfinder wird zum Führer. In jedem Fall erfolgt in der völkischen Science-Fiction „eine Verschmelzung völkischer Vorstellungen mit typischen Formen im Genre des Zukunftsromans"[5].

Die bereits die messianische Führerfigur prägende Eigenschaft ordnenden Handelns bestimmt umso mehr den Typus des Erfinders, dessen primäre Aufgabe darin gesehen wird, das Weltenchaos zu beseitigen[6]. Durch einen Geistesblitz wird der bis dato im Geheimen tüftelnde Bürger in den Science-Fiction-Romanen zum gefeierten Genius, der die Not der Menschen lindert, Kriege entscheidet, den Weltraum erobert oder dauerhaften Frieden bringt[7]. Eindrucksvoll entwirft der Ungar Maurus Jokai in seinem Werk *Der Roman des künftigen Jahrhunderts* das Bild eines solchen autonomen menschlichen Schöpfers, der dank seiner genialen Gestaltungsfähigkeit den eschatologischen Wendepunkt selbst einleitet:

„Es ist wahr, das Ganze ist auf eine Hypothese gebaut: auf eine Erfindung, deren Folge eine Umgestaltung der Welt sein wird. Ich glaube an das Zustandekommen jener Erfindung … Einmal wird's wohl jemand finden. Und der wird dann dem ewigen Kampf ein Ziel setzen. Der wird die Millionen, die einander gegenüber stehen, bereit sich zu vernichten, zur Entwaffnung zwingen, … Der wird Einfluss üben auf die Witterung und eindringen in die Geheimnisse der Natur. Der wird grassierende Seuchen stillen und die menschlichen Lebensorgane wieder zu ihrer

1 Freksa, 314
2 Vgl. Schmidt, 227f.
3 Vgl. Hahn, 36
4 Vgl. Hahn, 31
5 Hahn, 31
6 Vgl. Nagl, 69
7 Vgl. Nagl, 69

ursprünglichen Kraftfülle erstarken machen ... Der wird die Technik um einen neuen Stoff bereichern, den Jedermann gebraucht und der kostbarer sein wird als das Gold, und wohlfeiler als Eisen ... Der wird die reißenden Thiere ausrotten in ihren Urwäldern und in ihren Wüsten ... Der [wird] nur einer Partei Raum geben, und deren Devise wird lauten ‚Thätige Vaterlandsliebe' ... Das sind die gestaltenden Ideen meines Werkes ... Dann wird – möglicherweise – es gibt keine Unmöglichkeit im Sternensysteme – der Weltenschöpfer zum Frommen der vervollkommneten Menschheit auch noch jenen Fehler an der Erde verbessern, welcher die Hauptursache aller Störungen in unseren klimatischen und Wetterungsverhältnissen ist; die Abneigung der Erdachse von der Erdbahn."[1]

Dieses auch in der realen völkischen Bewegung greifbare Sehnen nach dem erfinderischen Führer, der mit einem Machtwort aus dem Chaos der Moderne eine neomythische Ordnung schafft, es hallt im Stillen auch in den vorliegenden Romanen von Friedrich Freksa und Edmund Kiss wider.

Die Helden der Kiss'schen Tetralogie sind allesamt eingeweihte, die in der hörbigerschen Lehre vertretenen Thesen ahnende Astronomen. So wird Jochaan gleichsam zum Führer und Baumeister der neuen Welt[2], der dank seiner wissenschaftlichen Erkenntnis ganzen Menschengeschlechtern das Überleben sichert[3]. Aber nicht nur in seinen großen ‚Projekten' wie der Errichtung von tiefen Höhlen in der Höhe der Berge oder der Ansiedlung von Menschengruppen im rettenden Eise des Nordlandes offenbart sich das erfinderische Genie des Helden. „Wer anders wie er wäre auf den einfachen Gedanken gekommen, das Öl in ein Tongefäß zu schütten und mit einem langen Stück gedrehter Wolle zur Flamme emporzusaugen"[4] und so Licht und Wärme in den dunklen Tagen der Eiszeit zu sichern. Neben diesem prometheischen Gestus, der Jochaan mit Godda verbindet, der ebenfalls in der Lage ist, Kohle aus dem Erdinnern zu gewinnen, die Wärme und Feuer spendet, stilisiert Kiss seinen Helden gar zum Galilei der Vorzeit. So spricht Jochaan zu seiner Geliebten Zita: „Ich will sehen, ob die Erde rund ist, wie dein kleiner schwarzer Kopf und ob das Meer so schnell darüber fließt, wie die Tränen über deine kleinen Backen [...]"[5]. Und ihm gelingt gar der Beweis für diese Annahme zu führen, indem er markierte, „große Korkstückchen" zu Wasser lässt, die über das Meer nach Osten wegfließen und im Laufe eines Jahres von Westen her wiederkehren[6].

Für den in der Zukunft situierten Roman Friedrich Freksas ist der Typus des Erfinders noch bedeutsamer. Allerdings ist dieser Typus dem ambivalenten Technikverständnis des Autors entsprechend angelegt; d.h.: Weltenschöpfung und Weltenzerstörung liegen eng beieinander. So gerät bereits zu Beginn des Romans die als

---

1 Jokai zitiert nach Hauser, Kritik der neomythischen Vernunft (I), 397
2 Vgl. Kiss, Gläsernes Meer, 213
3 Vgl. Kiss, Gläsernes Meer, 258
4 Kiss, Gläsernes Meer, 13
5 Kiss, Gläsernes Meer, 66
6 Vgl. Kiss, Gläsernes Meer, 66

Kriegsmittel seitens der Chinesen[1] entwickelte Methode des Tiefschlafs zum „höchsten Triumph des Menschengeistes“[2]. Die Erfindung, die in den Händen der Chinesen zum negativen Umbruch der bekannten Weltordnung geführt hätte, sie ermöglicht schließlich den vier Helden die Überbrückung von Raum und Zeit. Retter der Erde werden, die „das heilige Feuer des Freiheitskampfes [...] entfachen gegen die Drusonen.“[3] Diesen Freiheitskampf entscheiden die Menschen letztlich allein aufgrund des genialen Erfinders Hurst für sich, der den Atomzertrümmerer gegen die außerirdischen Besatzer einzusetzen weiß. Doch auch hier deutet Freksa neben der sich im weiteren Romanverlauf realisierenden Befreiung der Erde die Möglichkeit der Zerstörung des Bestehenden durch die Technik des genialen Erfinders an.

„‚Ich bin dabei, die Formel für ihre Raumfahrt zu errechnen, aber ich muß das Problem, das mich mehr als alles andere fesselt, hintansetzen, denn zur Befreiung der Erde vom Druso reichen unsere Machtmittel schon aus. Zur Verfügung steht uns vor allem die Schließung des Spannkreises der erdelektrischen Kräfte. Sie muß dieselbe Wirkung auf Druso ausüben wie auf ein Schleppschiff, dem die Trosse gekappt wird. Das Schleppschiff treibt ab. Sollte den Drusonen dennoch ein Gegenzug gelingen, der uns unbekannt ist, so haben wir als letztes, schreckliches Mittel die Atomzertrümmerer auf Karaga. Das würde einen neuen entscheidenden Stoß geben.’ Alle Anwesenden waren sich klar, was ausgeprochen war. Thankmar sagte: ‚Lieber frei auf einer zerstörten Erde, als unfrei auf einer gebändigten!’“[4]

5 Der Führer als Erzieher des Volkes

Auf einen letzten möglichen Wesenszug des Führers im Rahmen der Science-Fiction-Darstellungen wollen wir abschließend zu sprechen kommen. Die in den Rufen aus den Breiten der Gesellschaft immer wieder geforderte starke Hand des Führers soll, wenn es nach der Ansicht vieler völkischer Repräsentanten geht, mit eisernem Willen das Volk nach dessen eigenen Gestaltungsprinzipien erziehen:

„Die Zeit bedarf eines gewaltigen Hebels, der die toten Massen in Bewegung zu setzen weiß; ihm gebührt die Herrschaft. Aber freilich nicht nach Tyrannenart[,] sondern in der Art wie Bismarck Deutschland beherrschte: dadurch, daß er die Gefühle, die Wünsche, die Befehle seines Volkes ausführte, zuweilen auch anscheinend gegen dessen Willen.“[5]

Den Erwartungen an den Führer, der das Sehnen des Volkes artikulieren und aus dem „emphatisch gepflegten Mythos der deutschen Germanenrasse den Logos

---

1 Die Chinesen sind dabei als immanente Bedrohung der Weltordnung aufzufassen, gemäß dem Autor, der die Asiaten mit dem Bösen gleichsetzt. (Vgl. Freksa, 5)

2 Freksa, 5

3 Freksa, 5

4 Freksa, 199 Die hier angedeutete Ambivalenz zwischen Wunderwaffe und Zerstörungskraft *Technik* wird uns in § 12 noch ausführlich beschäftigen.

5 Langbehn, zitiert nach Hahn, 35f.

einer völkischen Realpolitik herausdestillieren"[1] soll, geht die Forderung an das Volk einher, dem Willen des Führers zu entsprechen.

Das Wohl des Volkes gegen den Willen vieler durchzusetzen, darum bemüht sich in besonderem Maße auch der Kiss'sche Held Baldur Wieborg.

„Mit entschlossenem Schritt wollte dieser Mann den engen Kreis verlassen, wollte bewußt den abschmelzenden Ring reinblütiger Nordlandgeschlechter erweitern, um das Erbgut zu retten, das in vielen Millionen wach war, die abseits stehen mußten, weil ihr asisches Blut nicht mehr in voller Reinheit in ihren Adern fließt."[2]

Die Mittel, die Baldur zur Durchsetzung seiner Ziele zur Verfügung stehen, sind die des begnadeten Erziehers, der mit Vehemenz auf die Einsicht des Zöglings hinarbeitet.

„Das Gesetz mußte erweitert und dann geschlossen, ein Damm gegen weiteres Absinken des hohen Erbgutes werden. Feinde würden überall stehen! Im Rücken wie vor der breiten nordischen Stirn. Und sie alle wollte er niederringen mit der kristallenen Klarheit der Geisteswaffen. Wieborg hoffte auf den guten Willen der anderen, wie es alle Baldurnaturen tun müssen und auch tun. Der Vorteil eines entschlossenen Volksblocks würde auch dem verbohrtesten Adel einleuchten, wenn der unaufhaltsame Vorgang des Abschmelzens des kleinen, zähen Nordlandkreises reinblütiger Asen unter zwingenden Beweis gestellt wurde."[3]

Eine herausragende erzieherische Gestalt gibt auch Godda Apacheta ab, der mit eisernem Willen und strenger Disziplin ein Heer neuer Atlanter anführt.

„Ja, der Godda hatte sich sein wildes Heer hart zusammen geschmiedet! Diese einheitliche Bewaffnung, die Haltung meiner Männer kam nicht von heute auf morgen. Es steckte jahrelange Erziehung darin und eine rücksichtslose Manneszucht. [...] Mußte es nicht für Gott eine Wonne sein, solche Freunde auf der Erde zu haben, die sich nicht beugten und sich nicht niederringen ließen?"[4]

Diesem unbeugsamen Heer von Nordländern, dem das erzieherische Wirken des genialen Führers gilt, soll nun Beachtung geschenkt werden.

II Das Verhältnis von Individuum und Kollektiv

„Die Kunst – wer soll sie denn aufnehmen, doch nicht allein jener Kreis international-neurotischer Ästheten ... aufnehmen soll sie doch vor allem die kulturelle und geistige Gemeinschaft, aus deren Leben der einzelne, auch der Kunstschaffende, auch das Genie und wäre es das esoterischste, entstand."[5]

---

1 Hauser, Kritik der neomythischen Vernunft (I), 406
2 Kiss, Frühling in Atlantis, 127
3 Kiss, Frühling in Atlantis, 143
4 Kiss, Singschwäne, 255
5 Zitiert nach Schmidt, 235

Die Ausrichtung, die Gottfried Benn für die Kunst beansprucht, steht exemplarisch für eine breite gesellschaftliche Orientierung an Nation und Volk im beginnenden 20. Jahrhundert. Häufig erscheint demnach die Sehnsucht nach dem Führer als der kollektive Ausdruck des Wunsches nach einem geschlossenen Volk, dessen Wille in dem Genie als dem gestaltenden Prinzip artikuliert werde[1]. Das Genie erscheint in diesem Zusammenhang meist nicht als autonomes Endprodukt des völkischen Mutterbodens, sondern es richtet sich in seinem Handeln unbedingt nach dem Volk und bleibt stets auf dieses hin bezogen[2]. So hält Benn fest, „daß das Genie wohl individuelle Züge und Zeichen trägt, die Auflösung aller menschlichen Bindungen, aller kollektiven Ordnung, ja jeder züchterischen Moral hindeuten, daß aber auch noch über das Genie und seinen Zerfall und seine Leiden die große volkhafte Perspektive sich spannt."[3] Was der deutsche Schriftsteller hier noch unter Beibehaltung einer gewissen Spannung schildert, hallt in nationalsozialistischen und völkischen Kreisen einseitig in den Klischees des genialen Einzelnen als bloßes Medium der Rasse wieder[4].

In den Science-Fiction-Romanen bedingt die genretypische Zentrierung auf hervorragende Individuen eine Reduktion der kollektivistischen Betrachtungsweise. Dennoch erweist sich das Handeln der Helden der Kiss'schen Erzählungen stets als unbedingt auf das Wohl des Volkes hin bezogen. Ob Jochaan, Godda oder Baldur, sie alle stellen ihre persönlichen Interessen zurück: So etwa, wenn Godda den Atlantern einen neuen Thronfolger schenkt, indem er die eigene Vaterschaft verheimlicht, oder wenn Baldur in die Heirat mit der nicht reinrassigen Warga einwilligt, die dem Reich als Symbol für die von ihm verfolgte Rassenpolitik gereichen soll. Auch als Godda Apacheta im Eis von Thule auf gelehrte Hinterbliebene des atlantischen Großreichs trifft, reicht die bloße Erinnerung an die Verpflichtung von Nordmännern gegenüber König und Volk aus, um sie aus ihrem freien Leben in sicherer Festung zu lösen und in das Kollektiv des eigenen Heeres einzugliedern. Dementgegen zeichnet der Regierungsbaurat Kiss in *Frühling in Atlantis* den erfolglosen Versuch der Ingamänner, die Reichsverfassung der Asen einzuführen, stellen sie doch eben den autonomen Genius über das Volk.

„Der Inga soll Gott und Alleinherrscher werden, Vertreter der Sonne, Sonne in Person, und die anderen alle – Hörige [...] Im Ganzen also ein furchtbares Gemisch aus unverstandenen asischen Grundsätzen. Nur lernen sollen die Leute nichts, denn der Inga will gleichzeitig höchster Priester werden. Wenn das so ist, hat er mit seinem Wunsche schon recht, seine Hörigen im Dunkel der Unwissenheit zu lassen."[5]

---

1 Vgl. Hermand, Weiße Rasse, 49
2 Vgl. Schmidt, 235
3 Zitiert nach Schmidt, 236
4 Vgl. Schmidt, 236
5 Kiss, Frühling in Atlantis, 26

Auch in Friedrich Freksas Roman *Druso* findet sich das Bild des sich dem Wohle des Volkes verschreibenden Helden wieder, weitaus emphatischer vorangetrieben allerdings in dem Paradigma des *Opferns für das Gemeinwohl.* So widersetzt sich Judith der Forderung Alfs, von dem Tiefschlafexperiment zurückzutreten: „Aber ich bitte dich, wir haben es gelernt von früh auf, unsere Persönlichkeit dem Wohl der Menschen unterzuordnen. Ich wäre verachtet bei allen und Du mit mir, wenn Du aus Eigensucht versuchen würdest, mich meiner Pflichten zu entziehen. Denk an die Großtaten der Menschheit! Immer waren Opfer erforderlich!“[1] Was der Autor hier in den konkreten Kontext der Berufung der schwangeren Judith zu der Expedition der Tiefschläfer schreibt, verdeutlicht er in seiner allgemeinen existentiellen Tragweite in der Verkündigung des Fährmanns:

> „Sterben können ist der Beweis, daß das Ich überwunden ist. Das Bild des Überwinders bleibt der Krieger der Vorzeit, der sich in die Schlacht stürzt mit dem Gedanken, er ginge dem Tod entgegen. Aber er wußte, er würde über sich selbst hinaus weiterleben in der Familie, im Geschlechte, im Volke! Sein Tod würde schaffen ein Leben der Freiheit, ein Leben der Würde. [...] Wer das Leben für andere darbringt, hat Gottes Flamme in sich.“[2]

In den Formulierungen Freksas ist bereits deutlich der Rückschluss vom Genie auf das einzelne Individuum vollzogen. Auch Alfred Rosenberg fordert mit völkischem Impetus nach den das Individuum ablösenden Typen: „Die stärkste Persönlichkeit ruft heute nicht mehr nach Persönlichkeit, sondern nach Typus: der völkische, erdverwurzelte Lebensstil, ein neuer deutscher Menschentyp, ‚geradwinklig an Leib und Seele', entsteht, ihn zu bilden ist die Aufgabe des 20. Jahrhunderts.“[3] Das Individuelle wird irrelevant[4] angesichts des übergeordneten „mythischen Kollektivs“[5], welches da heißt Volk und das seine spezifischen Gattungsinteressen aufweist. Die Problematik der egalitären Ausgestaltung eines solchen Kollektivs und des Umgangs mit den dem Gattungsinteressen entgegenstehenden Individualinteressen[6] manifestieren sich in folgendem Ausspruch des Gießener Professors und Direktors des UNIVERSITÄTSINSTITUT FÜR ERB- UND RASSENPFLEGE Kranz und sollen uns auch in der Folge begleiten:

> „Wir haben den Einzelmenschen danach zu bewerten, ob und wie er sich in die Gemeinschaft einordnet und welche Leistungen er für sie vollbringt. Grundsätzlich ergibt sich jedenfalls, daß nicht nur die Kriminellen eine wirtschaftliche und biologische Gefahr für das Volksganze bilden, sondern daß es eine noch viel größere Zahl von Menschen gibt, die, ohne straffällig zu werden, als Schmarotzer anzusehen sind, Schlacken der menschlichen Gesellschaft. Das wahrscheinlich an die Millionen heranreichende Heer der Gemeinschaftsunfähigen, deren erhebliche Anlagen

---

1 Freksa, 48f.
2 Freksa, 312
3 Rosenberg, 365
4 Vgl. Schmidt, 234
5 Schmidt, 232
6 Vgl. Conrad-Martius, 81

nur auf dem Wege der Ausmerze aus dem Fortpflanzungsprozeß ausgeschieden werden können"[1].

1 Das geniale Volk, die nicht-genialen Niederrassen und der Sündenfall

a Das geniale Volk

„Aus dem antithetischen Schema der Germanen-Ideologie geht folgerichtigerweise eine Anschauung hervor, in der das Volk als eine in sich geschlossene, nur auf sich selbst bezogene, fremder Einmischung nicht bedürftige Ganzheit erscheint, als ein aus eigenen Ursprüngen entwickelter, natürlich gewachsener Organismus, als eine ständisch-korporativ gegliederte Gemeinschaft."[2]

In dieser These Klaus von Sees wird die Bedeutung des Volkes als abgeschlossenes, abgegrenztes Kollektiv evident. Die Herleitung dieser Definition aus der Germanenideologie weist darüber hinaus auf die bereits bei Gottfried Benn anklingende mythologische Aufladung dieser zu meist nach rassischen Grundlagen gebildeten Gemeinschaft hin, in der sich die klassifizierten Individuen als Teil einer egalitären Gruppe begreifen können. Der Vorzug des eigenen Kollektivs wird beschworen unter Rückgriff insbesondere auf den bereits im vorhergehenden Kapitel behandelten (romantischen) Geniebegriff. Legitimiert auf der Grundlage pseudo-wissenschaftlicher Untersuchungen beanspruchen Forscher wie Georeges Vacher de Lapouge, „daß die am reichsten an Menschen des ersten (genial-schöpferischen) Typus, Urhebern und Wegbereitern neuer Gedanken, die blonde langschädlige Rasse ist."[3] So kann sich Hitler in seinen Abhandlungen in *Mein Kampf* auf eine Vielzahl von Rassentheoretikern stützen, wenn er schreibt, dass das,

„was wir heute an menschlicher Kultur, an Ergebnissen von Kunst, Wissenschaft und Technik vor uns sehen, [...] nahezu ausschließlich schöpferisches Produkt des Ariers [ist]. Gerade diese Tatsache aber läßt den nicht unbegründeten Rückschluß zu, daß er allein der Begründer höheren Menschentums überhaupt war, mithin der Urtyp dessen darstellt, was wir unter dem Worte ‚Mensch' verstehen. Er ist der Prometheus der Menschheit, aus dessen lichter Stirne der göttliche Funke des Genies zu allen Zeiten hervorsprang."[4]

Die Stilisierung der „Arier als Kulturbegründer"[5], denen der a priori gespendete göttliche Funke innewohnt[6], deutet bereits auf die sich vollends in den völkischen Okkultgruppen aber auch in weiten Teilen der völkischen Bewegung vollziehende

---

1 Zitiert nach Conrad-Martius, 234
2 von See, 11
3 Zitiert nach Schmidt, 218f.
4 Hitler, 317
5 Hitler, 321
6 Vgl. Hitler, 321f.

Idealisierung der Arier bzw. der Germanen hin, die zum göttlich erwählten Volk erhoben werden[1], zu Lebensspendern der gesamten Erde:

„Die Germanenrasse ist die Planetenrasse, die den Erdplaneten wie ein rother Faden durchzieht, und die Germanengeschichte ist das Leitmotiv der ganzen Kulturentwicklung der Erde."[2]

Es fehlt den „sozialdarwinistischen Epigonen Nietzsches"[3] an der Ernüchterung und Differenziertheit, mit denen der Philosoph seinen Übermenschen betrachtet und so den Willen zur Macht „nicht als ein Sein, nicht ein Werden, sondern ein Pathos"[4] entlarvt. Im Wähnen der Zugehörigkeit zu dem auserwählten Kollektiv leben die Menschen ihren neomythischen Traum:

„Der Rassenmythos ist, wie der Führermythos, ein *asylum ignorantiae*, das stärker als religiös asylierende Mythen wirken konnte, weil es – abgesehen vom ohnehin weit fortgeschrittenen Abbau des religiösen Weltbildes – den einzelnen, sofern er nur der richtigen Rasse angehörte, nicht etwa zum Erlösungsbedürftigen erniedrigte, sondern zum schon Erlösten erklärte."[5]

Dieser neomythische Traum lebt auch in den literarischen Produkten der damaligen Zeit fort. Dabei verbindet sich das Bild des erlösten Volkes mit dem des erlösenden Volkes wie im Zukunftsroman von Wilhelm Götz *Vor neuen Weltkatastrophen*, wenn es über Deutschland heißt:

„Du bist das Letzte unter den Völkern; aus deinem Schoße wächst die Staatsform der Zukunft. *Aus diesem Boden bereitet der ewige Geist seine irdische Form.* Das ist deine irdische Sendung! Dagegen kannst du nicht an, und keine Macht der Erde wird dies verhindern! Du bist das Herz Europas und Europa stürbe, wenn dies Herz nicht mehr schlagen würde. Deutschland, du die jüngste der erdgeborenen Nationen, dir wird die göttliche Erleuchtung die letzte Staatsform gegeben, mit der du die Welt erlösen wirst."[6]

In Friedrich Freksas *Druso* liegt uns eine ob der kosmischen Verwicklungen zurückgedrängte Betrachtungsweise des kollektivistischen Gedankens vor. Der Roman setzt ein in einer Zeit, da das Volks- und Nationentum aufgehoben scheint. Mit Blick auf die verheerenden Kriegsfolgen des 19. und 20. Jahrhunderts wird eine planetarische Gemeinschaft gegründet, die sich den Frieden als Ziel setzt und so weltweit Geburten regulierende Maßnahmen einleitet, um die Notwendigkeit der terrestrischen Expansion einzelner Länder einzudämmen. Der Fortpflanzungskontrolle geht jedoch die Bildung eines neuen Kollektivs einher: „Der Grundgedanke war, daß nur die besten Stämmlinge, von denen die Menschheit etwas erwarten konnte, weitergezüchtet würden. Zwei Menschenklassen waren damit geschaffen:

1 Vgl. Hermand, Schein des schönen Lebens, 165
2 Thiel zitiert nach Puschner, 101
3 Hauser, Kritik der neomythischen Vernunft (I), 375
4 Zitiert nach Hauser, Kritik der neomythischen Vernunft (I), 375
5 Schmidt, 221
6 Götz, 15

die fruchtbare und die andere."[1] Die fruchtbare Menschenklasse als egalitäre Gruppe wird jedoch vom Autor nicht allein positiv bewertet, spricht er doch zugleich von einer Einteilung, aus der viel Not und Neid entsprang[2].

Mit der gebildeten Menschengemeinschaft hört das rassisch-egalitäre Denken nicht auf. Es erhält erstmals Einzug in die Erzählung, wenn Freksa von der Bedrohung der Menschheit durch die gelben Völker spricht, die mittels der Tiefschlaferfindung Kolonien von Soldaten bilden wollen, mit deren Hilfe denn eine Eroberung der Welt möglich scheint[3]. „Millionen von jungen Weibern, lassen sie als Zeugungsreserve in der Erde ruhen, wie die Engerlinge der Maikäfer"[4], bis schließlich die herrschende weiße Rasse den Plan aufdeckt[5].

Unterschwellig und doch unmissverständlich greift Freksa auf völkische Ideologie zurück. So ist es letztlich allein einer Gruppe von Weißen möglich, der Unterdrückung der Drusonen zu entgehen und Zuflucht in der Stätte von Boothia Felix zu finden, während beispielsweise die „Neger" hilflos dem Angriff ausgeliefert sind und von den Insektenwesen versklavt werden[6]. In Boothia Felix schließlich sammeln sich die besten der überlegenen Rasse, um den Aufstand gegen die außerirdischen Okkupanten vorzubereiten. Unterstützung finden sie dabei von den vier weißen Tiefschläfern. Angesichts der überlegen scheinenden Drusonen werden Zweifel an der Genialität des menschlichen Kollektivs wach. „Warum sollten nicht andere Wesen, die es vermochten, ein größeres Recht auf Herrschaft haben?"[7] Die resignierende Haltung Flius – „Recht ist den Menschen geschehen! Haben sie sich ihr Herrschaftsgebiet, die Erde, abnehmen lassen, gut, dann sind sie ihrer nicht wert gewesen!"[8] – weicht jedoch dem kämpferischen Bekenntnis zur Überlegenheit der eigenen Rasse und der Gewissheit des baldigen Sieges[9].

Nach dem erfolgreichen Angriff auf Druso sind es schließlich die Überlebenden von Boothia Felix, die zu den Kulturstiftern der neuen Welt werden. In dem Bewusstsein der Überlegenheit siedeln die sich selbst als „Atlanter" Bezeichnenden die wilde Bevölkerung der „alten europäischen Kulturlande" aus und errichten in Europa das neue Atlantis, „das Land der Zukunft und der Verheißung."[10] Die Repräsentanten des weißen Volkes der Atlanter[11] verstehen sich als Gott in sich

---

[1] Freksa, 9
[2] Vgl. Freksa, 9
[3] Vgl. Freksa, 10f.
[4] Freksa, 18
[5] Vgl. hierzu auch Nagl, 168
[6] Vgl. Freksa, 210
[7] Freksa, 150
[8] Freksa, 151
[9] Vgl. Freksa, 158
[10] Freksa, 298
[11] Vgl. Freksa, 7

tragende[1] Herrscher der Erde[2], an welche der Auftrag ergeht, die Menschheit zu einigen und zu sich „emporzuführen“[3].

Die kosmische Bedrohung diktiert jedoch auch die neue Schöpfungsordnung für den Umgang auf der Erde:

„Werdet als Beherrscher der Erde nicht wie die Drusonen selbst schwächlich und selbstsüchtig. Seid auf der Wacht! Als Fluch gelte der Name Drusone für jeden, der über Menschen gebietet und Menschentum missbraucht! Seid gedenk der Worte Ferrymans, des Künders: Macht den Menschen nicht zur Sache, Tiere nicht zu Menschen und Sachen nicht zu Göttern!“[4]

Die Worte Ferrymans legen weiterhin auch in Pervertierung des jesuanischen Gleichnisses vom Samariter das Verhältnis zum Nächsten aus:

„Alles, was du Mensch in dir erweckst in Bildern, Gedanken, in Sprache und Kunst, in Schaffen und Form, kam dir aus dem Boden der Heimat, aus dem Blutstrom deines Volkes. Der rote Strom deines Blutes trägt die Gnade Gottes in seinem Puls, darum heißt die zweite Bindung: Liebe zu Volk und Land, und sie soll sich erproben in Taten. Helfen sollst du und nicht hassen, erst dem Landsmann zur Seite stehen und dann dem Fremden. Denk immer zuerst an die Not deines Landes und deines Volkes, wenn du die Not deiner Kinder gestillt. Siehe, wer zuerst an den Ring seines Geschlechtes denkt und seine Pflichten erfüllt, wird geringere Hilfe nur des Nachbarn bedürfen. Doch des Nachbarn Not stillen ist besser als einer fernen Not helfen.“[5]

Kiss bringt sein egalitäres Volksverständnis auf die in den Worten Goddas gefasste, einfache Formel: „Der Uralte hat einmal seine Freunde auf der Erde, die er lieber hat.“[6] Er schränkt selbst ein, dass ein solches Gottesverständnis nicht dem menschlichen Bedürfnis nach äußerlicher Gerechtigkeit entspreche, doch sei diese äußerliche Gerechtigkeit auch nicht mehr als ein „urteilsloses eins gleich eins setzen“[7]. Da nun der Uralte einmal wie Godda in seinen abschließenden Worten zu *Die Königin von Atlantis* offenbart, „ein adliger Bruder nordischer Rasse“[8] sei, erweist sich die göttliche Zuneigung eben auch allein dem Volk der Atlanter, die daraus ihre herausgehobene Verantwortung gegenüber der gesamten Schöpfung ableiten:

„Ich bin der Überzeugung, die nordische Rasse trage eine schwere Verantwortung, die sie der allväterlichen Macht schulde, die wir nicht kennen, die wir aber im Wirken und Streben unserer Seelen, unseres Charakters, unserer Fähigkeiten ahnen“[9].

---

1 Vgl. Freksa, 146
2 Vgl. Freksa, 299
3 Freksa, 298
4 Freksa, 299
5 Freksa, 315
6 Kiss, Königin, 30
7 Vgl. Kiss, Königin, 30
8 Kiss, Königin, 258
9 Kiss, Frühling in Atlantis, 33

Das egalitäre Bewusstsein göttlicher Erwählung schwindet den Atlantern auch nicht ob der widerfahrenen Katastrophen durch den Mondeinfang. Mit den ersten Geburten kehrt der feste Glaube an die eigene Sonderstellung zurück, die bereits am Phänotyp ersichtlich scheint:

„Die Kleinkinder tranken an den Brüsten ihrer Mütter, und die Schönheit Gottes leuchtete von der weißen Haut der Frauen und der trinkenden Kinder. Es war kein Hochmut und keine Überheblichkeit, daß wir unser stolzes, schönes Geschlecht für den Liebling des Uralten hielten. Vom zartesten Blond bis zum hellen goldenen Braun leuchteten die Flechten unserer Frauen in der Sonne."[1]

Selbst die aus der abgesonderten Gruppe Ausgeschlossenen er- und bekennen folglich in den Kiss'schen Romanen die Göttlichkeit der genialen Nordler[2] und werfen sich ehrerbietend in den Staub, wenn das göttliche Geschlecht mit seinen Insignien vorbeizieht[3].

b Die nicht genialen Niederrassen

Die Festlegung auf *eine* geniale Gruppierung wie bei Kiss und Freksa bedingt stets das Moment der Selektion und die Abwertung der ausgeschlossenen Kreise[4]. „Nach dem im weitesten Sinne humanen Denken der Goethezeit, nicht zuletzt Herders, der immer die ‚Menschheit' im Ganzen, in allen Ständen und in allen Völkern meint, wenn er von schöpferischer Genialität spricht"[5], gewinnt in der Zeit vor Hitlers Machtergreifung eine rassistisch-inhumane Einstellung die Oberhand, wenn Menschen die Genialität selektiv postulieren und es zur Bildung von Niederrassen kommt.

Hitler selbst greift in *Mein Kampf* diese Strömungen seiner Gegenwart auf, wenn er den genialen Ariern, die nicht-genialen Juden gegenüberstellt, die nicht schöpferisch veranlagt seien, sondern deren Gestalten sich lediglich in einem äußerlichen Nachahmen ausdrücke, womit der spätere Reichsführer zugleich „die Antithese von Schöpfung und Nachahmung, die in der ästhetischen Diskussion des 18. Jahrhunderts eine so große Rolle gespielt hatte, in das Koordinatensystem des Rassismus"[6] überträgt.

Bei Freksa entsprechen die Drusonen dem Typus der nicht-genialen Rasse. Sie gelten nach Ralf Tzschaschel „als abschreckendes Beispiel für eine befürchtete Fehlentwicklung der Menschheit, beziehungsweise des ‚Abendlandes'."[7] Unfähig

---

1 Kiss, Frühling in Atlantis, 33
2 Vgl. Kiss, Frühling in Atlantis, 12
3 Kiss, Königin, 56
4 Vgl. Schmidt, 216
5 Schmidt, 216
6 Schmidt, 229
7 Tzschaschel, 87

einen festen Raum einzunehmen, bedient sich der „Raubstern“[1] der Lebensenergien anderer Planeten[2] und „erliegt durch dieses Parasitentum der Dekadenz“[3].

> „Die Drusonen waren einmal eine große lebensfähige Rasse. Was von ihnen übrigblieb an Kraft, sind Kampfkäfer, aber die haben wenig Hirn. Ihre Denker sind Moluskelwesen, und ihre Weiber sind nicht mehr fähig, selbst ihre Eier auszubrüten. Darum brauchen sie die Menschen, weil sie degeneriert sind.“[4]

Die Bedeutsamkeit der menschlichen Lebensenergie für die Drusonen offenbart sich dem Leser schließlich, wenn er aus dem Munde Thankmars erfährt, dass die außerirdischen Wesen die Frauen wie Kühe verwenden und sich an deren Muttermilch laben[5]. So stielt das „Schmarotzervolk, das eigene Arbeit kaum noch leisten kann“[6], Kinder, stillende Mütter und besonders kräftige, junge Leute[7] und nutzt sie als Arbeitskräfte und als Bruthennen für die eigenen Drusoneneier[8].

Manfred Nagl übersetzt[9] die literarische Fiktion Freksas in die Gegenwart des Autors und identifiziert das Schmarotzervolk der Drusonen, die sich u.a. der einsteinschen Formel bedienen, um ihren Eroberungsfeldzug voranzuführen, mit den Juden[10].

Einem solch parallelisierenden Gestaltungsmuster folgt auch Edmund Kiss, wenn er seine Niederrassen in Anlehnung an die völkische Perspektive auf die gelbe und schwarze Bevölkerung zeichnet. Die „vertierte“ Niederrasse[11] in *Das Gläserne Meer* ist daher von dunkler Hautfarbe. Diese womöglich noch geographisch begründbare Tatsache erweist sich als Charakteristikum für die Figurendarstellung von Edmund Kiss. Die Zeit vor dem Einsturz des Tertiärs ist geprägt durch den kulturellen Niedergang. Kenntnisse und Errungenschaften der Vorfahren sind längst vergessen und so feiert man die Nutzbarmachung des Feuers durch Jochaan bereits als Wunderwerk. Diese Zeit kann folglich nicht der weißen Rasse gehören, für die in der Kiss'schen Konzeption die Blütezeit von Atlantis vorgesehen ist. Auch in dieser Blütezeit gibt es minderwertige Rassen. Es sind die gelben[12] Zipangus, die ob ihrer unangenehmen rassischen Merkmale allgemein als minder-

---

1 Freksa, 5
2 Vgl. Freksa, 117
3 Freksa, 87
4 Freksa, 257
5 Vgl. Freksa, 212
6 Freksa, 191
7 Vgl. Freksa, 190
8 Freksa, 248
9 „Übersetzen“ ist hier Nagls Vorgehensweise entsprechend wörtlich zu verstehen.
10 Vgl. Nagl, 167
11 Kiss, Gläsernes Meer, 14
12 Kiss, Königin, 39

wertig gelten[1], oder auch die „schlitzäugigen Braunhäute aus Tuzco“[2], die in der Art der Nicht-genialen das Staatssystem der Asen nachzuahmen suchen[3].

Der Konzeption einer Klassifizierung von Rassen folgt die Frage nach deren möglichen Koexistenz.

c Der Sündenfall

Die Spannung zwischen der Erfahrung von realer Unzulänglichkeit und der Idealisierung des Kollektivs bietet den Nährboden für die Inszenierung von Sündenfalllegenden. Der Sündenfall stellt dabei den Ausgangspunkt für die beginnende Zersetzung der ursprünglich schöpferischen Energie des Kollektivs dar[4]. Aus der allgemeinen rassisch-inhumanen Orientierung, vor allem innerhalb der völkischen Bewegung, resultierte schließlich die Identifizierung des Sündenfallgeschehens mit der Rassenmischung – die Unmöglichkeit der Koexistenz zwischen genialem und nicht-genialem Kollektiv vorausgesetzt. Gedanklicher Vorreiter dieser Idee war der bereits vorgestellte Arthur de Gobineau, der in seiner *Abhandlung über die Ungleichheit der menschlichen Rassen* das Prinzip der individuellen Degeneration auf das Kollektiv überträgt und als einen durch Rassenmischung verursachten Niedergang interpretiert[5].

Auch die deutschen Repräsentanten der völkischen Bewegung begaben sich auf die Suche nach den Spuren des Rassenverfalls und der Entartung[6]. „Man war allgemein überzeugt, daß ‚physiologische Verschmelzung‘, wie beispielsweise Ludwig Woltmann ausführte, ‚Blutchaos‘ zur Folge habe, welches grundsätzlich ‚nur auf Kosten des edleren Blutes und durch Nivellierung und Bastardisierung des gesamten Menschengeschlechts erkauft werden‘ könne.“[7] Die existentielle Zeiterfahrung ließ ein Verfallsgeschehen apokalyptischer Couleur beschreiben, an dessen Ende je nach Sicht des Vertreters die „Arierdämmerung“ oder der Befreiungsschlag folgte. Metaphorisch verarbeitet Peter Johannes Thiel die Erfahrung des Dekadenzvollzugs sowie der permanenten Bedrohung der rassischen Zersetzung, der sich das germanische Volk als Kulturstifter zu erwehren habe:

„Drei Rassen haben sich wie feindliche Schwestern in die Europafeste eingewurzelt, die germanische, romanische, slavische. Daß sich noch eine andere Rasse wie Streusand allerorten eingenistet hat, soll hier nur eben angedeutet werden. Unsere liebe germanische Rasse hat das Glück, das Rassenherz, das Herzblatt im Rassenkleeblatt zu sein. Die beiden anderen Rassen umschließen das Herz wie zwei Lungenflügel, die für sich nur athmen und das Herz zerpressen wollen, aber dadurch nur den Tod erstreben. Ist es nicht das deutsche Herz, das sein Blut in die beiden Lun-

1 Kiss, Königin, 39
2 Kiss, Frühling in Atlantis, 9
3 Kiss, Frühling in Atlantis, 26
4 Vgl. Schmidt, 216
5 Vgl. Schmidt, 216
6 Vgl. Puschner, 100
7 Puschner, 100

gen rollt und mit seiner Kultur das Leben der Nachbarvölker veredelt? Und ist es nicht das deutsche Herz, das immer für den Fortschritt Europas sein Blut verspritzen mußte?"[1]

Auch Hitler inszeniert den Kampf um die Bewahrung der eigenen Art als den „höchste Zweck des Daseins" in dem Glauben, „daß bei jeder Blutsvermengung des Ariers mit niedrigeren Völkern als Ergebnis das Ende des Kulturträgers herauskam"[2], und artikuliert die aktuelle weltgeschichtliche Situation als die Alternative der Menschen, den Weg der „Götter" zu gehen oder als „Tiere" zu enden[3]. Die Terminologie von Tier und Gott erinnert an die Darlegungen des österreichischen Okkultführers Josef Lanz, dessen *Theozoologie* wir uns als exemplarisches Kompendium einer Sündenfallinszenierung zuwenden wollen, bevor die literarische Verarbeitung in der Science-Fiction thematisiert wird.

c_1 Die Theozoologie von Josef Lanz

Als Herausgeber der OSTARA-Hefte nutzte der Publizist Josef Lanz sein eigenes mediales Forum zur Propaganda der von ihm entwickelten Theorie von „den Soddoms-Äfflingen und dem Götterelektron"[4]. Darin beschreibt er die Entstehung der „höheren Menschen" durch von „Intelligenzen beeinflusste Mutationen"[5]. Diese Intelligenzen entsprechen einem göttlichen Personal an Theozoa, Elektrozoa, Engel und dergleichen[6]. In den Kategorien von genialen und nichtgenialen Rassen zeichnet Lanz „die schädlichen, nutzlosen Pflanzen, Tiere und Menschenarten"[7] dementsprechend als Werke der „Dämonzoa"[8].

Der Sündenfall der höheren Menschen bestehe nun darin, dass die Weiber der blonden, gottähnlichen Arier sich zu den männlichen „Anthroposauriern" und deren Abkömmlingen, den „Menschentierrassen" hingezogen fühlen und es mit ihnen „more sodomitico" treiben[9]. Die Brücke zur Gegenwart schlägt Lanz, wenn er bemerkt, dass die Gesichtsformen der „bolschijüdischen Bluthunde" an die „schauerlichen Gesichter vorsintflutlicher Drachenungeheuer" erinnerten und dass „Bolschewismus, Marxismus, Sowjetismus, Kommunismus, Sozialismus, Demokratismus [...] dem Ur-, Unter- und Niederrassentum"[10] entsprängen[11]. Insofern versteht sich die Lehre des Österreichers als *eine Einführung und eine Rechtfertigung des*

1 Zitiert nach Puschner, 101
2 Hitler, 313
3 Zitiert nach Hauser, Kritik der neomythischen Vernunft (I), 396
4 Lanz, Theozoologie
5 Lanz, Dämozoikon, 158
6 Lanz, Theozoikon, 43
7 Lanz, Theozoikon, 49
8 Lanz, Theozoikon, 52
9 Ostara 21, 9
10 Ostara, 13, 13
11 Nach Lanz ist Rosa Luxemburg eine „kleine reinrassige Bezah-Zwergin", „wie sie noch vor 2000 Jahren in Palästina in den Tempel-Tiergärten gezüchtet wurden." (Ostara, 13, 13)

Fürstentums und Adels[1], als eine Legitimation der Vorherrschaft der Arier, die durch Rassenzucht und Reinzucht die „Pforte der Göttlichkeit aufsperren“ müssten[2]. Die Genialität der höheren Menschen fordere zugleich nach einer klaren Weltenordnung:

„Was der Edelmensch, vor allem der heldische Mensch, an Gehirnwerten der Menschheit gegeben hat, das müssen nunmehr die Minderen in Handarbeit als Gehirnzins zurückzahlen. Ich denke hier nicht so sehr an eine Unterjochung der farbigen Rassen oder gar der arioheroischen Menschen, vielmehr an die Neuzüchtung eines Sklavenwesens mit derben Nerven und festen Armen, dem der Verstand zugemessen wird. [...] Das Proletariat und die Niedermenschheit können nicht gebessert, nicht erlöst und nicht beglückt werden. Sie sind das Werk des Teufels und müssen einfach – allerdings schmerzlos und human – abgeschafft werden.“[3]

---

1 Lanz, Theozoologie
2 Ostara, 15, 12
3 Ostara, 19, 5f.

c2 Der rassische Sündenfall in der völkischen Science-Fiction

Auch die völkische Science-Fiction inszeniert den rassischen Sündenfall massenwirksam als omnipotentes Bedrohungsszenario, so etwa in *Die Spur des Dschingis-Khan* von Hans Dominik:

> „Wenn also die Mischungen innerhalb einer gewissen Grenze für die Masse der Menschheit günstig sind, sie heben und veredeln, so geschieht dies doch nur auf Kosten dieser Menschheit selbst, da sie in ihren edelsten Elementen herabdrücken, entkräftigen, erniedrigen entgipfeln. Darum ist es unsere vornehmste Aufgabe, unsere Rasse reinzuhalten. Nur die reine weiße Rasse kann die Aufgabe erfüllen, die sie zu erfüllen hat."[1]

Insbesondere die Geschichte der Atlanter, die Edmund Kiss in seiner Tetralogie spinnt, erweist sich daneben durch das Dekadenzmodell des Autors geprägt. Der Kampf Baldurs für die Etablierung eines Rassengesetzes gilt der Bildung eines „Damms gegen weiteres Absinken des hohen Erbgutes."[2] Wehmütig erinnert der Held der Zeit, da es noch einen „Block kristallreiner Rasse gab"[3]. Doch die Schuld [i.e. der Sündenfall] der Väter bedingte eine Rassenzersetzung, der es entgegenzutreten gilt, um das wertvolle Volksgut mit den Reichtümern der nordischen Seele als wichtigstes Erbe zu erhalten[4]. Der Kampf Baldurs glückt, so dass auch Godda auf die Erfolgsgeschichte der Atlanter zurückblicken kann, als eine „tausendjährige Geschichte, voll von Eroberungen und Rückschlägen"[5], die lehrt, dass „nur eine Kaste höherer Menschen den Ball dieser Erde beherrschen kann, und daß minderwertige Rassen zu den Zwecken gebildet werden müssen, die dem Gedeihen eines Weltreiches zuträglich sind. Es mag eine Härte in diesem unumstößlichen Gesetz liegen, das unsere Vorderen schufen, doch kann sich ein hochrassiges, aber nur kleines Volk mit seinen überlegenen Geisteskräften allein durch solche Maßnahmen gegen die Flut der Minderwertigen schützen"[6]. Anklänge an die lanzsche *Theozoologie* scheinen auf, wenn Kiss von den „gezüchteten Arbeitsrassen" spricht, und sie werden lauter, wenn er in *Das Gläserne Meer* den durch Rassenmischung bedingten Niedergang der Atlanter zeigt, die zu „vertierten" Menschen degenerieren und denen ein Umbruch in Form des einstürzenden Tertiärs bevorsteht. In dieser Zeit der Not gelten für die Adelsfamilien zwar noch Eheregelungen[7], doch haben sich die nordischen Arer bereits nach jahrelanger erbitterter Feindschaft mit

---

1 Dominik, Spur des Dschingis-Khan, 237
2 Kiss, Frühling in Atlantis, 143
3 Kiss, Frühling in Atlantis, 278
4 Vgl. Kiss, Frühling in Atlantis, 278
5 Kiss, Königin, 49
6 Kiss, Königin, 49
7 Kiss, Gläsernes Meer, 78

dem braunen Königshaus der Abessischen Inseln eingelassen[1] und so zum Verfall des Rasseguts beigetragen.

Bei Friedrich Freksa tritt die Inszenierung des rassischen Sündenfalls weitestgehend zurück. Die Bedeutung dessen scheint nur zeitweilig in der Beschreibung der Zuchtpraktiken der Menschen auf, die Fruchtbarkeitsbestimmungen einführen, um so die besten Stämmlinge ‚herauszufiltern'[2], doch verbietet die ambivalente Darstellung dieser Vorgehensweise eine einseitige Auslegung. Lediglich das Bemühen der Überlebenden von Boothia Felix, die wilden Eingeborenen aus der Umgebung fern zu halten und die Tatsache[3], dass am Ende des Freiheitskampfes die siegreichen weißen Atlanter stehen, deuten auf die Problematik der Rassenmischung hin.

2 Die Inszenierung einer steten Gefahr für die Rasse

Die in der völkischen Science-Fiction auflebende Dystopie der permanenten Bedrohung der germanischen bzw. arischen Rasse von außen erfährt in der Darstellung von Hans Heyck in seinem Romanpamphlet *Deutschland ohne Deutschen* einen neuen Höhepunkt. Im Jahr 2050 situiert zeigt die Erzählung ein Deutschland im Zustand totaler Auflösung und Erniedrigung.

> „Im Gefolge des Internationalismus der Weimarer Republik ist hier aus dem deutschen Reich ein Land übelster ‚Rassenvermischung' geworden, in dem fast ausschließlich gesichtlose ‚Einheitsmenschen' leben, die sich von einem ‚halbschwarzen Despoten' regieren lassen, der jeden Tag eine weiße Jungfrau schändet."[4]

Heycks Roman stellt ein Sammelsurium des Angstgewahrens dar, das in der völkischen Bewegung präsent ist: „Amerikanismus, Technizismus, Kommerzialismus und Erotizismus, das heißt ein Hervortreten des Jüdisch-Orientalischen, Vulgär-Afrikanischen und Negroid-Amerikanischen"[5] zersetzetn die europäische Landschaft und sorgten für das Voranschreiten eines Völkerchaos, in dem die völkischen Werte mit Füßen getreten würden. Und im Hintergrund ziehe ein Jude, der reiche Jonathan Papier, die Strippen. Das für die Leserschaft wohl bedrohlichste Moment dieses Szenarios bildet die Passivität der bereits zu sehr „verjudeten" und „verniggerten"[6] Gesellschaft. Allein 250.000 der letzten „wahrhaft Deutschen" beschließen den Exodus nach Norrland in Nordskandinavien, wo sie sich der Aufzucht einer neuen Herrenrasse widmen.

---

1 Vgl. Kiss, Gläsernes Meer, 84
2 Vgl. Freksa, 9
3 Vgl. Freksa, 141
4 Heyck, 127
5 Heyck, 304
6 Vgl. Heyck, 304

Dieses von Heyck fiktional arrangierte Mosaik vermeinter äußerer Bedrohungen, das sich gleichsam aus den realen Ängsten der Bevölkerung zusammensetzt, findet schließlich in jener in der völkischen Bewegung aufkeimenden Furcht vor einem *Panmongolismus* seine unrühmliche Erweiterung.

a Panmongolismus

„Panmongolismus' – Wort der Schrecken!
Doch mir gefällt der wilde Klang,
Als wolle Gott uns nun entdecken
Des letzten Schicksals schwerer Gang."[1]

Was Solowjew in seiner apokalyptischen Erzählung *vom Antichristen* schreibt, bebildert literarisch die reale Angst auch vieler Deutscher vor der Bedrohung durch die „gelbe Gefahr"[2]. „Die Karriere dieses Schlagworts beginnt am Ende des 19. Jahrhunderts, als im imperialistischen Diskurs ausgehend von malthusianischen und sozialdarwinistischen Ideen eine stetige zunehmende existentielle Bedrohung der westlichen Zivilisation und der weißen Rasse diesseits und jenseits des Atlantiks durch den ‚Ansturm' der ‚Gelben' prognostiziert wurde."[3] Die Gelben wurden zu einer ebensolchen rassenzersetzenden Bedrohung stilisiert, wie sie der Slavismus oder das Judentum darzustellen schienen[4]. Ein mahnender Artikel in Fritschs HAMMER prangert die bereits erkennbaren Anzeichen asiatischer Rassenmerkmale in der westlichen Zivilisation an:

„Chinesisch ist jene rastlose Geschäftigkeit, die immer auf's Verdienen und Zusammenscharren gerichtet ist, jedes höheren Lebenszieles bar. Chinesisch ist jene willenlose Unterordnung unter den Zwang der Massen-Instinkte, der Mode, der Konvention. Chinesisch sind alle jenen kleinen Talente und Nachäffungen, die ihr Genüge finden in der Erfüllung der Schablone, in allerlei Kleinkunst und Tändelei, in der peinlichen Einfügung in den vorgeschriebenen Geistesbahnen, in Examina und Titelkram, in Zopftum, Mandarinentum, Pagodentum."[5]

So hallt auch in vielen Science-Fiction-Romanen der Donnerschlag des Panmongolismus wider. Jost Hermand und Rolf Tzschaschel besprechen in ihren Abhandlungen zahlreiche Romane von den populären Erzählungen Hans Dominiks über das dem Titel nach paradigmatische *Gelb-Weiß* bis hin zu Dietrich Kärners *Verschollen im Weltall*[6], in denen das beständig gleiche Muster der Bedrohung Europas durch den „Mongolensturm"[7] der gelben Rasse, an deren Spitze ein neuer Dschingis-Khan stehe, gestrickt wird, dem die Deutschen mit überlegener Technik Herr werden müssen[8].

Freksa betritt entsprechend nicht gerade fiktionales Neuland, wenn er in *Druso* die imperialistischen Ansprüche des chinesischen Kaisers Sun Yan aufzeigt, „die Erdherrschaft an sich zu reißen" und „alle anderen Rassen, außer der Seinen, aus-

1 Solowjew, 13
2 Puschner, 103
3 Puschner, 103
4 Vgl. Puschner, 103
5 Hammer, Nr. 72, 266
6 Vgl. zu diesem Werk insbesondere die Darstellung bei Hauser, Schweden im Weltall, 329-362
7 Tzschaschel, 134
8 Vgl. Hermand, Traum vom neuen Reich, 302f.

zurotten.“[1] Die gelbe Rasse sieht sich bei ihrem Versuch der Welteroberung allerdings der vereinigten nordischen Menschheit gegenüber, die in erstaunlicherweise den Vorstellungen von Herman Gauch entspricht, wie in die *Neue Grundlagen der Rassenforschung* dargelegt:

„Letzten Endes kann aber nur eine Vereinigung der Nordischen Menschheit und der germanischen Länder und andern stark Nordischen Gebieten zum dauernden Erfolg führen, denn schon droht das Mongolentum in Gestalt des Vormarsches Japans nach dem Westen gar gewaltig und muß zum einmütigen Zusammenstehen der Nordischen Menschheit führen, wenn nicht alles verloren gehen soll.“[2]

Zum Vorteil der Europäer erkennt Freksas Figur Captain Scott auf einer Reise in das Mongolenland, „wie furchtbar die übrige Welt von den Mongolen bedroht wäre.“[3] In einem umgehenden Gegenschlag, „ward das ganze innere China lahmgelegt durch elektrische Wellen, und dann setzte die Vernichtung ein, schweigend, sachlich, schrecklich.“[4] Auf Beschluss des Friedensgerichthofes in Haag wird Sun Yan getötet und in einem „Vernichtungsofen aufgelöst“[5].

„Der Schlag gegen China war so furchtbar, daß die Gelben auf zweihundert Jahre durch keine Fruchtbarkeitsklauseln mehr gebunden wurden. Aber dieses Entsetzliche zeitigte ein Gutes. […] Im Laufe dieser zweihundert Jahre konnte sich die gelbe Rasse in das allgemeine wissenschaftliche Denken der erneuten Menschheit einfügen.“[6]

Auch auf die literarische Arbeit des Edmund Kiss scheint die Angst vor dem Panmongolismus Einfluss genommen zu haben. Godda sieht sich in der Welt von Atzlan einer großen Schar von Zipanguleuten gegenüber:

„Ich hatte eine unüberwindliche Abneigung gegen die schiefäugigen gezopften Menschen mit der gelbbraunen Haut und ihrem unsauberen Geruch, und ich hatte mich nicht daran gewöhnen können, obschon ich seit zwei Jahren unter ihnen wohnen mußte. Atzlan hatte in der Hauptsache Zipanguleute als Bevölkerung, außerdem allerdings eine unglaubliche Mischung von gelben bis tiefbraunen Rassen, daß es einem ganz dunkel vor den Augen wurde, wenn man durch die Straßen der heiligen Stadt ging.“[7]

Doch sind die „Gelben“[8] in der Kiss'schen Tetralogie keine Bedrohung für die reinrassigen Atlanter, sondern werden als Arbeitstiere genutzt, „deren Schädel in

---

1 Freksa, 18
2 Zitiert nach Hermand, Traum vom neuen Reich, 302
3 Freksa, 12
4 Freksa, 20
5 Freksa, 20
6 Freksa, 20f.
7 Kiss, Königin, 38f.
8 Kiss, Königin, 39

früher Jugend zurückgebunden werden, um sie ihrem Beruf als Menschengruppe der körperlichen Arbeit zu erhalten“[1].

b Die Unmöglichkeit des Weltfriedens

Die Idealisierung der eigenen Rasse und die Inszenierung der permanenten Bedrohung des Kollektivs durch das Fremde bedingt letztlich, dass man sich in einem steten Kampf wähnt. So pflegen Zeitschriften wie DER SCHERER einen militanten Nordismus, der die a priori gegebene kriegerische Mentalität der Germanen manifestiert: „Wir sind des Nordens blonde Rasse, wir sind das Edelvolk der Welt; die Kunde, daß die Menschen vom ewigen Frieden träumen, entrüstet die in Walhall versammelten Asen und Helden.“[2]

In der völkischen Weltanschauung gerät der Krieg zum wesentlichen Impulsgeber aus, gilt als „Schöpfer alles Großen, Starken, Heldenhaften, [... als] Entbinder der Macht und des Triumphes“[3]. Überdies sah man sich in der fortwährenden Konfrontation mit fremden Rassen als zum „Volk der Tat“ bestimmt:

> „Und Tat heißt Krieg. Man überlege sich doch nur: kann es eine höhere Lebensbejahung geben, als daß man das Leben anderer zugunsten des eigenen verneint? Und ist der Krieg etwas anders wie eine solche Lebensbejahung? Und Lebensbejahung ist eben der neue Geist unserer Zeit. Das ist der neue, nein, der neu erwachte Geist unserer Rasse, der in hellen Worten und leuchtenden Zielen im Bewußtstein unserer Besten lebt und der tief in den Unterströmungen jeden germanischen Blutes rauscht. Wir sollen uns nur alle dessen bewußt werden. Ohne Krieg können wir weder Rasse bleiben noch unsere eigene Kultur haben. Denn Krieg ist eben doch nichts weiter als die Durchsetzung seiner selbst, auch mit den letzten und äußersten Waffen zur Lebensverneinung unserer Feinde.“[4]

Selbst mannigfache ‚pazifistische' Literatur der Weimarer Zeit baut dementsprechend auf dem Paradox auf, „daß jeder Krieg, ob aktuell, abgeschlossen oder zukünftig, funktionalisiert wird und somit eine Restitution eines ‚Sinnes' beinhaltet – der Krieg ist die Ursache für den Wandel zu einer ‚besseren', ‚friedlichen' Ordnung“[5].

Friedrich Freksa weist in seinem Werk eine vergleichsweise differenzierte Auseinandersetzung mit dem Thema *Krieg* auf. So steht am Beginn seiner Romanhandlung die aufgeriebene Gesellschaft des „ungeheuren 20. Jahrhunderts“, die müde war ob der langen Zeit der „Selbstvernichtung“[6], eine Gesellschaft, die nur aus der zermürbenden Erfahrung des Krieges heraus den Beschluss zum Weltfrieden fasst und auf welche die kulturpessimistische Schilderung Wolfgang Philips zutrifft:

---

1 Kiss, Königin, 48
2 Zitiert nach Tallgren, 101
3 Völkische Hochziele zitiert nach Puschner, 81
4 Völkische Hochziele zitiert nach Puschner, 81
5 Schneider, 16
6 Vgl. Freksa, 7

„Den Krieg rottet man nur aus, indem man die halbe Menschheit ausrottet, wie man Gift nur durch ein Gegengift vernichtet. [...] Alles, was faul ist am menschlichen Geschlecht [...] muß von dem brandigen Körper amputiert werden – und zwar nicht zu wenig! Der übriggebliebene Rest ist dann vielleicht fähig, Ruhe zu halten und die große Idee des Weltfriedens zu fassen und zu verwirklichen, wie man Kinder nur durch Prügel vom Bösen abhält und zum Guten erzieht."[1]

Entsprechend gestaltet Freksa das kompromisslose Vorgehen der Europäer gegen die aufrührerischen Chinesen aus – ein Vorgehen, das auf dem Verständnis beruht, dass Krieg nur mit der Wurzel des Übels auszurotten ist. Der auf den Revolutionsversuch folgenden „ewigen"[2] Zeit des planetarischen Friedens, die sich rückblickend den Atlantern als langweilig offenbart „ohne Gefahr, ohne Willen und ohne Sehnsucht"[3], setzt Freksa mit der Invasion der Drusonen ein jähes Ende. „Der Gedanke von Krieg war den Menschen jener Tage so fremd, daß es ihnen unmöglich war, an einen Überfall zu glauben. Sie schwelgten alle in dem Gedanken einer nun kommenden Sternenkultur, wie sie es nannten."[4] In diesem Zusammenhang erschließt sich den Menschen die Bedeutung des ewigen Kampfes mit der Natur: „Das ist kein Krieg! Krieg haben wir Menschen genannt, wenn wir uns selbst töricht vernichteten. [...] Aber was gegen Druso uns treibt, ist Selbstbehauptung! [...] Gegen Druso kämpfen wir den ewigen Kampf der Menschheit gegen die Natur, die uns zerstören will!"[5] So endet denn auch die Erzählung des siegreichen Alf Bentink mit einer Mahnung an die Atlanter, in der das Wesen des notwendigen und befreienden Krieges enthüllt wird: „Dennoch bleibt der Krieg der Vater allen Geschehens! Niemals hört der Kampf auf, solange Welten bestehen. [...] Seid auf der Hut! Werdet nicht schwach! Wer an den Frieden der Natur glaubt, geht unter in ihrem Kampf!"[6]

An den ewigen Frieden der Natur glaubt auch Edmund Kiss nicht. Wie etwa Dietrich Kärner sieht er hierin vielmehr das größte Unglück für die aus dem Kampfgeist geborene und sich im Kampfgeist bewährende nordische Rasse. Verachtend blickt das Volk der Asen auf die Niederrassen, die sich selbstverleugnend vor dem Banner des Reiches Atlantis in den Staub werfen[7]:

„Möge der Große Freund in der Weite seines Gartens verhüten, daß unsere[r] Gipfelrasse ein solches Geschick der Schmach widerfährt. Lieber in einem ungeheuren Kampfe sterben, in einem Untergang ohnegleichen, den blanken Schild auf der Brust und das zerschlagene Antlitz voll starker Würde zum Himmel des Alten gekehrt! Nicht Sieg ist das Glück dieses Sternes, sondern nur der Kampf, mit Schwert und Hirn, das wiegt fast gleich."[8]

---

1 Philipp, 13f.
2 Freksa, 154
3 Freksa, 154
4 Freksa, 154
5 Freksa, 126
6 Freksa, 298
7 Kiss, Königin, 56
8 Kiss, Königin, 50

Auch in Zeiten der absoluten Not sind die Nordler gewillt, sich zu bewehren und ihren „gebührenden Platz an Gottes warmer Sonne mit Geist und Schwert zu sichern."[1] Emphatisch inszeniert der Regierungsbaurat Kiss den ewigen Kampf der Nordler als Kampf mit Gott:

„Der Uralte hatte an den wuchtigen Hieben nicht gespart, und das war nicht an uns vorübergegangen, ohne daß es Wunden gab. Doch unbesiegt hatte er uns ziehen lassen müssen, [...] und jeden hatte er geschüttelt und gepeitscht und hatte uns dennoch das Ruder lassen müssen. [...] Und die Brücken, die er hinter uns zertrümmerte? Wir bauen sie wieder neu! Siegreich bricht dein uraltes nordisches Geschlecht über die Schwelle des neuen Zeitalters. Ob es schwerer sein wird, als das, dessen Ende wir erlebten? Gib, daß es schwerer wird, Uralter, adliger Bruder nordischer Rasse! Kannst du die Seele bändigen, wenn sie in kalte Höhen stößt? Stolz wirst du sein und lachen, daß du deine eigene Seele nicht überwinden konntest! [...] Sorge, daß der Kampf nicht erlischt, Schwertschlag nicht und nicht das Ringen der Seele um die Gipfelriesen."[2]

3 Maßnahmen gegen den rassischen Verfall

a ‚Humane' Problembehandlungen

Die Gefahren, die dem rassischen Kollektiv von außen drohen, forderten auf der Grundlage des Glaubens, „mit dem Blute auch das göttliche Wesen überhaupt zu zeitigen"[3], nach Maßnahmen, die den Schutz der Gemeinschaft gewährleisteten. Die Rassenhygiene wurde zum populären Schlagwort innerhalb der völkischen Bewegung und zum Oberbegriff für mannigfache Zucht- und Eugenikvorstellungen.

An den Terminus *Rassenhygiene* bindet sich zunächst die im völkischen Konsens getragene Idee der Reinhaltung der eigenen bevorzugten Rasse. Diese Reinhaltung sollte nach der mehrheitlichen Meinung der völkischen Repräsentanten grundlegend zwei Dimensionen umfassen: „eine, die sich im engeren Sinne physischen Belangen zuwandte, und eine zweite, der es um die ‚deutsche Seele', um den ‚Rassengeist' – oder wie es schließlich hieß – um die ‚Rassenseele' ging und deren Fundamente die Volkstumsideologie bildete."[4] So sollte nach kulturanthropologischem Verständnis mit der Rassenhygiene die Grundlage „für eine rassenbestimmte deutsch-völkische Renaissance"[5] gelegt werden. Aus diesem Spektrum stechen insbesondere die Zucht- und Eugenikvorstellungen hervor, die als kollektivimmanente Maßnahmen zur Steigerung der Rassenwerte verstanden wurden. Ausgehend von der durch den Zoologen August Weißmann radikalisierten selektionstheoretischen Evolutionstheorie Darwins entwickelte sich innerhalb der völkischen Bewegung ein Eugenikverständnis, „daß eine stärkere Vermehrung der vollkommeneren,

[1] Kiss, Singschwäne, 36
[2] Kiss, Königin, 257
[3] Rosenberg, 114
[4] Puschner, 123
[5] Puschner, 123

d.h. an die Daseinsbedingungen angepassten Individuen und die Ausschaltung oder doch geringere Fortpflanzung der nicht so günstig geratenen Individuen unerläßliche Bedingung für die Vervollkommnung der Erdqualitäten einer jeden Rasse oder Art ist, ja daß bei Nichterfüllung dieser Bedingung auch der schon erreichte Vervollkommnungsgrad erheblicher Anpassung nicht erhalten werden kann."[1] Auf diesem Verständnis fußen schließlich die Theorien „selektiver Vererbungs"- oder „Fortpflanzungshygiene"[2], in denen zum einen die Notwendigkeit der Abgrenzung des rassischen Kollektivs nach außen durch das Verbot der Ehen mit Niederrassen betont und zum anderen eine Optimierung innerhalb der Gemeinschaft angestrebt wird in Form staatlicher Eheverbote im Rahmen einer planmäßigen Züchtungspolitik:

> „Alle mit erblichen Krankheiten oder Mängeln oder mit sonstigen Nachkommenschaft gefährdenden Schwächen Behafteten z.B. die Geistes- und Nervenkranken, die Geschlechtskranken, sind durch Belehrung, durch privaten und staatlichen Zwang an der Fortpflanzung zu verhindern."[3]

Die Ausführung praktischer Promiskuität in Berlin[4] und andere erschreckende Beispiele unter dem Naziregime offenbaren die Faszination, die rassenhygienische Vorstellungen auf einige gesellschaftliche Gruppierungen ausübte. Ein neuer Neomythos scheint auf, in dem die Humangenetik als Möglichkeit der Erfüllung rassischer Träume entdeckt wird und die Schaffung einer hochtalentierten Rasse nach dem Beispiel der Hunde in den Horizont des Machbaren rückt[5]. Vertreter wie Max von Gruber postulieren schließlich den nietzschen Übermenschen als eine durch Züchtung erreichbare Evolutionsstufe:

> „Die Minderwertigen, die Schwächlichen, Untüchtigen und Krankhaften bedeuten eine ungeheure Last und bilden das allergrößte Hindernis gegen die Herstellung befriedigender Zustände in Staat und Gesellschaft [...] Die Erfolge der Pflanzen- und Tierzüchter dagegen lehren, wie außerordentlich Großes in einer kurzen Spanne Zeit durch zielbewußte Fortpflanzungsauslese erreicht werden kann, so daß kein Zweifel übrig bleibt, daß, wenn ähnlich in den menschlichen Gesellschaften vorgegangen werden könnte, in kurzer Zeit Geschlechter erzielt werden würden, die an Gesundheit und Tüchtigkeit Göttern glichen."[6]

„Neugötter können also gezüchtet werden"[7], wie Hauser hintergründig mit Blick auf diese Entwicklung feststellt.

Eine Relativierung dieser These finden wir in den Zukunftsvorstellungen Friedrich Freksas. Seine visionäre Welt des 23. Jahrhunderts steht unter dem Eindruck

---

1 Schallmeyer, Rassedienst, 44

2 Puschner, 120

3 Gerstenhauer, Rassenlehre, 41

4 Vgl. Hauser, Kritik der neomythischen Vernunft (I), 423

5 Vgl. Hauser, Kritik der neomythischen Vernunft (I), 375

6 Zitiert nach Gilbhard, 19f.

7 Hauser, Kritik der neomythischen Vernunft (I), 377

des Überwachungsstaats, der tief in das Privatleben der Menschen hineinleuchtet[1]. Nachdem durch kontraselektorische Maßnahmen der Wissenschaft und Fürsorge das Lebensalter der Menschen um 1990 im Durchschnitt auf 60 gewachsen ist, beschließt man im Völkerbund einen Pakt zur Regulierung der Geburten[2]. Die Erlaubnis zur fruchtbaren Ehe wird nur den Paaren gestattet, die nach reiflicher Prüfung für geeignet befunden werden. Über die aus einer solchen Verbindung hervorgehenden Säuglinge verfügt der Staat das Lebensrecht mithilfe exakter wissenschaftlicher Kontrolle:

> „Es gab eine Reihe von Pluspunkten. Sie wurden errechnet nach Formeln aus der Genealogie, die sorgfältiger geführt wurde als je Adelsstammbäume vorher. Aber die Pluspunkte wurden erst im letzten Augenblick als Ausgleichsmoment der Rechnung beigefügt. Vorher durchreist der Säugling auf einem laufenden Bande die verschiedenen Untersuchungsstationen. Es wurden geprüft das Knochengerüst, der Schädelbau, nach sehr feinen Methoden Augen, Ohren, Nase, Atmungsorgane, Drüsenveranlagung, nervöse Tätigkeit. Dadurch, daß der Prozeß geteilt war in siebenunddreißig Einzelbeobachtungen, und daß der Säugling nur mit einer Nummer versehen seine Reise durch das Institut in einem Bettkästchen antrat, war eine absolute Objektivität gewährleistet. Selbst bei der Formelberechnung, die zum Schluß ausschlaggebend war, wurde nicht der Name sondern nur die Formelgrößen aus der Genealogie hinzugefügt."[3]

Diese radikale selektionstheoretische Eugenik sorgt letztlich dafür, „daß wohl zu keiner Zeit je auf Erden die Frauen [und Männer] so schön, gleichmäßig gezüchtet und Reif an Geist waren"[4] wie in diesen Tagen.

Was zunächst anmutet wie eine literarische Ausgestaltung rassenhygienischer Gedanken á la Alfred Ploetz, erfährt bei Friedrich Freksa allerdings eine sozialdarwinistische Wende. Die Tatsache, dass Alf Bentink, der später mit dazu beiträgt, die Erde vor dem Untergang zu retten, gerade mal zweieinhalb Punkte über der so genannten Notgrenze liegt[5] und somit nur knapp dem Schicksal entgeht, als „nicht lebenskräftiger Stämmling thermisch vernichtet"[6] zu werden, wirft einen Schatten über die wissenschaftlichen Kontrollmechanismen. Des Weiteren offenbart sich in Freksas Roman, dass das harte Ausleseverfahren in der Welt des 23. Jahrhunderts zu einer „Überdomestizierung"[7] beziehungsweise „Überdüngung"[8] der Menschheit geführt hat, die folglich wehrlos dem Angriff der Drusonen ausgeliefert ist und beinahe ihren Untergang erfährt. Spätestens die Anwendung des radikalen Objektivierungsverfahrens[9] *gegen* die Menschheit durch die Hand der Drusonen eröffnet

1 Vgl. Freksa, 71f.
2 Vgl. Freksa, 8
3 Freksa, 24f.
4 Freksa, 27
5 Vgl. Freksa, 24
6 Freksa, 23
7 Freksa, 32
8 Freksa, 109
9 Freksa, 185

dem Leser das eigentliche Anliegen Freksas, das sich endlich in den bereits zitierten abschließenden Bemerkungen Alf Bentinks zum sozialdarwinistischen, überlebenswichtigen Kampf gegen die Natur manifestiert[1].

Auch Edmund Kiss wartet in seiner Tetralogie mit rassenhygienischem Gedankengut auf, wenn auch bedingt durch seine Vergangenheitsdarstellung auf einer enttechnologisierten Stufe. Die nach außen gerichteten kollektiven Maßnahmen der „Rassenpflege“[2] sehen zunächst eine Abgrenzung von den Minderrassen vor, um die Macht Atlantis‘ zu zeitigen. Vermählungen sind den nordischen Männern daher nur mit nordischen Frauen gestattet[3]. Selbst auf den kalten Riesenbergen von Tiahusinju gilt dieses Gebot, überwiegt auch der Anteil der Ureinwohnerinnen in dieser Grenzmark des Reiches Atlantis bei weitem. Doch sorgt der König in diesen entlegenen Gebieten für die „Rassenerhaltung“[4], indem er jährlich eine Sendung junger, adliger Frauen aus der Hauptstadt in die Hochgebirge schickt. „So wurde diese vorsorgende Maßnahme des Königs im fernen Mutterlande jedes Mal mit großer Freude begrüßt, und es hatte etwas komisches, zu sehen, wie die unverheirateten Ritter heimlich nach der neuen Sendung spähten.“[5] Godda hält über den Untergang des Großreiches Atlantis hinweg an diesem Gebot fest, wenn er auch ob der widrigen Umstände auf dem Weg durch das vereiste Thule Abstriche hinnehmen muss:

> „Was sollte ich in dieser Not tun? Ich sah es kommen, wie es später auch kam, daß sich meine Männer die Drudenmädchen zu Frauen nahmen. Sie fragten mich natürlich um Erlaubnis, und ich gab sie, obschon ich immer ein scharfer Gegner der Vermischung des nordischen Blutes mit anderem, wenn auch ähnlichem, gewesen war. Das lag an meiner Erziehung, die natürlich in dieser Hinsicht sehr straff gewesen war. Ich persönlich hatte ja das Glück, in Katte Hogger eine reinrassige Nordlandstochter erhalten zu haben, meine Gesellen aber hatten diesen Vorzug nicht. Ich habe aber später eingesehen, daß der Nachwuchs an Seele und Leib nicht verdarb, und das die Blutmischung grade noch erträglich gewesen war.“[6]

Die sich aus dieser Abgrenzung ergebende innerkollektiv vollziehende Aufzucht der Atlanter ist ähnlich den Theorien Max von Grubers dem Vorbild der Tiere nachempfunden:

> „Er dachte als nordischer Bauernsohn in diesen Dingen sehr rücksichtslos. Ließ er doch die berühmten Pferde auf den atlantischen Inseln Paardegatt und Gaatland auch nicht durch wahllose Zucht verderben, deshalb war für ihn die Aufzucht reinrassiger nordischer Menschen eine Selbstverständlichkeit, die nicht ungestraft durchbrochen werden durfte. Was beim Pferde er-

---

1 Vgl. Freksa, 299
2 Kiss, Königin, 34
3 Kiss, Königin, 28
4 Kiss, Königin, 28
5 Kiss, Königin, 28
6 Kiss, Singschwäne, 139

zwungen wurde, mußte vom denkenden nordischen Menschen doppelt und dreifach, und zwar freiwillig beachtet werden."[1]

Bereits in seiner fiktiven Vorzeit entwirft Edmund Kiss dabei Möglichkeiten des staatlichen Eingreifens in den evolutiven Prozess. Godda selbst ist von den Zuchtmaßnahmen betroffen, weist er doch den typischen hohen Schädel auf, wie ihn alle Gelehrten des Reiches besitzen.

„Aber das war, wie vielleicht bekannt ist, nicht die natürliche Schädelform, sondern eine absichtlich gezüchtete. [...] Bei Erkennen eines guten, vielleicht über den Rahmen des Gewöhnlichen hinausgehenden Verstandes wurde uns, die wir Gelehrte werden sollten, der Kopf in früher Jugend geschnürt, und zwar derartig, daß die vorderen Gehirnteile hoch entwickelt wurden unter geringer Vernachlässigung des Hinterkopfes."[2]

Gegen die Zipangus wendet man hingegen die umgekehrte Vorgehensweise an und bindet ihren Schädel schon in früher Jugend nach hinten, „um sie ihrem Beruf als Menschengruppe der körperlichen Arbeit zu erhalten."[3] Die im Rahmen dieses Zuchtprogramms auftretenden „bedauerlichen Misserfolge" werden nach Angaben Goddas bei weitem durch die Erfolge der Ärzte wettgemacht[4]. Daneben berichtet Kiss, in eugenischen Vorstellungen wandelnd, von einer Klassifizierung der Menschen im Hinblick auf monetäre Einbußen und ihr Fortpflanzungsrecht. „Wer im Reiche Atlantis nicht das Schwert führen konnte, mußte einmal doppelte Steuern bezahlen und bekam nur in Ausnahmefällen eine Frau."[5]

b Inhumane Problembehandlungen

„Am Horizont der biologisch-rassistischen Definition menschlichen Schöpfertums liegt der Gedanke an die Vernichtung des ungenial-nichtarischen Teils der Menschheit."[6] Die Erfahrung eines regressiven existentiellen Zeitgeschehens und das Gefühl des Nicht-Gehalten-Seins in einem tiefengeschichtlichen kosmischen oder religiösen Gefüge bedingt das menschliche Verlangen, sich gegen den Verfall zu wenden. In der völkischen Bewegung, die den rassischen Sündenfall als Ausgangspunkt der Degeneration in ihrer Weltanschauung etabliert, erwächst so das Feindbild der von außen drohenden Rassenzersetzer. Die Stimmung der Décadence und die Ängste des sich am Ende fühlenden Europäers schlagen schließlich in Aggressivität und Vernichtungswille gegenüber denen um, die den vermeinten Niedergang der Rasse verursachten[7] – zumal, wenn die Niederrassen in mythologischer Über-

---

1 Kiss, Frühling in Atlantis, 21
2 Kiss, Königin, 36
3 Kiss, Königin, 48
4 Kiss, Königin, 36
5 Kiss, Königin, 36
6 Schmidt, 217
7 Vgl. Schmidt, 221

höhung als „Werk des Teufels" verstanden wurden[1]. „Die Fiktion einer genialen und sich in ihrer Genialität durch Gewalttätigkeit beweisenden Arier-Rasse"[2] verschränkt sich mit der Vorstellung ungenialer oder gar als Ferment des Niedergangs wirkender, anderer Rassen, die es konsequenterweise zu beseitigen gilt.

Die Gewaltausübung gegenüber den als Bedrohung der eigenen Rasse aufgefassten Kräften wird legitimiert aus der sozialdarwinistischen Perspektive eines „survival of the fittest" der Nationen und Rassen[3] – ein Wettkampf im Völkerdasein, der letztlich darin besteht, dass die schwächere Rasse ausstirbt[4]. Nach Alexander Tille erscheint es demnach nur natürliches Recht der stärkeren Rasse, „die niedere zu vernichten"[5], da überall in der Natur das Höhere über das Niedere siegt. Menschenrechte erscheinen in einem solchen Wettkampf als kontraselektorisch wirksame Wahnvorstellung: „Es gibt keine Menschenrechte, nicht mehr als es Rechte des Gürteltiers [...] gibt. [...] Der Gedanke der Gerechtigkeit selbst ist ein Trug. Es gibt nichts als Gewalt."[6] Und diese paradigmatisch geforderte Gewaltausübung sei auch nicht durch die Hybris der Menschen zu durchbrechen, die sich ein „Moralchen" gönnten, das dem Darwinismus und den Gesetzen der Natur widerstrebe[7].

In einer von solchen Ideologien durchsetzten Geschichtsepoche kann denn auch Lanz das *Vater Unser* der Gottmenschen ‚beten' und in religiösem Wahn den „himmlischen Gralsbecher" beschwören, der hilft, die Affenmenschen zu besiegen.

„Wir wollen unser Schwert geschliffen und unsere Kriegsleier gestimmt halten, wenn's losgeht zur Wiedereroberung der Welt. Was warten wir noch? Sollen wir die Welt noch weiter von hirnlosen Affenlümmeln ausschinden lassen? Überall ist Menschenmangel, während wir auf kleiner deutscher Erde verhungern vor Menschenüberfluß. Der Erdball war und ist Germaniens Kolonie! [...] Zieh uns voraus sieghafter Affenbezwinger und erlöse uns von den Sodomsschratten, denn dein ist das Weltreich und die Kraft und die Herrlichkeit in Ewigkeit. Amen."[8]

Das Schema der Legitimation expansiven Wirkens mit der göttlich bedingten Überlegenheit der Rasse begegnet auch in der Tetralogie von Edmund Kiss wieder.

„So groß unsere Inseln im atlantischen Meere sind, sie waren uns nie weit genug gewesen, die Gier zu stillen, die wundersam auf dem Grunde unserer Seelen ankert, dem Uralten die Macht abzuringen über die grüne Erde. Und der Erfolg war immer das zweite, was uns in die Ferne zog. Das erste war immer das gewesen: Neuland zu suchen, Neuland für das hungrige Schwert und für die dürstende Seele, die Gefahr zu verlachen, obgleich die Menschenfurcht auch in unseren

---

1 Ostara, Nr. 19, 5
2 Schmidt, 221
3 Vgl. Hauser, Kritik der neomythischen Vernunft (I), 395
4 Vgl. Conrad-Martius, 81 228
5 Tille, Volksdienst, 58
6 Lapouge, 261
7 Tille, Darwin und Nietzsche, 120
8 Lanz, Theozoologie, 159

Herzen sitzt, wie sie allen Menschen als lächerlicher Teil gegeben ist. Doch gab uns der Uralte die Gefahr als Magnetberg der sehnenden Seele, hineinzustürzen, gerade, weil die Furcht zu überwinden herrlicher Lohn ist, auch bei Niederlage und Tod. Dies ist der Ruhm und der Adel meines uralten Volkes, und dies Erbe soll bleiben, so lange Nordmänner um den Ball der grünen Erde fechten."[1]

Dort, wo sich die Ureinwohner der eroberten Gebiete nicht für eine Versklavung eignen, werden sie wie in der lanzschen Darstellung abgeschafft und beispielsweise durch eine Neuzüchtung eines Sklavenwesens mit derben Nerven und festen Armen abgelöst[2].

Eine der radikalsten Lösungen für die Entledigung ungeliebter Rassen begegnet uns in der Darstellung Alexander Raxins in *Der nächste Massenmord*. Hier entwickelt ein italienischer Professor im Kampf gegen Frankreich eine „Niggerpest", der die gesamte schwarze Rasse zum Opfer fällt[3].

Darüber hinaus erweist sich der Umgang der Menschen innerhalb eines rassischen Kollektivs beeinflusst durch die sozialdarwinistische Entfesselung von jedweder Moral. Der französische Psychiater und Darwinist Bénédict Augustin Morel formuliert in seiner Untersuchung *Traité des dégeneréscences physique, intellectuelles et morales de l´espèce humaine*: „Das degenerierte Wesen wird nicht nur unfähig, sich in die Kette der fortschreitenden Menschheit einzugliedern, es ist darüber hinaus durch seinen Kontakt mit dem gesunden Teil der Bevölkerung das größte Hindernis für den Fortschritt."[4] Entsprechend entledigt man sich dieser Menschen durch Fortpflanzungsregulierungen oder durch die im Dritten Reich praktizierte Methode der „Euthanasie". Die Völkischen wähnen sich dabei in der Rolle der Fortschrittsgläubigen oder gar der Erlöser, denken sie doch von den Degenerierten, dass diese sich selbst wie etwa Kiss Figur Warga als Belastung für die reinrassige Menschheit erfahren:

„Kannst du dir einen Baldur Wieborg an der Seite einer gelähmten Frau vorstellen, einer Frau, deren gesundes Blut bis ins Mark vergiftet wurde? Glaubst du, die Liebe könne Bestand haben, wenn ein blühender, gesunder Mensch für sein Leben an einen anderen gefesselt ist, dessen Lebenskraft in der Wurzel geknickt wurde? [...] eine Gefährtin für ein langes Leben kann ich nicht mehr sein. Und du weißt, wir Menschen nordischen Blutes nehmen es ernst mit dem Bunde, der für ein Leben geschlossen wird."[5]

Den Frauen kommt in dieser Ideologie von notwendig zu bewahrender Rassenreinheit in ihrer Rolle als Mütter der nächsten Generation eine besondere Bedeutung zu.

---

1 Kiss, Königin, 90f.
2 Ostara, Nr. 19, S. 5
3 Raxin, 27
4 Zitiert nach Hauser, Kritik der neomythischen Vernunft (I), 376
5 Kiss, Frühling in Atlantis, 297

Finden wir bei Josef Lanz noch die Theorie, dass das „freie Weib" für „alles weltgeschichtliche Unheil"[1] verantwortlich sei, da es niederen Neigungen folgte und das reine Blut durch Rassenmischung verdarb, so lässt sich um 1933 eine Tendenz ins Matriarchalische feststellen[2]. Die Bedeutung der Frau in ihrer Rolle als Gebärerin reinrassiger Kinder verband sich mit der Volkstumsideologie: „Ein Volk ist soviel wert, als seine Frauen bereit sind, wertvolle Mütter zu werden. Darum brauchen wir erhabene *Mütterthrone*, vor denen die Männer in Ehrfurcht stehen. Deutschland muß wieder ein blühendes *Mutter-und Kinderland* sein, dann wird es ein mächtiges Vaterland werden."[3] Dieser Verschränkung geht allerdings eine radikale Reduktion der Frau auf ihre Rolle als Mutter einher, steht doch für die Völkischen fest, dass „ein Volk, dessen Frauen aufhören mit ganzer Seele Mutter zu sein, [...] schon in den Keimen seiner Nachkommenschaft zu Grunde"[4] gehe.

Der Blick in die Gegenwart bietet vielen völkischen Ideologen daher ein geradezu erschreckendes Bild. Heinrich Pudor beispielsweise spricht in seiner Analyse der industriell-urbanen Gesellschaft von „einer Entmutterung [...] modernen Zivilisiertentums"[5]. Die Emanzipationsbewegungen, die die Frauenfrage in den Mittelpunkt stellten, werden als deutliche – im Sinne der Rassenideologie – degenerative Anzeichen verstanden, stelle sich doch „für eine gesunde vernünftige Frau [...] keine Frauenfrage."[6] Mit dem „Degenerationsstigma"[7] wurden auch die zeitgenössischen Forderungen nach Intensivierung der Frauenbildung versehen.

> „Es kann heute kein Zweifel mehr darüber bestehen, daß die einseitige Entwicklung der geistigen Fähigkeiten gerade bei dem weiblichen Geschlecht mit ernstem Verluste an leiblichen Vorzügen und konstitutionellen Kräften verknüpft ist. Gelehrte Frauen verlieren nicht nur an Anmut, Schönheit und Frische, meist auch an mütterlichen Fähigkeiten. Eine starke geistige Anspannung unterdrückt die Entwicklung wichtiger körperlicher Funktionen und Organe. Wir setzen also Unersetzliches aufs Spiel, wenn wir der Bildungseitelkeit zuliebe unsere jungen Mädchen mit fragwürdigem Wissenskram voll stopfen und die Nation deswegen der gesunden Mütter berauben."[8]

Was für die Frauenbildung gilt, wird gleichsam auf die Berufstätigkeit bezogen, sah man sich doch in diesem Bereich dem „Entartungsphänomen"[9] einer Eroberung bislang männlicher Berufsfelder durch das weibliche Geschlecht gegenüber. Durch

---

1 Ostara, Nr. 33, 10
2 Vgl. Hermand, Traum vom neuen Reich, 246
3 Mayer, 38
4 Heimdall, 16, 123
5 Pudor, 19
6 Fritsch, 134
7 Puschner, 180
8 Fritsch zitiert nach Puschner, 180
9 Puschner, 180

die Ausübung männlicher Berufe werde die Frau dem Mann „in den Körper-Formen und im Gesichtsausdruck" ähnlich und sogar die inneren Organe erhielten

„durch ausgeprägte männliche Tätigkeit allmählich ein männliches Gepräge. *Das Ersterben der Fortpflanzungsfähigkeit* des Weibes wäre für den Fall allgemeiner Vermännlichung weiblicher Betätigungsart nur noch eine Frage der Zeit. Von Geschlechtsstufe zu Geschlechtsstufe würde die körperliche Fruchtbarkeit des Weibes geringer werden. Die leibliche Unfruchtbarkeit des ausgearteten Weibes ist bekannt. Das Volk, das dem Weibe zuerst volle Gleichberechtigung auch auf den ausgeprägten männlichen Betätigungsgebieten gewährt, dürfte seinen Untergang in Folge jähen Geburtenrückgangs zuerst besiegelt sehen. Die Natur hat das Weib durch seinen zarteren Körperbau, durch seine feinere Gliederung nicht umsonst auf eine stille unmännliche Lebensbetätigung verwiesen."[1]

Gegen die Frauenemanzipation wird das Bild der deutschen Frau in völkischen Kreisen idealisiert, deren Bestimmung in der Führung des Haushalts und dem Gebären von Kindern liege.

An die deutschen Frauen

Voll greift der Sänger in die Saiten,
Schlägt erste Klage an,
Sie sollen fest um's Herz sich schlingen
Zugleich bei Frau und Mann.

Jetzt sind des Liedes schlichte Worte
Der deutschen Frau geweiht,
Und mögen tief in's Herz ihr dringen,
Als Mahnruf ernster Zeit.

Die deutsche Frau sei fromm und innig,
Dem Manne gleich gestellt,
Sie sei des Hauses höchste Zierde,
Der Schmuck der deutschen Welt.

Es schufen euch die deutschen Götter,
Zum Keuschheits-Ebenbild,
Und geben euch die hehrste Rüstung,
Der Tugend festen Schild.

Dem deutschen Mann ward anvertrauet
Das scharfe Kampfes-Schwert,
Der deutschen Frau des Hauses Walten,
Die Wacht am deutschen Herd.

Im Kreise eurer jungen Sprossen,
Dort sei die hohe Wart,

---

1 *Frauen=Recht*, Heimdall zitiert nach Puschner, 180

Wo treu und fest ihr sollt behüten
Die deutsche Eigenart.

Dort sollt ihr lehren deutsche Jugend
Zu ehren deutsches Wort,
Dort sollt ihr Liebe ihnen pflanzen
Zu eures Volkes Hort.

Drum, deutsche Frau, die Volksart hüte
In deinem Reiche klein,
Der Jugend sollst du mehr als Mutter
Sollst **deutsche** Mutter sein![1]

Dabei beruft sich die völkische Weiblichkeitskonzeption parallel zum Männlichkeitsideal vor allem auf die germanische Vorzeit[2], deren matriarchales Erbe als völkische Variante der Emanzipation begriffen werden kann:

„Treue und Heroismus bis in den Tod, Tugend- und Standhaftigkeit, urmütterliche Weisheit' charakterisieren die völkische Frau, die dem Mann zur Seite stehen und ‚eine echte Menschenmutter' sein sollte, die zur ‚Gottesgebärerin' von ‚sonnenhaarige[n] himmeläugige[n] Götter[n] und Göttinnen' stilisiert wurde und die vor allem, wie es 1920 in der Traurede anlässlich einer germanischgläubigen Hochzeitszeremonie hieß, nachdem ‚der deutsche Mann den Feind im Kampfe nicht niedersterben [konnte], [...] ihn [...] niedergebären sollte.'“[3]

In Friedrich Freksas Roman *Druso* verkörpert Alf Bentinks Frau Judith das Idealbild der „Menschenmutter“[4]. Zunächst orientierungslos darüber, worin ihre Aufgabe in der von den Drusonen besetzten Welt bestehe[5], wird Judith schließlich mit der Geburt ihrer Tochter Urania zur „Mutter-Göttin“[6]. Die Geburt selbst gerät nach Freksa zum untrüglichen Zeichen der Unbezwingbarkeit des göttlichen Menschengeschlechts:

„,Unbezwinglich ist der Menschen Art, und wir werden Herr werden der Drusonen, wie wir Herr geworden sind anderer Naturmächte. Wir haben Niederlagen erlitten und immer den Sieg errungen. Wir sind gestorben in Geschlechtern und leben weiter in Geschlechtern. Wir tragen in uns den Gott, den unbezwinglichen.' Dabei streiften ihre Augen das Kind, und wir wußten es, was sie als Gott fühlte: Das Leben selbst, das ewige, das wir weitergeben von Geschlecht zu Geschlecht.“[7]

---

1 Heimdall 9, 92
2 Vgl. Puschner, 185
3 Zippelius-Horn zitiert nach Puschner, 186
4 Freksa, 202
5 Vgl. Freksa, 175
6 Freksa, 147
7 Freksa, 146

Mutter und Kind, die die Überlebenden von Boothia Felix als Göttliches verehren[1], werden den Atlantern zum verpflichtenden Sinnbild des bevorstehenden Krieges[2]. So lautet die einfache Antwort Judiths – aus der heraus die „urmütterliche Weisheit" zu sprechen scheint[3] – auf die von Flius aufgeworfene Frage, warum man dem ganzen ob der Übermacht der Drusonen nicht ein Ende setzen sollte: „Weil dies Kind hier es verbietet."[4]

Die Rolle der Erdenmutter prägt maßgeblich das Selbstverständnis Judiths, die sich als „die neue Welt begreift"[5]. An ihr zeigt sich dabei nur exemplarisch die idealisierte Bedeutung, die den Frauen der Atlanter als „Helferinnen und Gebärerinnen des Heervolkes"[6] zukommt. Die Reduktion auf die Rolle der Mutter im Heim bleibt erhalten, doch ist der zu führende Haushalt bei Freksa nichts weniger als der „innere Aufbau des Menschenstaates auf Boothia Felix", der allein von den Frauen geleitet wird[7]. Und so kann sich Judith in ihrer neuen gesellschaftlichen Rolle erinnert fühlen an eine matriarchalische Lichtreligion vor Jahrtausenden, „in der auch die Frauen die Führerinnen waren."[8]

Kiss kommt in seiner Tetralogie ebenfalls auf die besondere Bedeutung der Frau in ihrer Rolle als Mutter zu sprechen. So zeigen sich den wenigen Atlantern nach dem Einfang des Tertiärs und dem daran gebundenen Untergang von Atlantis die ersten Geburten an Bord des Schiffes als Zeichen für den sich vollziehenden Neuanbruch des versunkenen Reichs[9]. Der König erweist dabei den „Gebärenden" seine besondere Ehre, wenn er sich inmitten der jungen Mädchen niederlässt und ihren Erfahrungen lauscht[10]. Die Rolle der Mutter einzunehmen, scheint den atlantischen Frauen demnach als ein Geschenk. Selbst Verbände aus Mädchen und Frauen, die sich in der eisigen Kälte von Thule ob der Gefahr vor Vergewaltigungen zusammenschließen und die als „Amazonen" bezeichnet werden[11], erliegen der Faszination der Mutterrolle und gehen, obschon sie, „als sie noch selbstständig waren, das Gegenteil gelobt hatten," nach der Begegnung mit dem Heer von Goddas Atlantern, Verbindungen mit ihnen ein[12].

Die Idealisierung der Mutterrolle bei Kiss wird vollends evident, wenn Godda in der Behandlung durch seine Mutter den Uralten zu erfahren glaubt:

---

1 Vgl. Freksa, 146
2 Vgl. Freksa, 155
3 Puschner, 186
4 Freksa, 151
5 Freksa, 151
6 Freksa, 163
7 Freksa, 163
8 Freksa, 163
9 Vgl. Kiss, Singschwäne, 19
10 Vgl. Kiss, Singschwäne, 18
11 Vgl. Kiss, Singschwäne, 197
12 Vgl. Kiss, Singschwäne, 197

„So lag ich in den Armen der Mutter, die allein den Mut gehabt hatte, dem Kinde erneut das Leben zu schenken, wie sie es ehedem getan, und ich hielt sie für meinen uralten Freund und lachte, weil er plötzlich so zärtlich sein konnte, der sonst immer nur den Spott bei der Hand hatte, wenn es galt, Godda Apacheta zu necken. Siehst du, lieber Bruder, auf deinem Stern Heldung-Atlanta, in Frauenkleidung mußt du kommen, dein Herz zu verbergen und mir Gutes zu tun. Ich glaube gar, du hast dich von Anbeginn in Mütter[n] versteckt, weil du nicht zeigen wolltest, daß du auch weich sein kannst. Es ist wichtig, daß ich nun weiß, in welcher Gestalt du am liebsten auf deiner grünen Erde einhergehst."[1]

1 Kiss, Königin, 176

§ 12 Wunderwaffe Technik!?

In der Figur des erfinderischen Führers liegt uns bereits ein individueller Typus des technischen Nutzers vor, der ob seiner schöpferischen genialen Fähigkeiten als „weltbildende Wirklichkeit"[1] aufgefasst werden kann. Das individuelle Genie ist jedoch eingebettet in ein Kollektiv, das gerade nach völkischen Begriffskategorien übergeordnete Gattungsinteressen aufweist und somit über das schöpferische Endprodukt verfügt. Die Technik gerät gleichsam vom einzigartigen Schöpfungsakt eines Genius à la Frankenstein zum möglichen Heilsmittel eines ganzen Volkes. Rassenhygienische und imperialistische Ziele des Volkes als auch dessen exklusives Selbstverständnis verlangen nach der Technik als der adäquaten Ausdrucksform, welche die neomythisch anmutenden Ambitionen in den Bereich des Machbaren rückt.

> „War es auf diesem Gebiet genug, mit pseudowissenschaftlichen Ammenmärchen wie der hörbigerschen Welteislehre sowie der These vom ‚arischen Götterelektron' eines Lanz von Liebenfels aufzuwarten, um die Germanen als die einzige planetarisch gerechtfertige Rasse hinzustellen? Oder brauchte man zu einem solchen Vorhaben nicht auch eine mit modernsten Waffensystemen ausgerüstete Wehrmacht, um all die laut herausposaunten Träume von neuen Siedlungsräumen im Osten, vom Zusammenschluß sämtlicher Völker unter der Führung Deutschlands und der Unterwerfung der minderrassigen Völker auch wirklich in die Tat umsetzen zu können?"[2]

In den Zukunftsvisionen der völkischen Science-Fiction findet sich die literarische Darstellung technischer Entwicklung, die im fiktionalen Raum angesiedelt die Möglichkeit der Umsetzung imperialistischer und rassenhygienischer Träume unter der Annahme der geglückten Erfindung aufzeigt[3].

Allerdings findet sich in dem großen Korpus an solcher Literatur immer wieder auch die Kehrseite von auf Technologie gegründeter Ideologie. Am Horizont der schier unendlichen Möglichkeiten des technisch Machbaren, die durch eine Umgestaltung der als „natura secunda"[4] begriffenen Wirklichkeit aufgeboten werden, steht die Angst vor der Weltzerstörung. „Der moderne Mensch erfährt sich so ineins als möglicher alleiniger Schöpfer seiner Lebenswelt und als möglicher Vernichter seiner Lebensgrundlagen."[5] Die Technik wird gleichsam zum sakramentalen Heilsmittel und zur Massenvernichtungswaffe.

---

1 Schwonke, 94
2 Hermand, Traum vom neuen Reich, 293f.
3 Vgl. Hermand, Traum vom neuen Reich, 294
4 Hauser, Kritik der neomythischen Vernunft (I), 108
5 Hauser, Apokalyptik, 64

I Die Skepsis an einer Technik der Massenvernichtung

„Die Ereignisse des Ersten Weltkrieges haben den Technikoptimismus weiter Bevölkerungskreise gedämpft“[1], konstatiert rückblickend Tzschaschel. Das sichtlich zerstörerische Waffenpotential generiert neue Ängste der Menschen und schürt die Skepsis an den immer effizienteren Methoden der Vernichtung. Diese Wissenschaftsskepsis spiegelt sich auch in Friedrich Freksas *Druso* wider. So flüchtet Alf Bentink in der hochtechnologisierten, aber überdomestizierten Zeit des 23. Jahrhunderts in den Dienst in die Wälder und erfährt hier das „Gefühlte Leben“ in der Natur, nach dem sich die Menschheit jener Tage vergeblich sehnt[2].

> „Da nun nahm mich freilich alles gefangen. Etwas anderes war es doch, auf einem wirklichen Pferd zu sitzen, anstatt sich nur auf der elektrischen Pferdeschaukel zu üben. Hunde, die ich immer verachtet hatte in dem verfetteten und degenerierten Zustand, in dem sie bei uns im Norden bestanden, lernte ich lieben als die klugen Spürer, die sie sind. Was für eine Umwälzung gibt es, mit einem Wesen zu leben, dessen Nase unser Auge ersetzt. Ich beobachtete die Fische, die Eigentümlichkeiten der Insekten. Ich war überwältigt von einem Dasein, das nicht geregelt war durch den Rhythmus der Maschine.“[3]

Der Rhythmus der Maschine versinnbildlicht die autonome Technikentwicklung, die das Leben in Freksas fiktionaler Welt diktiert und die letztlich dazu führt, dass der Geist der Technik dienstbar gemacht und von ihr geknebelt wird[4]. In einer Welt, die schließlich immer nur fordert und fordert[5], entstehen nach Freksa zwei Arten von Randschichten: „Die erschlaffenden, die freiwillig aus dem Leben schieden, und die überfanatisch tätigen, die da jammerten, daß der Tag nur vierundzwanzig Stunden hätte, weil man doch achtundvierzig arbeiten müsse.“[6] In einer Metaphorik, die sich technisierter Vergleiche bedient, verdeutlicht der Autor die fortschreitende Verdinglichung des Menschen, dem a priori durch technische Hilfsmittel die embryonale Entwicklung zugebilligt, im Säuglingsalter als Nummer auf einem Laufband das Lebensrecht erteilt, der im Erwachsenenalter über Videoaufzeichnungen ständig kontrolliert, dem die Fortpflanzung nur nach reiflicher Prüfung erlaubt wird und der letztlich verlischt, „wie eine elektrische Lampe, deren Draht zu viele Überstunden ertragen hatte“[7]. Nur in seltenen Augenblicken emotionaler Belastung scheint der Mensch aus den „Bahnen“ seines durch den Rhythmus der Maschine bestimmten Lebens zu gleiten.

---

1 Tzschaschel, 148
2 Freksa, 32
3 Freksa, 35
4 Vgl. Tzschaschel, 149
5 Vgl. Freksa, 159
6 Freksa, 33
7 Freksa, 45

„Doch der Schreck über den möglichen Verlust Judiths wohnte noch in meinen Nerven. Zum ersten Male in meinem Leben schlief ich schlecht und schreckte nachts mit einem dumpfen Angstgefühl auf. Wir sind doch seltsame Antennen, wir Menschen, und können mehr aufnehmen als im kubischen Raum der Zeit umschlossen liegt."[1]

Die Wissenschaft wird zur prägenden Determinante menschlichen Lebensvollzugs und menschlicher Gedankenwelt und gleichsam zu einer neuen Religion, die ihre Opfer fordert. So werden die aus dem Tiefschlaf nicht wieder Erwachenden als Märtyrer gepriesen: „Opfer der Wissenschaft! Opfer der Menschheit! Denkmäler werden ihnen errichtet werden für ihre Tapferkeit!"[2] Das zerstörerische Potential der Technik erscheint in Freksas Darstellung subtil in der die Gesellschaft zersetzenden blinden Wissenschaftsgläubigkeit, die auch vor dem ungeborenen Leben nicht halt macht.

„Durfte die Menschheit von Judith das Opfer fordern oder nicht? Das ward öffentlich verhandelt. Zwischen 18 und 20 Greenwicher Zeit des Nachmittags ward in Europa das Thema aufgenommen, und die ganze Erde ließ sich die Reden übermitteln. [...] Darf der Staat ein solches Opfer fordern? Ist ein einziges menschliches Wesen im Werden nicht heilig? Darf es zum wissenschaftlichen Zweck verwandt werden? Gerade, weil es noch kein Bewußtsein hat, muß es geschützt werden! Gestritten wurde, ob eine Frau gezwungen werden kann, auch moralisch gesellschaftlich, sich und ihr Kind [der Wissenschaft] zu opfern."[3]

Die Welt der Atlanter von Boothia Felix erscheint dahingegen als Schutzraum religiöser Dignität vor der Verdinglichung des Menschen, an dem das „Gefühlte Leben" wieder im Mittelpunkt steht: „Was ist Wissen, Technik und Erkenntnis gegen das Fühlen, das sich in den Visionen der Menschen des Glaubens ballt!"[4] Die Atlanter, allen voran Liuwenhord, erweisen sich als erdverbundenes Naturvolk, das um die Harmonie und göttliche Beseelung der Umwelt weiß:

„Und dann ging es im rüstigen Schritt durch die einsame Landschaft der Zwergbirken und Wacholderbüsche. Erklommen wir einen Felsen, so sahen wir hinaus auf dieses unwirkliche, wie graues Eisen schimmernde Meer. Aber Liuwenhord sog den Wind ein und sagte: ‚Die Mutter atmet!' Die Erde war seine Großmutter, der Erdentag sein großes Erlebnis, das Licht sein Gott!"[5]

Diesem Gott vertraut Liuwenhord auch den kranken Flius an, der verbraucht von der Welt des 23. Jahrhunderts einen Lebenssinn sucht:

„Liuwenhord legte den Kranken auf einen Ruhestuhl, warf eine Pelzdecke über seine Füße und sagte, gegen die Sonne gewandt: ‚Wärme ihn, Gott, und erleuchte ihn!' Uns Menschen einer wissenschaftlichen Gedankenwelt erschien das wie die Tat eines Mystikers, eines Dichters, eines

1 Freksa, 56
2 Freksa, 58
3 Freksa, 72
4 Freksa, 166
5 Freksa, 150

Propheten. So mächtig war die unmittelbare Wirksamkeit dieses Mannes, daß wir uns seinem Wesen nicht zu entziehen vermochten."[1]

Noch mystischer als die eigentliche Handlung mutet allerdings das Resultat an. So folgt, nachdem man Flius zu „Gott gebracht hat"[2], dessen „Erleuchtung"[3] und der Kranke erinnert sich an den Atomzertrümmerer, der in der Nähe von Boothia Felix gelegen ist: „„Danach haben wir gesucht durch Jahrhunderte! [...] und das Licht hat uns Euch zurückgebracht, daß wir das finden, denn das ist die Befreiung der Erden, dies Wissen!""[4]

Noch ist allerdings die Menschheit nicht befreit, sieht sie sich doch der zerstörerischen Technik gegenüber, die die Drusonen in überlegener Weise gegen die Erdlinge anzuwenden wissen. Freksa offenbart den Schrecken des destruktiven Potentials der Maschine, die von den außerirdischen Insektenwesen zunächst zur Eroberung der Erde und schließlich zur Schlachtung und Massenvernichtung deren Bevölkerung genutzt wird[5]. Was zunächst ob der Darstellung in den fiktiven Weiten des Alls als bloß literarisches Schreckensszenario erscheint, weist der Autor als reale Bedrohung aus, wenn er in den Visionen des Fährmann einen apokalyptischen Blick auf die endzeitliche Erde wirft, in deren menschenleeren Straßen nur noch „Maschinen der Tötung" und die Luft durchpeitschende Schüsse drohen[6] und die auffällig der Welt nach 1900 entspricht, wie sie sich Freksas Helden Alf darstellt:

„Vom Jahre 1900 ab hatten die Kriege nicht aufgehört auf der Erde zu wüten, und die Maschinen und Zerstörungsmittel waren so gewaltig geworden, daß die Menschen nicht mehr Herr darüber waren, sondern die Knechte der eigenen Mittel, so daß die Kriege der Vertilgung lästiger Wanzen oder Heuschrecken glichen durch eine nie wieder erreichte Technik der Zerstörung."[7]

II Die Wunder*waffe* Technik

Insofern Wissenschaft und Technik nahezu ausschließlich als „schöpferisches Produkt des Ariers"[8] oder einer anderen höher qualifizierten Rasse gelten, wird das, was Friedrich Freksa in seiner Darstellung als allgemeines Schreckensszenario aufweist, das allen Menschen ob des zerstörerischen Potentials der Technik droht, von anderen völkischen Autoren in selektiver Wahrnehmung gutgeheißen. Wissen hat dort, wo es „den Charakter der Geheimwissenschaft zurückerlangt" und nicht allgemein zugänglich ist die Funktion, „Mittel zur Beherrschung zu sein, der

1 Freksa, 151
2 Freksa, 150
3 Freksa, 153
4 Freksa, 153
5 Vgl. Freksa, 260-264
6 Vgl. Freksa, 300
7 Freksa, 7
8 Vgl. Nagl, 190

menschlichen Natur wie der außermenschlichen."[1] Die zerstörerische Technik wird, falls es die „Individualethik [bzw. Kollektivethik] des[/r] Anwender(s) zulässt"[2], zur Wunder*waffe*, die von einem genialen Erfinder im Geheimen entwickelt zum entscheidenden Gewicht im völkischen Kampf gegen die Minderrassen wird. So löst in Philipps *Sonnenmotor* die vom Menschen selbst im Labor gezüchtete „Niggerpest"[3] das Sehnen nach der göttlich bewirkten „Sintflut" ab, „die gewaltige Katastrophe, die alles Faulende wegwäscht, ausbrennt, zerstört."[4] Die Wunderaffe rückt selbst die perfidesten völkischen Träume in den Horizont des Machbaren und das erfinderische Genie in die Rolle des deus ex machina, der mit seinem technischen Eingreifen das Weltgeschehen zu seinen Gunsten ändert[5].

Großer Beliebtheit im Science-Fiction-Sektor erfreuen sich beispielsweise die Todesstrahlen, die genutzt werden, um sich direkt des politischen Gegners zu entledigen oder die zur Funktionsunfähigkeit der feindlichen Gerätschaften führen: „Da prallten ihre Flugzeuge plötzlich scheinbar gegen eine unsichtbare Mauer von Stahl. Die Motoren setzten schlagartig aus. Die Propeller blieben stehen. [...] Ihre entsetzten Gedanken verloren sich im rasenden Wirbel tödlichen Absturzes."[6] Daneben tauchen in der „Legion" von Wunderwaffen modernisierte Flugzeuge, U-Boote, Fernzünder, chemische Stoffe[7] und eben auch der Atomzertrümmerer Freksas auf, der die durch Jahrhunderte hindurch geführte Suche nach einem Mittel im Kampf gegen die Drusonen zu ihrem Ziel führt[8]. Allein die Zahl, mit der Wunderwaffen im Science-Fiction-Roman begegnen[9], dokumentiert den sich oftmals jeder technischen Erklärung entziehenden, neben der Technikskepsis real existierenden Technikoptimismus, der sich im Glauben an eine den Menschheitskampf entscheidende Erfindung äußert[10]. „Josef Goebbels musste also 1944/45 nicht erst mühselig die Hoffnung auf einen ‚Endsieg' durch ‚Wunderwaffen' in das deutsche Volk injizieren. Ein solcher Glaube war längst vorhanden. Er musste lediglich gepflegt und genährt werden."[11]

Neben der Lösung politischer Probleme mittels Wunderwaffen bietet die Technik auch die Möglichkeit, epochaltypische Schlüsselprobleme und völkische Züchtungsutopien zumindest literarisch zu handhaben. Schon Nietzsche bindet im 19. Jahrhundert den Gedanken an die Aufzüchtung der Menschheit an den Glauben an

1 Nagl, 190
2 Suerbaum, 30
3 Raxin, 27
4 Philipp, 19
5 Vgl. Tzschaschel, 161
6 Reifenberg, 147
7 Vgl. Tzschaschel, 160
8 Vgl. Freksa, 153
9 Hier sei an Spiegels Definition der Science-Fiction als die „technizistische Wunderbare" erinnert. (Spiegel, 17)
10 Vgl. Tzschaschel, 161f.
11 Tzschaschel, 163

Erfindungen: „Man kann durch glückliche Erfindungen das große Individuum noch ganz anders und höher erziehen, als es bis jetzt durch die Zufälle erzogen wurde.“[1] Mit der Humangenetik lag den völkischen Repräsentanten nun ein konkreter technischer Forschungsbereich vor, auf dessen Grundlagen sich zahlreiche eugenische Luftschlösser bauen ließen.

Daneben manifestiert sich in der Science-Fiction der Glaube, mit Hilfe der Technik globaler Probleme wie dem der Erschließung neuen Lebensraums Herr zu werden. So beschwören die Autoren gigantische Naturumwandlungen durch den Menschen, die zum Beispiel die Urbarmachung Australiens ermöglichen[2] oder wie in Alfred Döblins *Berge, Meere und Giganten* dazu führen, dass selbst Gebiete Grönlands dank des Mittels der Enteisung zumindest vorübergehend bewohnbar werden[3]. Auch Ernährungsproblematiken sind in der fiktionalen Welt technisch lösbar. Hans Dominik nutzt dafür in *Dreißig Jahre später* das UV-Licht, mittels dessen die Kornfruchterträge verfünffacht und Riesenobst und Riesengemüse gezüchtet werden können[4]. In Freksas *Druso* sind es „kleinste Lebewesen, die der Eigenart des spanischen Bodens angepasst sind“ und als „biologisches Hilfsmittel“ gezüchtet werden, um die landwirtschaftlichen Erträge und die Aufforstung der Wälder voranzutreiben[5].

III Die Annäherung an die Unendlichkeit

Die Technik erhebt vermeintlich, wo sie positiv (im Sinne des genialen Kollektivs) genutzt wird, das „Mängelwesen Mensch“[6] über den Status der prinzipiellen Bedürftigkeit[7]. Der Mensch selbst scheint nun mittels der Erfindung, den eschatologischen Wendepunkt einleiten zu können[8] und gerät gleichsam in den Status eines *deus ex machina*, der die völkischen Omnipotenzsehnsüchte erfüllt[9]. Die neomythologische Bedeutung der Technik wird auch im religiösen Sprachgebrauch Oswald Spenglers ersichtlich, der von der Wissenschaft als „Herrschaftsreligion“ spricht und die genialen Anwender [in Spenglers Sinne die Arier] zu „wissenden Priestern der Maschine“ erklärt[10]. Die Erfindung wird in diesem Verständnis gleichsam zum sakramentalen Heilsmittel, mit dessen Hilfe den Menschen die Gnade des göttlichen Forscherwesens zuteil wird.

---

1 Zitiert nach Hauser, Kritik der neomythischen Vernunft (I), 109
2 Vgl. Tzschaschel, 155
3 Döblin, 1924
4 Vgl. Tzschaschel, 157
5 Freksa, 53f.
6 Hauser, Kritik der neomythischen Vernunft (I), 90
7 Vgl. Hauser, Kritik der neomythischen Vernunft (I), 90
8 Vgl. Hauser, Kritik der neomythischen Vernunft (I), 397
9 Nagl, 153
10 Zitiert nach Nagl, 189

Darüber hinaus evoziert die Technik auch Gedankenspiele, in denen es dem Menschen möglich scheint, sich über Naturgesetze hinwegzusetzen. Raum und Zeit werden angesichts des Tiefschlafs à la Freksa zu beherrschbaren Faktoren, ihre radikale Begrenzung für das Individuum als aufhebbar erlebt. Und räumt Judith auch ein, dass die Menschen „noch nicht ganz Herrscher über das Schicksal und den Tod“[1] seien, da sie mit jedem Sieg über die augenblickliche Bedrohung der Keime, neue Feinde heraufbeschwörten, so wird doch die Möglichkeit in Aussicht gestellt, „das Leben des einzelnen auf dreihundert Jahre bei völliger Frische erhalten zu können“[2].

Die „absolute Souveränität über Körper, Raum und Zeit“[3], wie sie etwa im Konzept des Scientology-*Thetanen* aufscheint, ist in den völkischen Gedankenspielen durchaus präsent, wie sich an den Visionen eines Adolf Lanz zeigt, der den Menschen faktisch zur „elektrobiologischen Maschine Gottes“ erklärt:

> „Der Mystiker braucht dann keine Maschine, keine Apparatur, um die Elementarkräfte einzufangen und auszusenden, um sie zu lenken und sie zu beherrschen, sondern er ist wie die Engel und seligen Geister selbst zur elektrobiologischen Maschine Gottes geworden. [...] Er kann mit seiner Seele aus seinem Körper heraustreten und anderswärts erscheinen, er kann sich also beliebig ent- und verkörpern und wird dadurch allgegenwärtig. Er kann die Atome auflösen und zusammensetzen, er kann sie transmutieren, er kann heilen und töten, die materielle Umgebung und erst recht seinen eigenen Körper umformen. Er wird allmächtig. Er wird also wahrhaftig zum magischen und göttlichen Menschen, da er zugleich Empfänger und Sender göttlicher Energien und Transmutator aller Ur- und Todesstrahlen in Heil- und Lebensstrahlen geworden ist.“[4]

---

1 Freksa, 58

2 Freksa, 63

3 Hauser, Möge die Macht, 25

4 Lanz, Praktische Einführung, Brief Nr. 9, Teil V

§ 13 Der (Neo)mythos der ewigen nordischen Rasse

Neben der Technik, die als Hilfsmittel des Mängelwesens Mensch fungiert und den eschatologischen Wendepunkt in der Immanenz der Diesseitigkeit einzuleiten vermag, begegnen uns in der völkischen Gedankenwelt andere neomythische Motive der Entgrenzung von anthropologischen Grundbestimmtheiten.

I Ewigkeitsdeutungen des nordischen Volkes

Auf der Grundlage eines völkischen Ideologieverständnisses kommt dem egalitären nordischen Kollektiv eine übergeordnete Bedeutung für den Selbstentwurf des Individuums zu. Die Identifikation mit dem „Edelvolk der Welt“[1] lässt den seiner Rasse Bewussten über den als Minderasse gekennzeichneten Rest der Menschheit erhaben wähnen. So entstehen religionsförmige Weltanschauungen, in denen das Volk zur sakramentalen Gemeinschaft stilisiert wird[2], in welcher das Individuum Heil erfahren und sogar stiften kann. Vondung gelangt in seiner Darstellung verschiedener Erlösungserwartungen in der völkisch-religiösen Bewegung zu dem Urteil, dass diesen gemeinsam war, „dass die erhoffte Erlösung innerweltlich verstanden wurde und vielfach als Selbsterlösung“[3]. Beispielhaft führt er zum einen die Äußerungen des einflussreichen Verlegers Eugen Diedrich an, der bereits 1892 konstatiert: „Der Mensch erlöst sich selbst, das ist die neue Religion“[4] und zum anderen die Proklamation des Dichters und Malers Ludwig Fahrenkrog: „Ich künde Euch die Selbsterlösung.“[5]

Friedrich Freksa entwirft eine solche Weltanschauung in den Verkündigungen des Ferryman: „So gibt es denn nur eine einzige Kraft der Seele, die heißt: Gott. Und ein Teil der dir geliehenen Kraft ist in dir wach, sie heißt Es und gleicht dem Kern einer Nuß, aber die hölzerne Schale gleicht deinem Ich.“[6] Aus dem Motiv der göttlichen Inspiration des Menschen entspannt sich schließlich eine ethische Verpflichtung, die den völkischen Impetus der Darstellung offenbart:

> „So nun die Nuß zerbrochen wird, zerspringt das Ich, aus ihrem Kern aber vermag ein neuer Baum des Lebens zu wachsen. Das macht, weil ihm die Kraft gegeben ist; so kannst auch du, Mensch, deine Kraft weiterleihen in der Zeugung und *Urvater werden oder Urmutter eines Volkes* [Hervorhebung, M.N.]. Aber nur, wenn die Gnade es aus dir wirkt.“[7]

---

1 Aus der Linzer Zeitschrift Der Scherer zitiert nach Hauser, Kritik der neomythischen Vernunft (I), 427

2 Vgl. hierzu auch: Vondung, 34f.

3 Vondung, 35

4 Zitiert nach Vondung, 35

5 Zitiert nach Vondung, 35

6 Freksa, 305

7 Freksa, 305

Die Ausrichtung des Lebenssinns und der Heilsgeschichte auf das Fortwähren des Kollektivs verlangt zugleich nach der radikalen Demut des auf sich bezogen endlichen Individuums:

„Nicht ewig bist du in deinem Ich, das nur einer Nußschale gleicht. Ewig in dir ist das Es, das nicht deinen Namen trägt. Darum ist dir kein Grund gegeben zu einem Stolz, so du etwas schaffst oder wirkest, denn es ist das Es in dir, das es also schafft, darum sollst du dankbar sein denen, die dir die Kraft des Es erhielten, deinen Vorvätern und deinen Vormüttern. Und darum sollst du deine Sinne auf den Pol richten, von dem alle Kraft ausgeht, und sollst in dir erneuern in Demut die Gewalt des Es."[1]

Der Lohn solcher Demut ist die Entgrenzung des Selbst durch das Aufgehobensein im Kollektiv, das im Diesseits fortwährt.

„Ihr seid nicht ewig in eurem ich, aber ihr seid ewig in eurem Fühlen, ewig in eurem Wünschen und Wollen, ewig in eurem Denken und Schaffen, ewig in eurem Tun und Leisten, denn der Strom, der euch durchdringt, ist ewig, wenn auch die Welle zergeht, jedes Gefühl, das euch durchbebt, jeder Gedanke, der euch durchrann, jede Tat, die ihr getan, denn sie fließt über in das Leben, in das Leben der anderen, die mit euch sind, und wirkt weiter im Wesen eurer Kinder."[2]

Auch das Tremendum der radikalen Endlichkeit verliert sich angesichts der Erfahrung von Begrenzung durch die eigene Leiblichkeit.

„Tod aber ist Wandel; Wandel ist Leben und Erneuerung. Tod ist die Mutterkammer, daraus neues Leben hervorgeht. Deine Seele, die ein Gnadenteil Gottes ist, haust in deinem Ich wie in einem Gefängnis; wird nun das Gefängnis brüchig, bersten seine Mauern, so kehrt dein Gnadenteil, der sich erneuert, indem er Strom aufnimmt aus den Seelen der Welt und Strom rückgibt als Gnadenteil in die Seelengefäße der Welt."[3]

Überlieferte Jenseitsvorstellungen werden in der Darstellung Freksas als Zerrbilder der menschlichen Seele enthüllt:

„ward uns nicht verheißen von frommen und heiligen Männern ein Leben nach dem Tode, ein Paradies, ein Lustland der Seligkeiten über dem Himmel? Weil das Ich der kleine Spiegel ist, in dem du die Welt widerspiegelst, so meinst du, die Genüsse und Lüste deines Lebens sollten dir nach dem Tode nachfolgen? […] Siehe, Seligkeit auf Erden steht stets an der Grenze zwischen Leben und Tod, an der Grenze des Wandels von der einen Form in die andere."[4]

Ohne explizite Jenseitsdarstellungen kommt auch die Weltanschauung Edmund Kiss aus, die wie Freksa[5] auf dem Prinzip der „ewigen Wiederkehr des Geschehens"[6] aufbauend eine Ewigkeitsdeutung des Einzelnen allein in der Fortdauer des

---

[1] Freksa, 305
[2] Freksa, 306
[3] Freksa, 311
[4] Freksa, 311
[5] Wenn auch weit weniger philosophisch begründet
[6] Kiss, Singschwäne, 141 und Freksa, 304

Kollektivs begründet sieht. „[…] auch dem Edelsten [sind] keine Ewigkeiten [ge]schenkt, weil seine Ewigkeit die Wiederkehr des Adligen in zukünftigen Geschlechtern ist und nicht die Dauer des Einzelnen.“[1] Gegenüber Freksa verschärft sich beim Regierungsbaurat der völkische Ton, der die Ewigkeit des Volkes an die rassische Zugehörigkeit gebunden wissen will:

„Aber ich wußte auch, daß die Wirkung der adligen Seele weit über die Geschlechterfolgen gehen kann und damit eine Dauer erreicht, die nicht jeder Seele gegeben ist, und daß unser edles atlantisches Geschlecht nicht aus dem Gegenwärtigen allein besteht, auch nicht allein aus denen, die in der Kette der Liebe uns folgen[2], sondern vornehmlich aus denen, die gewesen sind und deren Adel Vermächtnis und Verpflichtung ist. Dies ist die Ewigkeit des Uralten, die Steigerung der Seele aus dem Adel der Ahnen zu kommender Hoffnung.“[3]

II Neomythos: ewiges Volk?!

Lässt sich von den Ewigkeitsdeutungen bei Kiss und Freksa als von neomythischen Entwürfen sprechen? Insofern beide Autoren die radikale Endlichkeit des Menschen als unbedingtes[4] Faktum anerkennen, scheint die Negation der Frage vordergründig berechtigt. Allerdings ist die individuelle Fortdauer angesichts des völkischen Hintergrunds, auf dem die Verfasser stehen, dem kollektiven Interesse untergeordnet, sie gilt nach Freksa vielmehr als ein zu überwindendes:

„Sterben können ist der Beweis, daß das Ich überwunden ist. Das Bild des Überwinders bleibt der Krieger der Vorzeit, der sich in die Schlacht stürzt mit dem Gedanken, er ginge dem Tod entgegen. Aber er wußte, er würde über sich selbst hinaus weiterleben in der Familie, im Geschlechte, im Volke! Sein Tod würde schaffen ein Leben der Freiheit, ein Leben der Würde.“[5]

Der sich für andere aufopfernde Mensch wird gleichsam zum Erlöser und zum Erlösten, er „verstärkt den Strom zum Pol“ und ist „darum selbst in Gnade. […] Darum heißt gut sein, Gott sein.“[6] Mit seinem Handeln – dem ‚Leben-Spenden’[7] und ‚Leben-Opfern’ – vollzieht der göttlich inspirierte Mensch das Gnadenwirken an sich – als Teil des Kollektivs – und am fortwährenden Volk. Dieses Volk erhält gleichsam durch die Bereitschaft des Individuums die Möglichkeit, „ewig“[8] zu währen. Auch der an Leib verendete Mensch darf im zyklischen Zeitgeschehen auf

1 Kiss, Singschwäne, 24f.

2 An dieser Stelle sei explizit auf die Strukturhomologien in den Gedankengängen Freksas und Kiss verwiesen, die beide das Volk in seiner Erstreckung von Vergangenheit, Gegenwart und Zukunft betrachten.

3 Kiss, Singschwäne, 25

4 Bei Freksa sogar notwendiges.

5 Freksa, 312

6 Freksa, 312

7 Vgl. auch Kiss, Singschwäne, 25

8 Kiss, Singschwäne, 25

die Wiederkehr in das Volk hoffen, geht doch seine Seele in den „Strom des Lebens“[1] ein.

> „Der aber, in dem die Gnade mächtig ist, wird den Tod empfinden, wie der Baum im Herbst einen leichten Westwind, der die gelben Blätter weich von den Bäumen in die Nacht trägt durch blaue Luft, auf die Erde, aus deren Säften sie aufgestiegen zum Gipfel des Baumes. Nun kehren sie wieder zurück, um von neuem zu kreisen aus den Schollen zur Höhe eines anderen Baumes.“[2]

Die ewige Fortdauer des Volkes erhebt das egalitäre Kollektiv – mitsamt den eingegliederten Individuen – aus irdischen Zusammenhängen. „Unserer eigenen Seele aber gab der Uralte den Wunsch, aus freier Entschließung göttlich zu sein, und dies ist nicht an Raum und Zeit gebunden“[3]. Insofern die nordischen Menschen weiterleben, können sie nach Kiss die innewohnende „göttliche Gier“[4] stillen und sich ausweiten sowohl auf der Erde als auch in die „kalten Höhen“ des Uralten[5]. Im Verbund des Volkes wird die Aufhebung der radikalen Endlichkeit möglich, in der zeitlichen und räumlichen Entgrenzung des nordischen Menschen, der wie Jochaan in den Kosmos aufsteigt und den auch der den Kosmos beseelende, „adlige Bruder nordischer Rasse“ nicht überwinden kann[6].

III Rückschau auf den Neomythos des ewigen nordischen Volkes

Der Neomythos des ewigen nordischen Volkes hat seinen Ursprung in der Ideenwelt des beginnenden 20. Jahrhunderts. In der völkischen Bewegung erwächst der die Weltanschauung prägende Leitgedanke von dem genialen Volk als zentrale dem Individualinteresse übergeordnete Kategorie. Das Individuum erfährt sich als Teil einer egalitären Gruppe, die sich meist durch rassische Merkmale bestimmt. Als Repräsentanten ihrer Zeit, die an der Erfahrungswelt der völkisch durchsetzten Lebenswelt vor dem Zweiten Weltkrieg teilhaben, übernehmen die Autoren der so genannten „völkischen“ Science-Fiction, zu denen schließlich auch (Kurt) Friedrich Freksa und Edmund Kiss gehören, das Leitmotiv des Volkes und entspannen fiktionale Welten und Handlungen auf der Grundlage völkischer Weltanschauung und Ideologie. Sie prägen literarisch den Neomythos des Volkes, das bedingt u.a. durch die Faszination am Norden (Nordismus) als ein ‚nordisches' aufgefasst und konzipiert wird. Dementsprechend gestalten Kiss und Freksa den Norden (Boothia Felix und Thule) auch als Ur- und Regenerationsstätte ihrer Völker. Hier liegen die Wurzeln, hier sammelt man Kraft, hier reinigt die Kälte des Eises die degenerierte Rasse und von hier zieht man schließlich los, um die Welt und den Kosmos zu erobern und Kultur zu stiften.

---

[1] Freksa, 313
[2] Freksa, 313
[3] Kiss, Singschwäne, 25
[4] Kiss, Königin, 90
[5] Kiss, Königin, 258
[6] Vgl. Kiss, Königin, 258

Atlantis gerät in der völkischen Science-Fiction zum Sinnbild für die von dem genialen, schöpfungsfähigen Volk gegründete weltumspannende Hochkultur und der Atlanter zum Vorbild des reinrassigen, starken Edelmannes. Eine exponierte Stellung innerhalb dieser Edelmänner nehmen die Führerpersönlichkeiten ein, die als oftmals göttlich inspirierte Figuren (z.B. Jochaan, Godda) das Volk vor Gefahren zu schützen suchen. Unheil droht den Atlantern dabei von mehreren Seiten:

Auf Ebene der Interaktion der Völker durch Rassenzersetzung, insbesondere aufgrund von Rassenmischung oder auch durch kollektivimmanente Strömungen, die der Entwicklung des Volkes kontraproduktiv im Wege stehen[1]. Dieser Bedrohungen versuchen die Nordler Herr zu werden, indem sie aus dem völkischen Fundus an rassehygienischen Maßnahmen schöpfen: Überwachung der Eheschließungen, Geburtenregulierungen, Rassengesetzgebungen[2] bis hin zu eugenischen Züchtungsversuchen und der Aussonderung degenerierten Menschenmaterials erscheinen mannigfach in den fiktiven Welten der völkischen Autoren. Ein besonderes Stilelement der Science-Fiction stellt diesbezüglich die Wunder*waffe* dar, mit deren Hilfe man ein Erwehren gegen bedrohliche Minderrassen ausgesprochen radikal und effektiv zu gestalten vermeint.

Daneben zeigen Kiss und Freksa den Menschen im steten Kampf mit übergeordneten Kräften. Die Natur wartet mit Krankheiten auf, deren man sich nicht entledigen kann, kosmische Katastrophen apokalyptischen Ausmaßes, wie Mondeinsturz oder Mondeinfang, nahen aus den Fernen des Alls und Außerirdische drohen mit der Versklavung des Menschengeschlechts. Letztlich gibt Gott bzw. der Uralte den Nordlern stets neue Herausforderungen, an denen sie sich proben und bewähren müssen[3].

Diese Gefahren determinieren allerdings nicht die radikale Endlichkeit des Volkes. Der Mythos schlägt um zum Neomythos dort, wo die Science-Fiction-Autoren Wege aus der Immanenz anthropologischer Grundbestimmtheiten aufweisen. Jenseitsreisen ermöglichen es den Figuren einen übergeordneten, göttlichen Standpunkt einzunehmen, aus dem heraus eine Systematisierung kosmischer Abläufe möglich erscheint. Die Technik gerät zum Vehikel des Mängelwesens Mensch und rückt das Dasein eines Thetanen und die Erfüllung von Omnipotenzsehnsüchten in den Horizont des Machbaren. Der völkische Mythos bestimmt sich aber vor allem in der Skepsis an einem ewigen Leben des Einzelnen, das einem „ewigen Tod ohne Erneuerung"[4] gleichkommt. Allein die ewige Fortdauer des Volkes erscheint als eschatologischer Wendepunkt des Individuums. Die Entgrenzung von Raum und Zeit vollzieht sich in der Erhaltung der Nordler – zu welcher der Einzelne seinen Beitrag leisten muss – durch die zyklische Geschichte von Auf- und Abstieg hindurch. Nur auf diesem Wege scheint nach Kiss und Freksa eine Gottwerdung

---

1 wie die Priester in Kiss, Frühling in Atlantis

2 Wie in Kiss, Frühling in Atlantis

3 Vgl. Kiss, Königin, 258

4 Freksa, 311

im Sinne des Meisterns des ewigen Kampfes mit übergeordneten Kräften möglich und die Ewigkeit, als „Steigerung der Seele aus dem Adel der Ahnen zu kommender Hoffnung“[1] erreichbar.

[1] Kiss, Singschwäne, 25

– Ausblick –
In den Wesen, die leben, repräsentiert sich das ewige Leben – Gedanken vom ewigen nordischen Volk bei Adolf Hitler

Wenn im Folgenden abschließend ein kurzer Ausblick auf den Neomythos des ewigen nordischen Volkes in der Gedankenwelt Hitlers gegeben wird, so geschieht dies nicht in der Absicht der Weltanschauung des selbsternannten „Führers" gerecht zu werden und keinesfalls in der Annahme, Denkfiguren aufgewiesen zu haben, die als Anstoß für Hitlers längere Gedankenspiele zu werten sind. Jedes Individuum repräsentiert eine eigentümliche Synthese mythologischer Denkformen[1]. Um eine Synthese verschiedener Einflussdimensionen vielmehr, die zugleich die völkischen Kreise prägten[2], handelt es sich letztlich, wenn Hitler in längeren Gedankenspielen das Verhältnis von Individuum und Kollektiv beschreibt: „Der wahre Idealismus … ist die Unterordnung der Interessen und des Lebens des Einzelnen unter die Gesamtheit, dies nur entspricht … dem letzten Wollen der Natur."[3] Mit der Gesamtheit hat Hitler insbesondere das abgegrenzte Kollektiv des a priori genialen arischen Volkes[4] im Blick. Das Phänomen des Nordismus aufgreifend inszeniert Hitler in *Mein Kampf* den Aufbruch der arischen Kulturstifter aus der Eiseskälte:

> „Wenn auch im hohen Norden diese Kraft nicht zum Ausdruck kommen konnte, sie wurde in dem Augenblick fähig wirksam zu werden, in welchem die Eisfesseln sanken und der Mensch hinunterzog nach dem Süden in eine günstige, glückliche, freie Natur. Wir wissen, daß allen diesen Menschen ein Zeichen gemeinsam blieb: das Zeichen der Sonne. Alle ihre Kulte bauen sie auf Licht, und sie finden, daß das Zeichen, das Werkzeug der Feuerzeugung, den Quirl, das Kreuz. Sie finden dieses Kreuz als Hakenkreuz nicht nur hier, sondern genau so in Indien und Japan in den Tempelpfosten eingemeißelt. Es ist das Hakenkreuz, der einst von arischer Kultur gegründeten Gemeinwesen. Diese Rassen nun, die wir als Arier bezeichnen, waren in Wirklichkeit die Erwecker all der späteren großen Kulturen, die wir in der Geschichte heute noch verfolgen können."[5]

Die Konzeption des Ariers als prometheischen Lichtbringer setzt notwendig den Blick in eine Vorzeit voraus, an die in der Moderne allenfalls in Mythen und Sagen erinnert wird. Gerade diese Vorwelt aber ist nach Hitler durch einen „Schleier" verdeckt, durch den man nicht hindurch blicken kann[6]: „Die Kröte weiß nicht, was sie vorher war, und wir wissen es nicht von uns!"[7] An anderer Stelle hingegen

---

1 Vgl. Hauser, Kritik der neomythischen Vernunft (I), 454
2 Vgl. Hauser, Kritik der neomythischen Vernunft (I), 455
3 Hitler, 1932 zitiert nach Conrad-Martius, 88
4 Vgl. Schmidt, 228
5 Hitler, 320
6 Picker, 94
7 Picker, 79

philosophiert der Führer über den Gehalt der Mythen, in denen er Erinnerungen an die Zukunft zu finden glaubt:

„Nun kann ja die Sage nicht aus dem Nichts gegriffen haben. Der Begriff setzt immer die Erscheinung voraus. Wir sind durch nichts gehindert, ja, ich glaube, wir tun gut daran, anzunehmen, daß das, was die Mythologie von Göttergestalten zu berichten weiß, die Erinnerung ist an eine einstige Wirklichkeit. Gleichzeitig treffen wir in allen Überlieferungen die Erzählung von einem Himmelssturz. Was die Bibel darüber bringt, ist nicht auf jüdischem Boden gewachsen, sondern sicher übernommen von Babyloniern und Assyrern; in der nordischen Überlieferung ist es der Kampf von Göttern und Riesen. Ich kann mir das nur so erklären, daß eine ungeheure Naturkatastrophe eine Menschheit ausgelöscht hat, die im Besitz einer höheren Kultur gewesen ist. Was wir heute auf der Erde finden, mögen Überbleibsel sein, die dem Bild der Erinnerung nachlebend, allmählich zur Kultur zurückfinden."[1]

Die Spannung zwischen Hitlers philosophischer Vergangenheitsbewältigung und seiner pragmatischen Diesseitsorientierung[2] erscheint allerdings irrelevant im Hinblick auf die ungebrochene Bedeutung und Inszenierung des genialen arischen Volkes[3]. „Wenn ich ein göttliches Gebot glauben will, so kann es nur das eine sein: die Art zu erhalten!"[4] Notwendig für den Erhalt der genialen Rasse sei dabei die Wahrung der „inneren Abgeschlossenheit der Arten."[5] Sie verhindere den rassischen Sündenfall der „Blutsvermengung des Ariers mit niedrigeren Völkern" und die daraus resultierende „Verpestung" des genetischen Materials[6]. Die Eiszeit gerät bei Hitler zum Urbild der rassischen Katharsis:

„Und es ist zugleich eine zweite Entwicklung dort erfolgt: die unerhörte Not und die furchtbaren Entbehrungen wirkten als Mittel zur Rassenreinzucht. Was schwächlich und kränklich war, konnte diese fürchterliche Periode nicht überstehen, sondern sank frühzeitig ins Grab und über blieb ein Geschlecht von Riesen an Kraft und Gesundheit."[7]

Die Ferne einer Eiszeit bedingt, dass sich Hitler realer Möglichkeiten besinnt, die Rassenzersetzung zu stoppen. Die realpolitische Tragweite dieses Gedankenspiels manifestiert sich in der Katastrophe von Ausschwitz. Doch Hitlers Allmachtsphantasien gehen weiter und verlassen in der Proklamierung des arischen Übermenschen die Grenzen radikaler Endlichkeit.

---

1 Heims, Monologe im Führerquartier, 232

2 Auf diesen Pragmatismus und die damit einhergehende Absage völkisch-religiöser Vorstellungen und Kultbewegungen in Hitlers öffentlichen Äußerungen machen auch Puschner/Vollnhals, 22f. aufmerksam, wenn sie die „VölkischReligiösen" als „Störfaktor für das totalitäre Herrschaftsregime" kennzeichnen (Puschner/Vollnhans, 24).

3 In der „Erhebung des „Volkes" bzw. der „Rasse" zu einer „heiligen" Entität und zum zentralen Glaubensinhalt" sieht so auch Vondung die „wichtigste inhaltliche Gemeinsamkeit von völkischer Religion und politischer Religion des Nationalsozialismus". (Vondung, 34)

4 Picker, 79

5 Hitler, 311

6 Hitler, 272

7 Hitler, 320

„Ja, der Mensch ist etwas, das überwunden werden muß. Nietzsche hat davon auf seine Weise allerdings bereits etwas gewusst. Er hat den Uebermenschen sogar schon als eine biologisch neue Spielart gesehen. Obwohl das bei ihm noch schwankt. [...] Der Mensch wird Gott, das ist der einfache Sinn. Der Mensch ist der werdende Gott. Der Mensch muß über seine Grenzen ewig hinausstreben. Sobald er beharrt und sich abschließt, verkümmert er und sinkt unter die Schwelle des Menschentums hinunter. Er wird zum Halbtier. Götter und Tiere, so steht, die Welt heute vor uns. Und wie elementar einfach wird alles. Es ist immer dieselbe Entscheidung, ob ich unseren sozialen Körper neu ordne. Was sich von der Bewegung abschließt, was beharren will, was an Altem hängt, das verkümmert und ist bestimmt, herabzusinken. Was aber die Urstimme des Menschen hört, was sich der ewigen Bewegung weiht, das trägt die Berufung zu einem neuen Menschentum. Verstehen sie nun die Tiefe unserer nationalsozialistischen Bewegung? Kann es etwas geben, das größer und umfassender ist? Wer den Nationalsozialismus nur als politische Bewegung versteht, weiß fast nichts von ihm. Er ist mehr noch als Religion: er ist der Wille zur neuen Menschenschöpfung."[1]

Die Gottwerdung des Menschen beginnt nach Hitlers Auffassung bereits im abgegrenzten Raum des Hier und Jetzt: „In den Wesen, die leben, repräsentiert sich das ewige Leben."[2] Doch wird der eschatologische Wendepunkt nicht durch den Einzelnen eingeleitet. Das Individuum ist angewiesen auf das übergeordnete Kollektiv, auf die Teilhabe an der „Bewegung", es ist in seinem Handeln bezogen auf die unbedingt notwendige „Erhaltung der Art" und kann auch nur in dieser Teil des erlösendes Herrenvolkes werden:

„Damit entspricht die völkische Weltanschauung dem innersten Wollen der Natur, daß sie jenes freie Spiel der Kräfte wieder herstellt, das zu einer dauernden gegenseitigen Höherzüchtung führen muß, bis endlich dem besten Menschentum, durch den erworbenen Besitz dieser Erde, freie Bahn gegeben wird zur Betätigung auf Gebieten, die teils über, teils außer ihr liegen werden. Wir alle ahnen, daß in ferner Zukunft Probleme an den Menschen herantreten können, zu deren Bewältigung nur eine höchste Rasse als Herrenvolk, gestützt auf die Mittel und Möglichkeiten eines ganzen Erdballs, berufen sein wird."[3]

In Hitlers Längeren Gedankenspielen scheint in der Idee der „höchste(n) Rasse als Herrenvolk" der *Neo*mythos des ewigen nordischen Volkes wieder auf, wird zum Bestandteil eines pervertierten Menschenbildes, das neben der eigenen Göttlichkeit nur ausrottungswürdige animalische Wesen kennt. Nicht der (Neo)mythos des ewigen nordischen Volkes gebar das Dritte Reich, jedoch weitete das Dritte Reich den Nährboden, auf dem sich solche Längeren Gedankenspiele fortentwickelten und als Versatzstücke in rassenfeindlichen Ideologien, die nicht nur salonfähig wurden, sondern sich einer breiten öffentlichen Akzeptanz erfreuten, eine katastrophale Realisierung erfuhren. Hauser spricht im Zusammenhang mit Hitlers realpolitisch eingebundener Neomythologie von der ersten großen neomythischen Kata-

1 Zitiert nach Ach/Pentrop, 72
2 Zitiert nach Ach/Pentrop, 109
3 Hitler, 422

strophe der Moderne[1], die uns vor Augen führen sollte, dass dort, wo der Mensch sich über sein Menschsein erhebt und im Hinaustreten aus dem Reich des Gedankenspiels und der Fiktionalität Konsequenzen realer Tragweite aufgeworfen werden, nicht selten Katastrophen ihren Anfang nehmen.

[1] Hauser, Kritik der neomythischen Vernunft (I), 456

Literatur

ACH, M./PENTROP, C., Hitlers ‚Religion'. Pseudoreligiöse Elemente im nationalsozialistischen Sprachgebrauch, München 1996

ALBRECHT, N. H. M., Die Macht einer Verleumdungskampagne, Antidemokratische Agitationen der Presse und Justiz gegen die Weimarer Republik und ihren ersten Reichspräsidenten Friedrich Ebert vom „Badebild" bis zum Marburger Prozeß, unter: http://elib.suub.unibremen.de/publications/dissertations/EDiss358_albrecht.pdf#search=%22Kurt-Friedrich-Freksa%22 (20.07.2012)

AMM, B., Die Ludendorff-Bewegung im Nationalsozialismus – Annäherungen und Abgrenzungsversuche, in: Puschner, U./Vollnhals, C. (Hg.), Die vökisch-religiöse Bewegung im Nationalsozialismus. Eine Beziehungs- und Konfliktgeschichte, Göttingen 2012, 127-148

AMMON, O., Die natürliche Auslese beim Menschen. Auf Grund der Ergebnisse der anthropologischen Untersuchungen der Wehrpflichtigen in Baden und anderen Materialien dargestellt, Jena 1893

BARMEYER, E., Science-Fiction. Theorie und Geschichte, München 1972

BARTELS, A., Der deutsche Verfall, Zeitz [3]1919

BEHM, H. W., Hörbiger – ein Schicksal, Leipzig 1930

BLAVATSKY, H.P., Die Geheimlehre,. Die Vereinigung von Wissenschaft, Religion und Philosophie (3 Bde.), Den Haag 1888

BLOCH, E., Das Prinzip Hoffnung, Frankfurt a.M. 1957

DERS., Geist der Utopie, Frankfurt a.M. [2]1964

BLUMENBERG, H., Arbeit am Mythos, Frankfurt a.M. 1981

BODNER, H., Glaube, Religion, Gott und andere weltanschauliche Schlüsselworte und ihre Klärung, in: http://www.hohewarte.de/MuM/Jahr2003/Schluesselworte0324.pdf (20.07.2012)

BÖLSCHE, W., Vom Bazillus zum Affenmenschen. Naturwissenschaftliche Plaudereien, Leipzig 1900

BORGMEIER, R., Weltbild, in: Suerbaum, U. u.a. (Hg.), Science-Fiction: Theorie und geschichte, Themen und Typen, Formen und Weltbild. Stuttgart 1981, 148-173

BORST, G., Die Ludendorff-Bewegung 1919-1961. Eine Analyse monologer Kommunikationsformen in der sozialen Zeitkommunikation, München 1967

BÜCHNER, L., Fremdes und Eigenes aus dem geistigen Leben der Gegenwart, Leipzig 1890

BULLOCK, A., Hitler. Eine Studie über Tyrannei, Düsseldorf 1969

BURGEY, F., Technik und Heiliger Kosmos. Probleme der Theologie und der Verkündigung in einer von Wissenschaft und Technik geprägten Welt, Würzburg 1985

CARPENTER, H., (Hg.), Tolkien. Briefe, (Übersetzt von Wolfgang Krege), Stuttgart 2002

DERS., (Hg.), The Letters of J.R.R. Tolkien, Boston/New York 2000

DERS., J.R.R. Tolkien: A Biography, London 1977

CHAMBERLAIN, H. S., Mensch und Gott. Betrachtungen über Religion und Christentum, München 1921

DERS., Arische Weltanschauung, Berlin 1905

CONRAD-MARTIUS, H., Utopien der Menschenzüchtung. Der Sozialdarwinismus und seine Folgen, München 1955

DAIM, W., Der Mann, der Hitler die Ideen gab. Die sektiererischen Grundlagen des Nationalsozialismus, Wien u.a. 1985

DARWIN, C., On the Origin of Species by Means of Natural Selection, or The Preservation of Favoured Races in the Struggel for Life, Ohio 1872

DAVIES, P., Gott und die moderne Physik, München 1986

DELMONT, J., Die Stadt unter dem Meere, Leipzig 1925

DÖBLIN, A., Berge, Meere und Giganten, Berlin 1924

DOLCH, H., Grenzgänge zwischen Naturwissenschaft und Theologie, Paderborn u.a. 1986

DOMINIK, H., Das Erbe der Uraniden. Roman, Berlin 1928

DERS., Die Spur des Dschingis-Khan, Berlin 1923

DORMEYER, D./HAUSER, L., Weltuntergang und Gottesherrschaft, Mainz 1990

DREHSEN, W./SPARN, W. (Hg.), Im Schmelztiegel der Religionen. Konturen des modernen Synkretismus, Gütersloh 1996

von EHRENFELS, C., Die konstitutive Verderblichkeit der Monogamie. Archiv für Rassen- und Gesellschaftsbiologie, 1907 (4. Jahrgang, 5. und 6. Heft)

EINHART [=Heinrich Claß], Deutsche Geschichte, Leipzig [8]1919

ELMAYER-VESTENBRUGG, R. V., Rätsel des Weltgeschehens (Kampfschriften der Obersten SA-Führung, Bd.4), München 1937

ERHARDT, P. G., Die letzte Macht. Eine Utopie aus unserer Vorzeit, München 1921

FORNET-PONSE, T., Tolkiens Theologie des Todes, in: Fornet-Ponse, T. u.a. (Hg.), Tolkiens Weltbild(er), (Hither Shore, Interdisciplinary Journal on modern Fantasy Literature, Bd. 2), Düsseldorf 2005, 157-186

FREKSA, F., Druso oder: Die gestohlene Menschenwelt, Berlin 1931

FRIEDRICH, H., Science-Fiction in der deutschsprachigen Literatur, Ein Referat zur Forschung bis 1993 (7. Sonderheft Internationales Archiv für Sozialgeschichte der deutschen Literatur), Tübingen 1995

FRITSCH, T., Die Stadt der Zukunft (Gartenstadt), Leipzig 1912

GADAMER, H./FRIES, H., Mythos und Wissenschaft, in: Böckle, Franz, u.a., Christlicher Glaube in moderner Wissenschaft (Teilband 4), Freiburg u.a. 1981

GASMAN, D., The scientific origins of national socialism. Social Darwinismin Ernst Haeckel, and the German Monist League, New York 1971

GERSTENHAUER, M. R., Der völkische Gedanke in Vergangenheit und Zukunft. Aus der Geschichte der völkischen Bewegung, Leipzig 1933

DERS., Der Führer. Ein Wegweiser zu deutscher Weltanschauung und Politik, Jena 1927

DERS., Rassenlehre und Rassenpflege, (Hg.) Deutschbund, Zeitz ²1920

GILBHARD, H., Die Thule-Gesellschaft. Vom okkulten Mummenschatz zum Hakenkreuz, München 1994

GOBINEAU, J. A. C. DE, Versuch über die Ungleichheit der Menschenracen (Deutsche Ausgabe von Ludwig Schemann; 4 Bde.), Stuttgart 1898-1901

GOEBBELS, J., Michael. Ein deutsches Schicksal in Tagebuchblättern, München 1929

GÖTZ, W., Vor neuen Weltkatastrophen. Eine Warnung und ein Ziel. Ein sozialer Zukunftsroman, Stuttgart 1931

GOODRICK-CLARKE, N., The occult roots of nazism. Secret aryan cults and their influence on nazi ideology. The aiosophists of Austria and Germany, 1890-1935, New York 1992

GUGGENBERG, S., Eurofasia. Die Welt in dreißig Jahren, Wien 1927

HAACK, F. W., Wotans Wiederkehr. Blut-, Boden- und Rassereligion, München 1981

HAECKEL, E., Gott-Natur (Theophysis). Studien über die monistische Religion, Leipzig 1914

HAHN, R., Der Erfinder als Erlöser – Führerfiguren im völkischen Zukunftsroman, in: Esselborn, H. (Hg.) Utopie, Antiutopie und Science-Fiction im deutschsprachigen Roman des 20. Jahrhunderts. Vorträge des deutsch-französischen Kolloquiums, Würzburg 2003

HARTIG, P., Die völkische Weltsendung. Wege zum völkischen Werden, Bad Berka 1924

HASENFRATZ, H., Die religiöse Welt der Germanen. Ritual, Magie Kult, Mythus, Freiburg u.a. 1992

HAUSER, L., Kritik der neomythischen Vernunft. Neomythen der beruhigten Endlichkeit. Die Zeit ab 1945 (Band 2), Paderborn 2009

DERS., Jenseitsreisen. Der religionsgeschichtliche Kontext der Science-Fiction (Schriftenreihe und Materialien der Phantastischen Bibliothek Wetzlar; Bd. 65), Wetzlar ²2006

DERS., Kritik der neomythischen Vernunft. Menschen als Götter der Erde. 1800-1945, Paderborn ²2005

DERS., Apokalyptik. Lexikon neureligiöser Gruppen, Szenen und Weltanschauung, Freiburg im Breisgau ²2005, 58-66

DERS., Schweden im Weltall. Der Jungdeutsche Orden auf dem Planeten Värnimöki – ein bizarres Stück „völkischer" Science-Fiction, in: Jescke, W., Mamczak, S. (Hg.), Das Science-Fiction Jahr 2004, München 2004, 329 – 362

DERS., Der Herr der Ringe und die Harry Potter Romane in philosophisch – theologischer Perspektive, in, Notwendige Fundamente – gefährlicher Fundamentalismus. Teil II Heilige Texte und neue Mythen. (Giessener Hochschulgespräche und Hochschulpredigten der ESG VI), Gießen 2004, 71-94

DERS., Was sind Neomythen?, in: Pöhlmann, M. (Hg.), „Traue niemanden!“ (EZW-Texte 177/2004), Berlin 2004, 52-71

DERS., „Möge die Macht mit dir sein!“ Science-fiction und Religion. (FORUM – Streifzüge durch die Welt der Religionen, Bd. 14), Frankfurt a.M. 1998

DERS., Theologie und Kultur, Transzendentaltheologische Reflexionen zu ihrer Interdependenz, Altenberge 1983

DERS., Religion als Prinzip und Faktum, Das Verhältnis von konkreter Subjektivität und Prinzipientheorie in Kants Religions- und Geschichtstheorie (Europäische Hochschulschriften Reihe 23), Frankfurt a. M. 1983

HAUSHOFER, M., Planetenfeuer. Ein Zukunftsroman, Stuttgart 1899

HAYCRAFT, J. B., Natürliche Auslese und Rassenverbesserung, Leipzig 1895

HEER, F., Abschied von Höllen und Himmeln, vom Ende des religiösen Tertiär, München

DERS., Der Glaube des Adolf Hitler. Anatomie einer politischen Religiosität, München 1968 1970

HENSELING, R., Umstrittenes Weltbild. Astrologie. Welteislehre. Um Weltgestalt und Erdmitte, Leipzig 1939

HERMAND, J., Weiße Rasse – gelbe Gefahr. Hans Dominiks ideologisches Mitläufertum, in: Esselborn, H. (Hg.) Utopie, Antiutopie und Science-Fiction im deutschsprachigen Roman des 20. Jahrhunderts. Vorträge des deutsch-französischen Kolloquiums, Würzburg 2003

DERS., Der alte Traum vom neuen Reich. Völkische Utopien und Nationalsozialismus, Frankfurt a. M. 1988

DERS., Der Schein des schönen Lebens. Studien zur Jahrhundertwende, Frankfurt a. M. 1972

HEYCK, H., Deutschland ohne Deutschen. Ein Roman von übermorgen, Leipzig 1929

HITLER, A., Mein Kampf, München [15]1932

von HOFMANNSTHAL, H., Gesammelte Werke. Reden und Aufsätze III, herausgegeben von Bernd Schoeller, Frankfurt a. M. 1980

HÖRBIGER, H./FAUTH, P., Glazial-Kosmogonie, Leipzig 1925

HONEGGER, T./BACHMANN, D., Ein Mythos für das 20. Jahrhundert: Blut, Rasse und Erbgedächtnis bei Tolkien, in: Fornet-Ponse, T. u.a. (Hg.), Tolkiens Weltbild(er), (Hither Shore, Interdisciplinary Journal on modern Fantasy Literature, Bd. 2), Düsseldorf 2005, 13-40

HOYLE, F., Kosmische Katastrophen und der Ursprung der Religion, Frankfurt a. M./Leipzig 1997

HUFENREUTER, G., Völkisch-religiöse Strömungen im Deutschbund, in: Puschner, U./Vollnhals, C. (Hg.), Die vökisch-religiöse Bewegung im Nationalsozialismus. Eine Beziehungs- und Konfliktgeschichte, Göttingen 2012, 219-232

JAMME, C., Einführung in die Philosophie des Mythos (Neuzeit und Gegenwart, Bd. 2), Darmstadt 1991

JOCHMANN, W. (Hg.), Monologe im Führerhauptquartier 1941-1944. Die Aufzeichnungen Heinrich Heims, Hamburg 1980
JOKAI, M., Der Roman des künftigen Jahrhunderts. In acht Büchern, Pressburg/Leipzig, 1879
KATER, M. H., Das „Ahnenerbe" der SS 1935-1945. Ein Beitarg zur Kulturpolitik des Dritten Reiches, München 2001
KISS, E., Die Singschwäne von Thule, Leipzig 1939
DERS., Das Sonnentor von Tihuanaku und Hörbigers Welteislehre, Leipzig 1937
DERS., Die kosmischen Ursachen der Völkerwanderung, Leipzig 1934
DERS., Frühling in Atlantis. Roman aus der Blütezeit des Reiches, Leipzig 1933
DERS., Die oft verlästerte, von vielen gepriesene, von manchem schon vernichtete, aber zäh und kampfbereit weiterlebende Welt-Eis-Lehre allen Gelehrten und Ungelehrten, vorzüglich aber allen unbefangenen und jugendlichen Gemütern, so diesen Wahnsinn selbst verdammen wollen oder aber diese neue Offenbarung ehrfürchtig und dankbar in sich aufnehmen erachten, nach Hanns Höribigers Lehre dargestellt von Edmund Kiss, Leipzig [2]1933
DERS., Die letzte Königin von Atlantis. Ein Roman aus der Zeit von 12000 vor Christi Geburt, Leipzig 1931
DERS., Das Gläserne Meer. Ein Roman aus Urtagen, Leipzig 1930
KNAPPISCH, W., Geschichte der Astrologie, Frankfurt a. M. 1988
KREUZIGER, F. A., Apocalypse and Science-Fiction. A dialectic of religious and secular soteriologies, Milwaukee/Wisconsin, 1982
KYLE, D., The Illustrated Book of Science-Fiction. Ideas and Dreams, London 1977
LANGE, F., Reines Deutschtum. Grundzüge einer nationalen Weltanschauung. Mit einem Anhange: Nationale Arbeit und Erlebnisse, Berlin 1904
LANZ VON LIEBENFELS, J., Praktische Einführung in die arisch christliche Mystik (Nachdruck), München 198
DERS., Dämozoikon, Wien 1931
DERS., Theozoikon, Wien 1931
DERS., (Hg.) Ostara 1ff., Rodaun 1908ff.
DERS., Theozoologie oder Die Kunde von den Sodoms-Äfflingen und dem Götter-Elektron. Eine Einführung in die älteste und neueste Weltanschauung und eine Rechtfertigung des Fürstentums und des Adels, Wien u.a. 19050
LAPOUGE, G. V. DE, Der Arier und seine Bedeutung für die Gemeinschaft, Frankfurt a. M. 1939
LENZ, F., Menschliche Auslese, München 1927
LIPPE, R. ZUR, Das Heilige und der Raum, in, Kamper, D./Wulf, C. (Hg.), Das Heilige. Seine Spur in der Moderne, Frankfurt a. M. 1987, 413-427
MARDICKE, F., [=Marken, Wolfgang], Karner der Diktator, Werdau 1929
MAYER, A., Deutsche Mutter und deutscher Aufstieg, München 1938
MEINECKE, F., Die deutsche Katastrophe. Betrachtungen und Erinnerungen, Wiesbaden [2]1946

MEYER, M. W., Der Untergang der Erde und die kosmischen Katastrophen. Betrachtungen über die zukünftigen Schicksale unserer Erdenwelt, Berlin 1902

MOHLER, A., Die Konservative Revolution in Deutschland 1918 – 1932: ein Handbuch, Darmstadt [3]1989

MÜLLER, J., Die Entwicklung des Rassenantisemitismus in den letzten Jahrzehnten des 19. Jahrhunderts, Berlin 1940

MUTSCHLER, H., Physik und Religion. Perspektiven und Grenzen eines Dialogs, Darmstadt 2005

NAGEL, B., Die Welteislehre. Ihre Geschichte und ihre Rolle im Dritten Reich, Stuttgart 1991

NAGL, M., Science-Fiction in Deutschland. Untersuchungen zur Genese, Soziographie und Ideologie der phantastischen Massenliteratur, Tübingen 1972

NANKO, U., Vom „Deutschen Glauben" der Sammelbewegung zur „Arischen Weltanschauung“, in: Puschner, U./Vollnhals, C. (Hg.), Die vökisch-religiöse Bewegung im Nationalsozialismus. Eine Beziehungs- und Konfliktgeschichte, Göttingen 2012, 103-126

PARTRIDGE, C. (Hg.), UFO Religions, London/New York 2003

PENZO, G., Der Mythos vom Übermenschen. Nietzsche und der Nationalsozialismus, Frankfurt a. M. 1992

PESCH, H. W., Fantasy: Theorie und Geschichte, Passau 2001

PHILIPP, H. W., Der Sonnenmotor. Eine seltsame Geschichte, Berlin/Leipzig 1922

PICKER, H., Hitlers Tischgespräche im Führerhauptquartier. Vollständig überarbeitete und erweiterte Neuausgabe mit bisher unbekannten Selbstzeugnissen Adolf Hitlers, Abbildungen, Augenzeugenberichten und Erläuterungen des Autors: Hitler, wie er wirklich war, Stuttgart 1977

PLOETZ, A., Grundlinien einer Rassenhygiene. Die Tüchtigkeit unserer Rasse und der Schutz der Schwachen. Ein Versuch über Rassenhygiene und ihre Verhältnis zu den humanen Idealen, besonders zum Sozialismus, Berlin 1895

POLZER, A., Völkische Erziehung. Blätter für deutsche Erziehung 6, 1904, 51

PREY, A., Über Hörbigers Glacialkosmogonie. Die Naturwissenschaften, 27, 7.7.1922, 585-592

PUDOR, H., Heimbaukunst, Wittenberg 1913

PUSCHNER, U.,/VOLLNHALS, C., Die völkisch-religiöse Bewegung im Nationalsozialismus. Forschungs- und problemgeschichtliche Perspektiven, in: Puschner, U./Vollnhals, C. (Hg.), Die vökisch-religiöse Bewegung im Nationalsozialismus. Eine Beziehungs- und Konfliktgeschichte, Göttingen 2012, 13-28

DERS., Die völkische Bewegung im wilhelminischen Kaiserreich. Sprache – Rasse – Religion, Darmstadt 2001

RADDATZ, G., Ethik oder Ethiken Tolkiens? in: Fornet-Ponse, T. u.a. (Hg.), Tol kiens Weltbild(er), (Hither Shore, Interdisciplinary Journal on modern Fantasy Literature, Bd. 2), Düsseldorf 2005, 225-242

RAXIN, A., Der nächste Massenmord. Bilder aus dem Jahre 1937, Leipzig 1928

REIFENBERG, A., Des Götzen Moloch Ende. Politische Zukunftsphantasie, Wolfratshausen, 1925

RIEM, J., Der Sternenhimmel, in: Unsere Welt, Illustrierte Monatszeitschrift für Naturwissenschaft und Weltanschauung, Juni 1913, 397-402

ROSENBERG, A., Der Mythus des 20. Jahrhunderts, München 1937

ROSSEGGER, H. L., Der Golfstrom, Berlin, Leipzig 1913

ROTTENSTEINER, F., The Science-Fiction Book. An Illustrated History, London 1975

SCHALLMEYER, W., Vererbung und Auslese, Jena [3]1918

DERS., Rassedienst. Menschheitsziele, Leipzig 1909, 283-286

DERS., Die Erbentwicklung bei Völkern als theoretisches und praktisches Problem. Menschheitsziele, Leipzig 1907, 92-97

SCHAEFFLER, R., Wissenschaftstheorie und Theologie, in: Böckle, F. u.a., Christlicher Glaube in moderner Gesellschaft (Teilband 20), Freiburg u.a. 1981

SCHEMANN, L., Gobineaus Rassenwerk. Aktenstücke und Betrachtungen zur Geschichte und Kritik des Essais sur l'Inégalité des Races humaines, Stuttgart 1910

SCHMIDT, J., Die Geschichte des Genie-Gedankens in der deutschen Literatur, Philosophie und Politik 1750-1945 (Von der Romantik bis zum Ende des Dritten Reichs, Bd. 2), Darmstadt 1988

SCHNEIDER, F. T., Pazifistische Kriegsutopien in der deutschen Literatur vor und nach dem Ersten Weltkrieg, in: Esselborn, H. (Hg.), Utopie, Antiutopie und Science-Fiction im deutschsprachigen Roman des 20. Jahrhunderts. Vorträge des deutsch-französischen Kolloquiums, Würzburg 2003

SCHNEIDEWIND, F., Biologie, Genetik und Evolution in Mittelerde, in: Fornet-Ponse, T. u.a. (Hg.), Tolkiens Weltbild(er), (Hither Shore, Interdisciplinary Journal on modern Fantasy Literature, Bd. 2), Düsseldorf 2005, 41-66

SCHNELLMANN, G., Theologie und Technik. 40 Jahre Diskussion um die Technik, zugleich ein Beitrag zu einer Theologie der Technik, in: Rademacher, A., Söhngen, G., Grenzfragen zwischen Theologie und Philosophie, Köln/Bonn 1974

SCHRÖDTER, H., Gen-Technik, Gen-Ethik. Zur Unhintergehbarkeit ethischer Verantwortung, in: Hoffman, J. (Hg.), Ethische Vernunft und technische Rationalität. Interdisziplinäre Studien, Frankfurt 1992, 79-98

SCHWONKE, M., Vom Staatsroman zur Science-Fiction. Eine Untersuchung über Geschichte und Funktion der naturwissenschaftlich-technischen Utopie, Stuttgart 1957

von SEE, K., Die Ideen von 1789 und die Ideen von 1914. Völkisches Denken in Deutschland zwischen Französischer Revolution und Erstem Weltkrieg, Frankfurt a. M. 1970

SHELLEY-WOLLSTONECRAFT, M., Frankenstein. Or the modern Prometheus, London 1927

SIEFERLE, R.P., Fortschrittsfeinde? Opposition gegen Technik und Industrie von der Romantik bis zur Gegenwart, München 1984

SOLOWJEW, W., Kurze Erzählung vom Antichrist, München 1986

SPIEGEL, S., Der Begriff der Verfremdung in der Science-Fiction-Theorie. Ein Klärungsversuch, in: Quarber Merkur. Franz Rottensteiners Literaturzeitschrift für Science-Fiction und Phantastik, Nr 103/104, 2006, 13-40

STAUFF, P., Das Deutsche Wehrbuch, Wittenberg 1912

SUERBAUM, U. u.a., Science-Fiction, Theorie und Geschichte, Themen und Typen, Form und Weltbild, Stuttgart 1981

TALLGREN, V., Hitler und die Helden. Heroismus und Weltanschauung, Helsinki 1981

TILLE, A., Darwin und Nietzsche, Ein Buch Entwicklungsethik, Leipzig 1895

DERS., (ursprünglich anonym verfasst), Volksdienst. Von einem Sozialaristokraten, Berlin/Leipzig 1893

TIPLER, F. J., Die Physik der Unsterblichkeit. Moderne Kosmologie, Gott und die Auferstehung der Toten, München 1994

TOLKIEN, J.R.R., Der Herr der Ringe, (Übersetzung Wolfgang Krege), Stuttgart [11]2002

DERS., Morgoth's Ring. The History of Middle-earth X, London 1994

DERS., The Lord of the Rings,(Vol- I-III), London 1979

TZSCHASCHEL, R., Der Zukunftsroman der Weimarer Republik, (Schriftenreihe und Materialien der Phantastischen Bibliothek Wetzlar, Bd. 30) Wetzlar 2002

VOIGT, H., Welteislehre und Wissenschaft. Einführung und Abwehr, Leipzig 1930

VONDUNG, K., Von der völkischen Religiosität zur politischen Religion des Nationalsozialismus: Kontinuität oder neue Qualität?, in: Puschner, U./Vollnhals, C. (Hg.), Die vökisch-religiöse Bewegung im Nationalsozialismus. Eine Beziehungs- und Konfliktgeschichte, Göttingen 2012, 29-41

WAHL, A., Der völkische Gedanke und die Höhepunkte der neueren deutschen Geschichte (Friedrich Mann's Pädagogisches Magazin, H.1028, zugleich: Schriften zur politischen Bildung, H.20), Langensalza 1925

WACHLER, E., Was ist ein Deutscher? Politisch-Anthropologische Monatsschrift 15 (Bd. 2), 1916, 48f.

WEGNER, B., Hitlers Politische Soldaten. Die Waffen-SS 1933-1945. Leitbild, Struktur und Funktion einer nationalsozialistischen Elite, Paderborn [3]1988

WEINREICH, F., Verfassungen mit und ohne Schwert. Impressionen idealer Herrschaftsformen in Mittelerde als Ausdruck des politischen Verständnisses von J.R.R. Tolkien, in: Fornet-Ponse, T. u.a. (Hg.), Tolkiens Weltbild(er), (Hither Shore, Interdisciplinary Journal on modern Fantasy Literature, Bd. 2), Düsseldorf 2005, 89-105

WELTE, B., Das Licht des Nichts, Düsseldorf 1990

WIRTH, A., Gobineau. Deutsche Zeitschrift 3, 1900/1901, 438-442

WIRTH, H., Die Heilige Urschrift der Menschheit. Symbolgeschichtliche Untersuchungen diesseits und jenseits des Nordatlantik, Leipzig 1932

DERS., Der Aufgang der Menschheit. Untersuchungen zur Geschichte der Religion, Symbolik und Schrift der Atlantisch-Nordischen Rasse, Jena 1928

WOLFF, K. F., Das Wesen und Wirken des großen Krieges. Alldeutsche Blätter 25, 1915, 171-173

DERS., Gobineau. Deutscher Volkswart1, 1913/1914, 451-457

ZIMMERMANN, P., Die Begegnung mit dem Fremden in J.R.R. Tolkiens *The Lord of the Rings*, in: Fornet-Ponse, T. u.a. (Hg.), Tolkiens Weltbild(er), (Hither Shore, Interdisciplinary Journal on modern Fantasy Literature, Bd. 2), Düsseldorf 2005, 195-224

Zeitschriften/Periodische Blätter

Alldeutsche Blätter 25, 1915

Archiv für Rassen- und Gesellschaftsbiologie, 1907 (4. Jahrgang, 5. und 6. Heft)

Blätter für deutsche Erziehung 6, 1904

Der große Brockhaus. Handbuch des Wissens in zwanzig Bänden (Bd. 19), Leipzig 1934

Deutscher Volkswart 1, 1913/1914

Deutsche Zeitschrift 3, 1900/1901

Deutsch-Soziale Blätter 21, 1912

Deutschvölkische Hochschulblätter 3, 1913/1914

Hammer, Blätter für deutschen Sinn 1, 1902ff.

Heimdall, Zeitschrift für reines Deutschtum und All=Deutschtum, 1896ff.

Menschheitsziele, Eine Rundschau für wissenschaftlich begründete Weltanschauung und Gesellschaftsreform, Leipzig 1907ff.

Politisch-Anthropologische Monatsschrift 15 (Bd. 2), 1916

Tannenberg-Jahrweiser, 1931-1938

Unsere Welt, Illustrierte Monatszeitschrift für Naturwissenschaft und Weltanschauung, Juni 1913

Internetadressen:

http://www.charts-surfer.de/kinohits1024.htm (20.07.2012)

http://www.amazon.de/Gef%C3%A4hrten-Wiederkehr-K%C3%B6nigs-RingeB%C3%A4nde/dp/3608935444/ref =sr_1_1?ie=UTF8&s=books&qid=1215083042&sr=1-1 (20.07.2012)

http://www.tolkienworld.de/interview.html (20.07.2012)

http://www.rediff.com/news/2003/jan./08lord.html (20.07.2012)

http://www.incantatio.de/rass.pdf (20.07.2012)

http://www.nessun-sapra.de/Artikel/Horbiger/horbiger.html (20.07.2012)

http://www.relinfo.ch/thule/info.html (20.07.2012)

http://www.fenrir1.de/baldur.html (20.07.2012)

http://www.simifilm.ch/pdf/Spiegel.S2006a.pdf (20.07.2012)

Unveröffentlichtes Archivmaterial:

Bundesarchiv: Bestandssignatur: ehem. BDC, Ahnenerbe, Kiss, Edmund
Bundesarchiv: Bestandssignatur: NS 21 Aktenband Nr. 54
Bundesarchiv: Bestandssignatur: ehem. BDC Rhk Kiss, Edmund

Zeitfracht Medien GmbH
Ferdinand-Jühlke-Straße 7
99095 Erfurt, Deutschland
produktsicherheit@kolibri360.de